린 스타트업
The Lean Startup

The Lean Startup: How Today's Entrepreneurs Use Continuous Innovation
to Create Radically Successful Businesses
by Eric Ries

Copyright © 2011 by Eric Ries
Korean translation copyright © 2012 by Insight Press Co., Ltd.
All rights reserved.
This Korean edition published by arrangement with Eric Ries c/o Fletcher & Company LLC,
New York, through Duran Kim Agency, Seoul.

이 책의 한국어판 저작권은 듀란킴 에이전시를 통해 저작권자와 독점 계약한
인사이트에 있습니다. 저작권법에 의해 한국 내에서 보호를 받는 저작물이므로
무단 전재와 무단 복제를 금합니다.

린 스타트업: 지속적 혁신을 실현하는 창업의 과학

초판 1쇄 발행 2012년 11월 12일 **13쇄 발행** 2025년 9월 1일 **지은이** 에릭 리스 **옮긴이** 이창수, 송우일 **펴낸이** 한기성 **펴낸곳** (주)도서출판인사이트 **본문 디자인** 윤영준 **영업마케팅** 김진불 **제작·관리** 이유현 **용지** 월드 페이퍼 **출력·인쇄** 예림인쇄 **후가공** 이지앤비, 이레금박 **제본** 예림원색 **등록번호** 제2002-000049호 **등록일자** 2002년 2월 19일 **주소** 서울시 마포구 연남로5길 19-5 **전화** 02-322-5143 **팩스** 02-3143-5579 **이메일** insight@insightbook.co.kr **ISBN** 978-89-6626-057-7 책값은 뒤표지에 있습니다. 잘못 만들어진 책은 바꾸어 드립니다. 이 책의 정오표는 https://blog.insightbook.co.kr에서 확인하실 수 있습니다.

린 스타트업

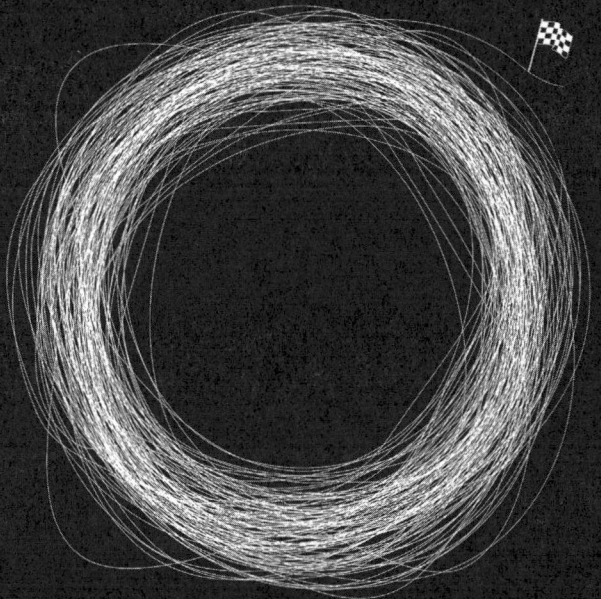

에릭 리스 지음 | 이창수·송우일 옮김

인사이트

차례

추천사   VI
옮긴이의 글   VIII
들어가는 글   X

1부   비전   1

    1장   시작   3
    2장   정의   15
    3장   학습   29
    4장   실험   51

2부   조종   69

    비전이 조종으로 이어지는 방법   71
    5장   가정   75
    6장   테스트   89
    7장   측정   113
    8장   방향 전환(또는 고수)   151

3부   가속   183

    엔진을 켜라   185
    9장   일괄 작업   189
    10장   성장   213
    11장   적응   231
    12장   혁신   261

13장	맺는 글: 낭비하지 말라	281
14장	운동에 참여하기	295

후주	301
알리는 내용	310
감사의 글	311
찾아보기	316

추천사

에릭 리스는 성공적인 기업을 만들어내는 과정은 불확실성과 싸워 결과를 만들어내는 과정이라는 기본 전제를 두고 이야기를 시작한다. 비즈니스는 수익성 높은 사업으로 돈을 벌거나 고객 가치를 만들어내는 과정이 아니라 불확실한 미래와 싸워 생존, 번성하는 과정이라는 그의 이야기는 본질적인 통찰이 아닐 수 없다. 린 스타트업 방법론은 진화론을 비즈니스 관점에서 명쾌하게 해석한 것이다.

자연의 경우, 주변 환경에 적응하여 살아남는 것이 모든 종의 기본 목표다. 살아남는 데 필요한 것은 '먹이'이고, 이를 두고 경쟁이 일어난다. 결국 살아남은 개체가 다음 세대로 유전자를 통해 정보를 전달하고, 이 과정에서 점진적인 변화나 급진적인 돌연변이가 일어나 주변 환경에 더 적합한 최적자가 되기도 하고, 실수해서 도태되어 사라져 버리기도 한다. 그러한 과정이 반복되다가 환경에 가장 잘 적응한 한두 개 종이 번성하여 생태계 지배종이 되고, 나머지 종은 그 위세에 눌려 한동안(사실은 매우 오랫동안) 주변에 머무르게 된다.

비즈니스의 경우를 살펴보면, 자연 환경은 '시장, 고객'이라는 말로 대체되고, 먹이는 '고객의 시간'으로 대치된다. '고객의 시간 == 돈'과 같은 말이기에 '돈'이라는 표현 역시 옳다. 한 세대는 하나의 제품 주기가 되는데, 자연 환경과 차이가 있다면 이 주기가 엄청나게 빠르다는 것이다(아마 계속 빨라질 것이다). 여기서 생존에 성공한 비즈니스가 '시장 리더'가 되고, 나머지는 '틈새사업자'가 되는 것이다.

진화 과정은 정말 처절하다. 사자는 굶어 죽지 않으려고, 가젤은 잡혀 죽지 않으려고 뛴다. 당장 죽을 수도 있는 절박함이 '창조적인 행동(혁신)'을 만들어내고, 이것이 성공하면 살아남고, 실패하면 도태되어 사라진다. 이러한 진화 과정에서 제일 중요한 과정은 무엇일까?

에릭 리스는 당장 죽을 수도 있는 위험한 환경 속에서 더 나은 먹이, 더 안전한 환경을 찾아 이동하는 하루하루의 과정이 스타트업이라고 이야기한다. 한정된 자원(보통 스타트업은 불과 몇 개월을 넘길 수 없는 한정된 자본으로 시작한다) 안에서 어떻게 낭비를 최소화하고 수확을 최대화하면서 더 나은 미래로 한 발자국씩 움직여야 하는지 알려준다. 성공하는 비즈니스를 만드는 방법은 이 과정 속에서 죽지 않고 살아남는 방법에 대한 것이며, 이것이 그가 스타트업 비즈니스가 '불확실성과 싸워서 살아남는 법'이라고 이야기하는 이유다.

오랜 고민 끝에 스스로 비즈니스를 시작했는가? 알고 있다. 얼마나 오랜 준비 끝에 사업을 시작했는지 말이다. 그러나 사업을 시작한 지 얼마 되지 않아 예상과 현실이 매우 다르다는 사실을 깨달을 것이다. 계획과 현실의 괴리는 커져가고, 전혀 예상하지 못했던 일들이 생긴다. 두려워할 필요가 전혀 없다. 비즈니스를 하는 모든 이가 겪는 당연한 경험이기 때문이다. 그때부터 어떻게 하느냐가 미래를 가르게 된다. 일단 집으로 돌아가서 다시 한 번 계획을 세워올 것인지, 아니면 탁 막혀있는 바로 그 지점부터 조금씩 더 나은 미래로 이동하며 불확실성과 싸울지는 오로지 자신의 선택이다. 집으로 돌아가는 대신 자신 앞의 불확실성에 맞서 싸우기로 했다면 에릭 리스의 『린 스타트업』이 도와줄 것이다. 이 책에서 소개하는 과정들이 성공을 보장할 순 없겠지만, 적어도 오늘보다 나은 내일을 만들어 줄 것임은 분명하다.

노정석, 아블라컴퍼니 CEO

옮긴이의 글

스타트업을 경영하거나 대기업에서 신규 서비스를 기획, 운영하는 일은 신생아를 돌보는 일과 비슷하다는 생각을 합니다. 돌 되기 전 아기가 왜 우는지 부모에게 직접 말해주지 않는 것처럼 고객들도 자신이 원하는 것이 무엇인지 절대 직접 알려주지 않으니까요. 초보 엄마 아빠가 아기가 울음을 그치지 않는 이유를 우유도 먹여 보고, 기저귀도 갈아 보고, 공갈 젖꼭지도 물려가면서 찾아나가듯이, 세상에 없는 새로운 서비스를 만들어내는 스타트업 사람들이나 신규 서비스 기획 부서 사람들은 오늘도 "고객들은 이걸 원할 거야"를 외치면서 이것저것 열심히 만들어내고 있습니다.

하지만 정말 이것저것 열심히 만드는 것이 정답일까요? 아니면 열심히 만들기 전에 최대한 신중히 오래 생각해서 치밀한 전략과 자세한 계획을 세워 놓는 것이 정답일까요? 아니면 원래 신규 사업은 위험이 크니 '일단 한 번 해 보자'라는 마음으로 도전하는 것이 정답일까요? 대단히 큰 규모로 성공한 서비스와 게임들은 모두 운이 좋아서 성공한 것일까요?

대기업 신규 사업 기획 업무부터 시작해 스타트업에서 새로운 것들을 만들어내는 일을 10년 가까이 해 오고 있지만, 처음 시작하던 때나 지금이나 여전히 어렵게 느껴집니다. 무언가 좀 더 체계적인 방법론이 필요한 것이 아닐까 하는 생각을 하고 있을 때 블로그에서 린 스타트업에 대해 처음 접하게 되었습니다. 린 스타트업 방법론을 한 마디로 표현하자면 "스타트업의 과학" 또는 "성공적인 신규 서비스를 만들어내는 과학적 방법론"이라고 표현할 수 있을 것 같습니다.

지금 이 순간에도 스타트업의 많은 사람들 또는 큰 회사에서 신규 사업을 맡은 많은 사람들이 밤을 새고 주말에도 출근해서 열심히 무언가를 만들고 있습니다. 기획자, 디자이너, 개발자, 마케터가 서로 싸워가면서 열심히 만들어서 정해진 날짜에 맞춰 서비스를 출시했는데, 정작 고객들은 이 서비스를 쓰지 않는 경우가 허다합니다. 대기업의 경우에는 출시조차 되지 않는 경우도 많이 있습니다. 고객들에게 이름도 알리지 못한 채로 세상에서 사라져가는 제품이나 서비스, 게임들이 얼마나 많을까요? 여기에 들어간 사람들의 엄청난 노력과 꿈은 어떻게 되는 것일까요?

많은 사람들이 "이것을 출시일까지 제대로 만들 수 있을까요?"라는 질문을 하며 일합니다. 하지만 제대로 된 질문은 "이게 과연 만들 가치가 있는 것인가요?"가 되어야 합니다. 린 스타트업 방법론은 스타트업이 제대로 된 질문을 할 수 있도록 도와줍니다. 제대로 된 질문을 해야 제대로 된 답을 찾고, 성공할 수 있겠지요.

린 스타트업 방법론이 세상에 없던 것을 만들어내는 모든 사람에게 실용적인 지침서가 될 수 있으리라 기대합니다. 지은이의 말대로 많은 사람의 열정과 노력이 낭비되지 않도록 하는 데 이 책이 일조할 수 있기를 기대합니다.

옮긴이를 대표하여
이창수

들어가는 글

혹시 전에 이 이야기를 한 적이 있는지도 모르겠다. 똑똑한 대학생 젊은이들이 기숙사에서 새로운 미래를 만들고 있다. 경계에 얽매이지 않고, 새로운 기술과 젊은 열정으로 무장한 그들은 새로운 회사를 밑바닥부터 만든다. 초기에 이룬 성과로 그들은 투자를 받고, 놀라운 제품을 시장에 선보인다. 자기 친구들을 고용하며, 슈퍼스타 팀을 만들고, 세상에 계속해서 도전해 나간다.

10년 전, 그러니까 첫 회사를 세웠을 때 내 모습이 정확히 그랬다. 내 첫 회사가 실패하려던 그 순간을 아주 생생히 기억한다. 나와 동업자는 궁지에 몰려 있었다. 닷컴 거품은 이미 꺼졌고 우리는 가진 돈을 모두 쓴 상태였다. 투자 유치에 온 힘을 기울였지만 실패했다. 마치 할리우드 영화의 한 장면처럼 비가 오고 있었고, 우리는 길거리에서 서로 싸우고 있었다. 다음에 어느 방향으로 갈지조차 서로 동의할 수 없었던 우리는 화를 내면서 반대 방향으로 헤어졌다. 비를 잔뜩 맞고, 갈 곳을 잃은 채로 헤어지는 우리 둘의 모습은 우리 회사의 실패를 정확하게 암시하는 것만 같았다.

그건 아직까지도 고통스러운 기억으로 남아 있다. 회사는 그 후 몇 달간 허덕이며 유지되었지만 희망이 없었다. 그 당시에 우리는 모든 것을 잘하고 있는 것처럼 보였다. 좋은 제품에, 똑똑한 팀이 있었으며 뛰어난 기술력과 멋진 아이디어를 적기適期에 실행하고 있는 것처럼 보였다. 정말 무언가 될 것 같았다. 우리가 하던 사업은 대학생들이 온라인 프로필을 만들어 고용주들과 연결되도록 하는 것이었다. 그런데 아차! 정말 훌륭한 아이디어였지만 사업 첫날부터 망할 운명이었다. 서비스에 대한 통찰만 있었지, 이것으로 훌륭한 회사를 키워가는 프로세스를 전혀 몰랐기 때문이다.

이런 종류의 실패를 한 번도 경험해 보지 못했다면, 그때 내 감정이 어땠는지 설명하기는 아주 어렵다. 그건 마치 온 세상이 발밑으로 떨어져 내리는 것 같은 기분이다. 그때 자신이 속았음을 깨닫는다. 잡지에 나온 이야기는 거짓말임을 알게 된다. 근면과 인내는 성공으로 끌어주지 않는다. 더욱 좋지 않은 것은 지금까지 직원들, 친구들, 가족들에게 해 온 수많은 약속이 모두 물거품이 된다는 것이다. 남들이 가지 않는 길을 간다고 해서 어리석다고 비웃었던 이들이 옳다고 판명되는 순간인 것이다.

하지만 처음부터 이렇게 될 것은 아니었다. 잡지와 신문, 블록버스터 영화와 셀 수 없이 많은 블로그에서 우리는 성공한 창업가의 비전에 대한 이야기를 듣는다. 결단력, 탁월함, 좋은 시기, 무엇보다도 좋은 제품만 있다면 당신 역시 부와 명예를 손에 쥘 수 있다고 그들은 이야기한다.

이 이야기를 더 많은 사람이 믿게 하려고 거짓 신화를 만들어 내는 사람들이 있다. 하지만 나는 이 이야기들이 거짓임을 알고 있다. 편협하게 사례를 뽑아낸 것들이고, 지나고 나서 합리화한 것들이다. 사실, 창업가 수백 명과 같이 일해 보면서 유망한 스타트업이 실패하는 것을 수없이 목격했다. 암울한 현실은 스타트업은 대부분 실패하며 대다수 신제품은 성공하지 못한다는 것이다. 새로운 모험은 대부분 그 가능성을 충분히 실현하지도 못한 채 끝나고 만다.

하지만 그런데도 인내, 창의성, 근면에 관한 이야기는 여전히 끊이지 않는다. 그것들은 왜 그토록 유명할까? 요즘 같은 시대에 단숨에 부자가 된 사람들의 이야기는 사람들에게 매력적인 무언가를 지니고 있음이 분명해 보인다. 제대로 된 제품 아이디어가 있기만 하다면 성공은 필연적으로 따라오리라 보일 것이다. 재미없는 세부 사항, 지루한 일, 작은 결정들은 그다지 중요하지 않게 보일 것이다. 제대로 된 제품만 만든다면 성공은 따라올 것이다. 실패했을 때 사람들이 대부분 그러하듯이, 우리는 미리 정해져 있는 변명을 한다. 제대로 된 제품이 아니었다거나 비전을 충분히 보지 못했다거나 시기가 나빴다고 말한다.

10년 넘게 창업가로 일해 오면서 나는 이런 종류의 생각에 반대하게 되었다. 성공과 실패를 모두 경험하면서 정말 중요한 것은 지루한 일임을 알게 되었다. 스타트업 성공은 좋은 유전자의 결과나 시기, 장소 때문이 아니다. 올바른 프로세스를 따름으로써 얻어지는 것이다. 따라서 이것은 배울 수 있는 것이고, 다르게 표현하자면 가르쳐 줄 수 있다는 말이다.

창업가 정신은 일종의 관리다. 독자들이 잘못 읽은 것이 아니다. 우리는 '창업가 정신'과 '관리'라는 이 두 낱말이 때때로 아주 깊게 관련되어 있는 순간을 경험했다. 최근에 사람들은 창업가 정신은 멋지고 창의적이며 흥미진진한 것인데 반해, 관리는 지루하고 쓸데없이 진지해서 재미없다고 생각한다. 이제 이러한 고정관념에 대해 다시 생각해 볼 시간이다.

두 번째 스타트업 이야기를 들려주겠다. 2004년에 몇 명의 창업자 그룹이 새로운 회사를 창업했다. 그들의 첫 회사 실패기가 너무 많이 알려진 나머지, 업계에서 평판이 그다지 좋지 않았다. 반면에 그들의 비전은 아주 창대했는데 아바타(제임스 카메론의 블록버스터 영화 아바타가 나오기 훨씬 이전이다)라는 신기술을 이용해 사람들이 의

사소통하는 방식을 바꾸겠다는 것이었다. 그들은 윌 하비Will Harvey라는 비전가를 따랐다. 그의 비전은 사람들이 친구들과 서로 교류하고, 온라인에서 모임을 여는데, 아바타를 이용해 더욱 친밀하면서도 안전한 익명성 안에서 의사소통하게 하는 것이었다. 게다가 옷, 가구, 액세서리 등을 모두 만들어 둘 필요 없이 사람들이 원할 때 만들고 그러한 액세서리들을 서로 사고팔 수 있게 한다는 점이 놀라웠다.

기술적인 난관은 아주 높았다. 가상 세계, 사용자 생성 콘텐츠, 온라인 상거래 엔진, 소액 결제, 3차원 아바타 기술이 전부 모든 사람의 PC에서 동작하게 만들어야 했다.

나도 이 스타트업에 있었다. 나는 IMVU라는 이 회사의 공동 창업자이자 CTO였다. 경력의 이 시점에서 나와 공동 창업자는 새로운 실수를 할 수밖에 없었는데, 실제로 우리는 모든 것에서 실수했다. 기술을 몇 년간 갈고 다듬는 대신, 최소한의 필요한 기능만으로 제품을 만들었다. 초기 제품은 형편없었고, 버그가 많았으며, 고객 컴퓨터를 심각한 불안정 상태로 만들어 놓기도 하였다. 우리는 제품이 채 완성되기도 전에 고객이 써 볼 수 있게 했다. 그리고 돈을 받았다. 초기 고객들이 들어온 뒤에는 제품을 주기적으로 바꾸었는데, 전통적인 방식의 제품 업데이트 주기보다 훨씬 빨랐다. 제품 새 버전을 하루에 열두 번 내기도 했다.

진정한 비전가인 초기 수용자 중심으로 고객들이 꽤 있었는데 그들과 자주 이야기하고 피드백을 들었다. 하지만 우리는 그들이 말하는 것을 열정적으로 개발하지는 않았다. 그들의 의견을 단지 제품에 관한 하나의 입력으로만 받아들였다. 사실 우리는 고객을 만족시키고 있다기보다는 고객을 대상으로 실험을 하고 있는 것에 가까웠다.

전통적인 사업에서는 이러한 방식은 동작하지 않는다고 말한다.

하지만 이러한 방식은 잘 동작했다. 이 책 전반에 걸쳐 자세히 살펴보겠지만 IMVU에서 실험한 새로운 방식은 이제 전 세계 창업가들 사이에서 새로운 기준으로 자리 잡아가고 있다. 이 방식은 린 생산 방법, 디자인 중심 사고, 고객 개발, 애자일 개발 같은 기존 경영 방법 및 제품 개발 방법론의 토대 위에서 만들어졌다. 이것은 지속적인 혁신을 만들어내는 새로운 방식이다. 우리는 이것을 린 스타트업Lean Startup이라고 부른다.

경영 전략서에 쓰인 수많은 비즈니스 리더의 요건, 차세대 대박을 찾는 방법들에도 불구하고, 혁신가들은 여전히 그들의 아이디어를 현실에서 실현해 내려고 고군분투하고 있다. 이러한 어려움이 계기가 되어 극단적으로 빠른 개발 주기, 고객 요구에 집중하는 방법(물어보지도 않고), 과학적 의사 결정 방법으로 특징지어지는 IMVU에서의 새로운 실험을 시도할 수 있었다.

린 스타트업의 기원

나는 어릴 때부터 프로그래밍을 하면서 자라서 창업가 정신과 경영에 대해 잘 생각해 보지 않았다. 주로 제품 개발 쪽 일을 해서, 마케터나 경영자를 모시고 엔지니어들과 함께 일했다. 제품을 정말 열심히 만들었는데 시장에서는 완전히 실패한 경우들을 경험하고는 했다.

무엇보다 엔지니어 경력 때문이겠지만, 나는 이러한 부분들을 기술적으로 해결하려고 했다. 제품 설계를 더 잘하고, 엔지니어링 과정과 규칙을 더 잘 구축하고, 제품 비전을 더 잘 세우고, 초점을 잘 맞추면 성공하리라 믿었다. 그런데 이러한 부분들에 노력하면 할수록 시장에서 성공은 더욱 어려워졌다. 나는 닥치는 대로 책을 읽었고, 실리콘밸리 유명 인사를 멘토로 삼게 되었다. 이 시기에 IMVU를 공동 창업했는데, 회사를 운영하는 새로운 방법에 대해 많은 고민을 했다.

운 좋게도 새로운 방법을 시도하는 데 의욕적인 공동 창업자를 만났다. 이 친구들은 나와 마찬가지로 전통적 방식의 실패에서 많은 것을 배운 친구들이었다. 거기에 스티브 블랭크Steve Blank를 투자자이자 조언가로 맞이한 것은 더할 나위 없는 행운이었다. 2004년에 스티브는 비즈니스와 마케팅에서도 엔지니어링과 제품 개발 못지않게 확고한 방법론이 필요하다고 설파했는데 그는 그 방법론을 고객 개발Customer Development이라고 불렀다. 이것은 경영자로서 내 일상 업무에 많은 영감을 불러 일으켰다.

IMVU에서 제품을 개발할 때 나는 스티브의 방법론 중 몇 가지를 사용했다. 그 동안 배워온 전통적인 방식의 제품 개발과 비교해 보면 이 방법론은 잘 이해되지 않았는데, 여하튼 실제로 적용해 보고 잘 작동한다는 것을 알게 되었다. 이런 성공 사례를 우리 회사 신입 사원들, 투자자들, 다른 회사의 직원들에게 설명하려니 어려운 점이 이만저만이 아니었다. 이 방법론을 설명할 공통 언어와 이해시키기 위한 구체적인 원리가 부족했다.

내가 경험한 것들을 더 충분히 설명하려고 다른 분야의 사례들을 찾아보기 시작했다. 특히 제조 쪽 사례들을 많이 살펴봤는데, 현대적인 경영 기법들이 모두 제조 쪽에서 나온 것이기 때문이다. 나는 린 제조lean manufacturing를 공부했다. 린 제조는 원래 일본 도요타 자동차에서 개발한 프로세스로 제조에 관한 완전히 새로운 사고방식이다. 나는 린 제조에서 몇 가지를 잘 조합하고 변형해 앞의 것들을 설명할 수 있는 프레임워크를 만들기 시작했다.

이 생각이 발전하여 나온 것이 린 스타트업이다. 혁신을 만들고 관리하는 프로세스에 린 사고lean thinking를 접목한 것이다.

IMVU는 엄청난 성공을 이루었다. 2011년 연 매출이 5000만 달러를 넘었고, 캘리포니아 마운틴 뷰 본사 직원은 100명 이상, IMVU 고객이 만든 아바타 수가 6000만 개를 넘었다. 예전에는 성공할까 의심스러웠던 IMVU의 꾸미기 아이템 카탈로그에 아이템이 600만 개 이상 실리고, 날마다 고객들이 새롭게 7000개 이상의 아이템을 추가하고 있다.

IMVU의 큰 성공 덕분에 다른 스타트업이나 벤처 투자자들로부터 조언을 구한다는 요청을 많이 받는다. 내가 IMVU 경험을 설명하면 사람들은 대부분 멍하니 있거나, 극도로 비관적인 의견을 내놓는다. 그런 방식은 절대 안 될 것이라고 이야기한다. 내 경험이 전통적인 방식의 제품 개발과는 완전히 달라서 가장 혁신적이라는 실리콘밸리 사람들조차 당황스러운 기색을 감추지 못했다.

그래서 이런 내용을 설명하려고 Startup Lessons Learned http://www.startuplessonslearned.com라는 블로그를 운영하고 스타트업 창업자와 벤처 투자자들이 모이는 컨퍼런스에서 발표도 했다. 다른 저자, 창업가들과 협업하고 내 통찰을 변호하고 설명하는 과정에서 이 이론은 미숙했던 초기보다 더 단단해졌다. 스타트업이 아무도 원하지 않는 제품을 만들거나 만든 신제품이 어느 순간 사라지는 것, 또 수많은 꿈이 실현되지 못한 채로 끝나버리는 것. 이러한 안타까운 일들이 주변에서 일어나지 않도록 하는 것이 내 궁극적인 바람이다.

결국 린 스타트업 아이디어는 세계적인 운동으로 꽃을 피웠다. 창업가들은 그룹을 만들어 린 스타트업 아이디어에 대해 토론하고 적용해 나가기 시작했다. 현재 전 세계 100개 이상의 도시에 이 커뮤니티가 존재한다.[1] 이곳들을 다니면서 나는 새로운 창업 르네상스를 수없이 목격했다. 린 스타트업 운동은 성공하는 회사를 세우고자 새로운 방법론에 목말라 있는 모든 창업자에게 열려 있다.

첨단 기술 소프트웨어 산업에서 린 스타트업 운동이 태어나기는 했지만, 적용 범위는 소프트웨어 산업에 국한되지 않는다. 사업가 수천 명이 린 스타트업을 각자 산업에 적용하고 있다. 나는 정부를 비롯해 다양한 크기의 회사, 다양한 종류의 산업에서 일하는 사업가들과 같이 린 스타트업에 관해 교류하였다. 상상도 못한 여정이었다. 교류한 회사들은 엘리트 벤처 투자자, 포춘 500대 기업, 미 국방부 등 다양했다. 미 육군 CIO chief information officer인 3성 장군에게 린 스타트업을 설명할 때 상당히 긴장했는데, 의외로 그는 새로운 아이디어에 상당히 열려 있는 사람이었다.

이후에 나는 린 스타트업 운동에 전업으로 집중하기로 결정했다. "혁신적인 제품의 성공 확률을 전 세계적으로 높이는 것", 이것이 내 임무다. 그 결과가 이 책으로 나오게 되었다.

린 스타트업 방법

이 책은 창업가를 위한 책이다. 이 책에서 설명할 린 스타트업의 다섯 가지 원칙은 다음과 같다.

1. 창업가는 어디에나 있다. 꼭 차고에서 창업한 스타트업의 사장일 필요는 없다. 나는 스타트업을 다음과 같이 정의한다. 극심한 불확실성 속에서 새로운 제품과 서비스를 만드는 조직이라면 모두 스타트업이다. 이 말은 결국 린 스타트업 방법론은 소규모 회사부터 대기업에 이르기까지 다양한 종류의 산업에 속해 있는 회사 전반에 모두 적용할 수 있다는 뜻이다.
2. 창업가 정신은 관리다. 스타트업은 제품만으로 성공할 수 없다. 스

타트업이 극심한 불확실성 속에서 성공하려면 새로운 방식의 관리를 필요로 한다. 사실 나는 미래 성장 동력을 찾기 위한 혁신 쪽에서 일하는 모든 사람들을 '창업가'라고 불러야 한다고 생각한다.

3. 유효한 학습: 스타트업은 무언가를 만들어서 돈을 벌거나 고객에게 서비스하려고 존재하는 것이 아니다. 지속 가능한 사업을 어떻게 만들지 학습하기 위해 존재하는 것이다. 이러한 학습은 창업가가 비전의 여러 요소를 빈번하게 실험하면서 과학적으로 검증해야 한다.

4. 만들고 측정하고 배운다. 스타트업의 핵심은 아이디어를 제품으로 만들고, 고객이 어떻게 반응하는지 측정한 후, 이 부분을 그대로 지켜야 하는지, 다른 쪽으로 방향 전환pivot해야 하는지를 학습해 나가는 것이다. 스타트업이 성공하려면 이러한 피드백 순환을 최대한 빨리 돌아야 한다.

5. 혁신 회계innovation accounting: 창업가로서 좋은 성과를 내려면 지루한 것들에 집중해야 한다. 성과를 어떻게 측정하고, 마일스톤을 어떻게 세팅하며, 일의 우선순위를 어떻게 정할지에 집중해야 한다. 이것들은 스타트업을 위한 새로운 측정 방식을 필요로 한다.

스타트업이 실패하는 이유

왜 스타트업은 그토록 많이 실패하는 것일까?

첫 번째 문제는 철저한 시장 조사, 정교한 전략과 기획 등에 현혹되기 때문이다. 예전에는 이러한 것들이 성공의 지표로 여겨졌다. 많은 이들이 이 방법론을 스타트업에 적용했는데, 모두 잘 되지 않았다. 스타트업은 모두 극심한 불확실성 속에서 운영되기 때문이다. 스타트업은 고객이 누구인지, 만드는 제품이 어떤 모양이 되어야 하는지 정확하게 알 수 없다. 세상이 점점 불확실해짐에 따라 미래를 예측하기는 불가능하다. 과거의 경영 기법은 이러한 종류의 일에는 맞지 않다. 기획과 예측이 잘 맞아 들어가는 분야는 상대적으로 변화가 덜한 환경이나 운영의 역사가 오래된 분야다. 스타트업은 어느 쪽에도 해당되지 않는다.

두 번째 문제는 전통적인 경영 기법이 스타트업에서 실패하는 것을 보면서, 많은 창업가와 투자가들이 '일단 해보자Just Do It' 방식에 길들여진다는 것이다. 이쪽 사람들은 경영 자체가 문제이고, 혼돈을 그대로 받아들이는 것이 해결책이라고 말한다. 하지만 내가 직접 입증했듯이 이 방법도 잘 되지 않는다.

혁신적이고 파괴적이고 혼돈스러운 스타트업이 경영 기법으로 관리될 수 있고, 정확히 말하자면 관리되어야만 한다는 사실이 혼란스러울지 모르겠다. 많은 이들이 스타트업은 역동적이고 흥미진진한 것으로 생각하는 데 비해 프로세스나 경영 기법 같은 것들을 지루하고 바보 같은 것으로 여긴다. 하지만 정말 흥미진진한 것은 스타트업이 성공해 실제로 세상을 바꾸는 모습을 보는 일이다. 이처럼 새로운 모험에 사람들이 거는 열정, 힘, 비전은 인류의 매우 소중한 자원이다. 결코 허무하게 버려져서는 안 된다. 우리는 분명히 더 잘 할 수 있다. 아니 그래야만 한다. 이 책은 그 방법에 관한 책이다.

이 책의 구성

이 책은 「비전」, 「조종」, 「가속」의 3부로 구성되어 있다.

「비전」은 창업가적인 경영의 새로운 원칙에 대해 이야기한다. 어떤 사람이 창업가인지, 스타트업은 무엇인지 정의한다. 또 '유효한 학습validated learning'이라는 새로운 성과 측정 방법을 설명할 것이다. 유효한 학습에서는 스타트업이 지속 가능한 비즈니스를 만들기 위한 과학적 실험 방법을 사용할 수 있음을 보여줄 것이다.

「조종」에서는 린 스타트업 방법론에 관해 구체적으로 설명한다. '만들기-측정-학습 Build-Measure-Learn'으로 표현되는 피드백 순환을 살펴본다. 가장 위험한 가정을 검증하기 위해서 필요한 최소 요건 제품 MVP: minimum viable product을 어떻게 만드는지 살펴볼 것이다. 그리고 실제로 성과를 내는지 평가하기 위한 새로운 측정 방식을 말해 줄 것이다. 현재 시점에서 방향 전환(한 발은 땅에 디딘 채로 다른 한 발로 경로를 바꾸는 것)해야 할지, 현재 운영하는 제품과 기능을 고수해 나갈지를 결정하는 방법에 대해 이야기한다.

「가속」에서는 만들기-측정-학습 피드백 순환을 통해 스타트업이 사업을 확장하면서 더욱 속력을 높이는 방법을 이야기한다. 린 제조 중에서 소량 생산처럼 스타트업에 적용할 수 있는 기법들을 더 살펴볼 것이다. 조직 설계, 서비스를 키우는 방법, 그리고 린 스타트업의 원칙들을 작은 스타트업뿐 아니라 세계적인 대규모 조직에 어떻게 적용하는지 살펴 볼 것이다.

경영의 부흥

큰 회사를 위한 검증된 경영이나 공산품의 최적 생산 등에 대해 우리는 많은 기법을 알고 있다. 하지만 이러한 것들이 스타트업이나 혁신에 관련되기 시작하면 우리는 장님 코끼리 만지듯이 일한다. 비전에 기대며 모든 것을 해내는 '영웅'을 찾는다. 아니면 신제품을 과도하게 분석한다. 이는 20세기 경영의 성공이 낳은 새로운 문제들이다.

이 책은 창업가 정신과 혁신을 좀 더 탄탄한 기반 위에 세우려고 쓰기 시작했다. 우리는 경영이 새롭게 부흥되기 시작하는 시기에 서 있다. 주어진 기회를 대단한 성과로 전환해 내는 것이 우리의 도전이다. 린 스타트업 운동은 세상을 변화시키고 싶은 사람들에게 유용한 도구로 자리매김할 것이다.

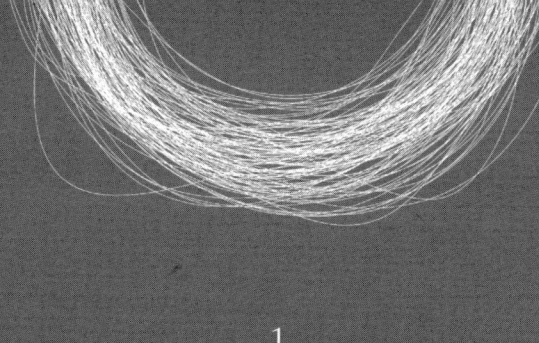

1
비전

1
시작

창업가적 경영

스타트업을 만드는 것은 조직을 만드는 것이다. 따라서 필수적으로 관리와 관련된다. 창업가가 되려는 사람들은 여기에 놀라는데, '창업가 정신'과 '관리'가 너무도 반대되는 개념으로 여겨지기 때문인 것 같다. 창업가들은 기존 관리 기법을 스타트업에서 실현하려고 하면 관료주의가 생기거나 창의성이 죽어버리지는 않을까 걱정한다.

창업가들은 수십 년간 그들의 문제를 기존 경영 기법으로 해결하려고 했는데 잘 되지 않았다. 예를 들면 창업가들의 문제는 사각형 블록인데, 일반적인 경영 기법은 동그라미 구멍 형태인 거다. 그래서 잘 맞아 들어가지 않는다. 이 결과로 많은 창업가들이 '일단 해보자'는 태도를 견지하는데 이는 다양한 경영 기법, 프로세스, 원칙을 애써 외면하는 형태로 나타났다. 하지만 유감스럽게도 '일단 해보자'는 태도는 성공하기보다 조직을 더 혼란에 빠트리는 경우가 많았다. 내가 세운 첫 번째 회사가 딱 이 형태로 망했다.

이전 세기에서 일반 경영 기법이 이룬 놀라운 성과는 엄청난 양의 자료를 쏟아내고 있다. 하지만 이러한 경영 원칙들은 스타트업이 당면해야 하는 극심한 혼란과 불확실성을 다루기에 맞지 않다.

나는 창업가적인 기회를 극대화하려면 창업가 정신 역시 경영 기법을 필요로 한다고 생각한다.

지금은 역사상 그 어느 때보다도 창업가가 많다. 이것은 세계 경제가 몰고 온 극적인 변화 때문에 가능했다. 한 가지 좋은 예를 들어보자면, 미국 내에서 지난 20여 년간 제조업 일자리가 줄어들었다고 안타까워하는 이야기를 많이 듣지만, 그만큼 미국의 제조 역량이 줄어들었다는 이야기는 거의 듣지 못했다. 일자리는 줄어드는 데 반해(다음에 나오는 도표를 보라), 미국의 제조 역량은 실제로 늘어나고 있기 때문이다(지난 10년에 15퍼센트 증가). 요컨대 현대 경영 기법과 기술 덕에 생산성이 증가하자 회사 수보다 생산 역량이 더 늘어난 셈이다.[1]

우리는 전 세계적으로 유래 없는 창업가의 르네상스 시대에 살고 있다. 하지만 이런 기회들은 심각한 위기를 맞고 있다. 혁신적인 스타트업에 알맞은 경영 패러다임을 발전시키지 못하고 있어서 엄청난 생산성을 버리는 꼴이다. 그럼에도 재무적으로 성공한 몇몇 스타트업이 있기는 하다. 하지만 성공보다 실패 사례가 훨씬 많은 것이 현

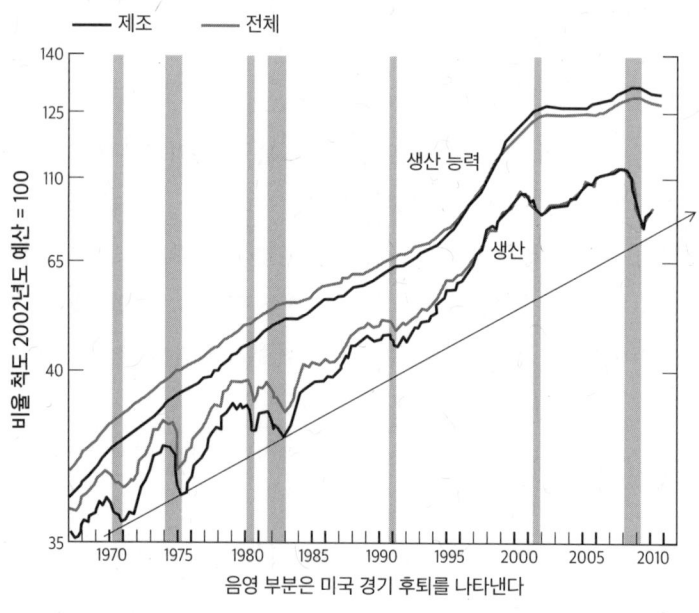

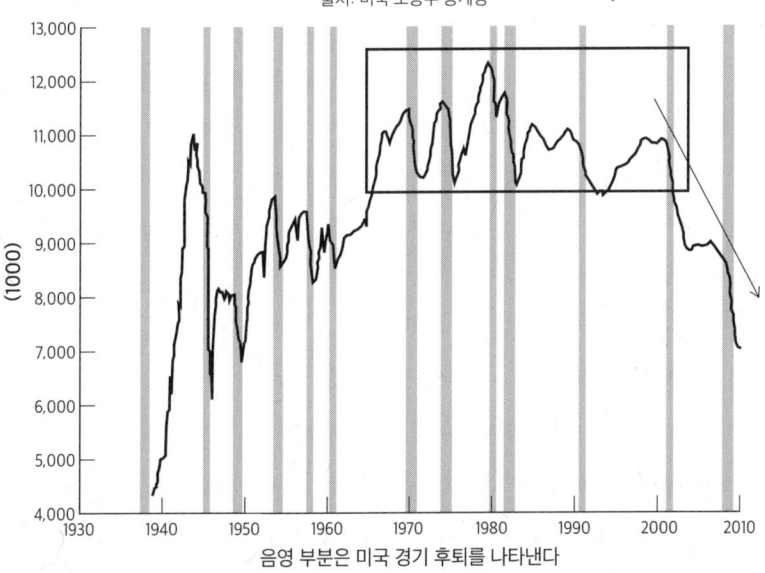

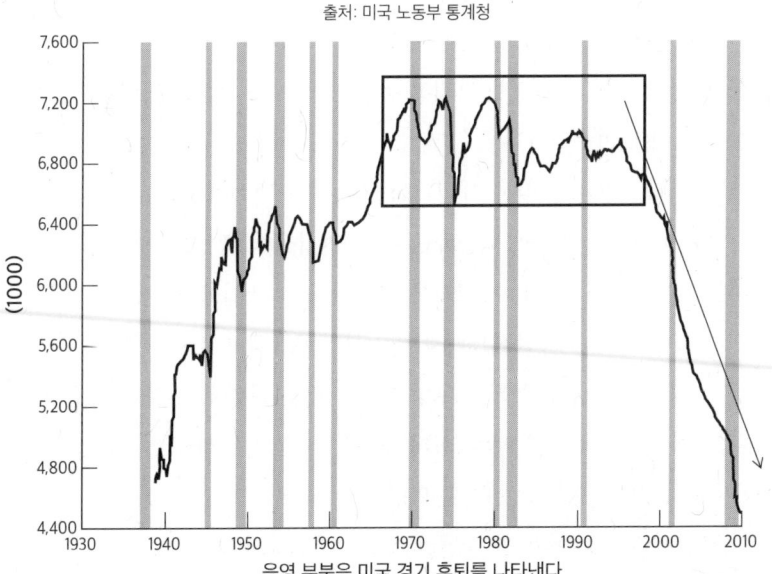

1장 시작 5

실이다. 신제품 출시 후 몇 주 만에 시장에서 사라지거나 괜찮은 스타트업이 몇 달 뒤에 사람들로부터 잊히기도 한다. 새로운 제품을 만들었는데 아무도 쓰지 않아서 망하기도 한다. 이러한 실패가 비통한 이유는 단지 개별 회사와 그 구성원과 투자자들이 경제적 손실을 입기 때문만이 아니다. 그들의 시간과 능력, 열정 같은 인류 전체의 소중한 자원이 낭비되기 때문이다. 린 스타트업 운동은 이러한 비통한 실패를 막으려고 태어났다.

린 스타트업의 뿌리

린 스타트업은 오노 다이이치와 신고 시게오가 도요타에서 개발한 린 제조에서 이름을 따 왔다. 린 사고는 공급 체인supply chain과 생산 시스템이 운영되는 방식을 획기적으로 바꾸었다. 그 핵심 개념은 개별 노동자의 지식과 창의성을 끌어내는 것, 한 번에 생산되는 제품 양을 줄이는 것, 적시just-in time 생산과 재고 관리, 그리고 이러한 주기를 빨리 돌리는 것이다. 린 사고는 가치를 생산하는 행위가 무엇이고, 그렇지 않은 행위가 무엇인지, 그리고 품질 높은 제품을 만들어내는 방법을 세상에 보여주었다.

린 스타트업은 이러한 아이디어를 창업가 정신에 적용한 것이다. 창업가들이 자신이 이룬 성과를 다른 기업들이 측정하는 방식과는 다른 방식으로 측정할 수 있도록 제안한다. 제조업에서 성과는 고품질 제품을 얼마나 생산했느냐로 측정한다. 3장에서 더 살펴보겠지만, 린 스타트업은 유효한 학습이라고 하는 다른 단위로 성과를 측정한다. 과학적 학습을 지팡이로 삼아 우리는 창업가 정신을 좀먹는 노력 낭비를 없애는 방법을 찾을 수 있다.

창업가 정신에 관한 포괄적인 이론은 초창기 벤처 기업의 모든 기능에 대해 다루어야 한다. 비전, 개념, 제품 개발, 마케팅과 판매, 확장, 제휴, 조직 구조와 설계 등에 대해 말이다. 그뿐 아니라 극심한 불확실성 속에서 성과를 측정하는 방법도 적절히 제시해야 한다. 창업가들이 당면하는 수많은 결정, 대부분 그렇듯이 절충이 있는 대다수 결정에 대해 명쾌한 지침을 제공해야 한다. 언제 프로세스 개발에 더 투자해야 하는지, 계획해야 하는지, 기반 구조를 만들어야 하는지, 언제 독자적으로 하고, 언제 제휴를 맺어야 하는지, 그리고 언제 어떻게 사업을 확장해야 하는지 등에 대해 말이다. 무엇보다도 이러한 경영 이론은 창업가들에게 예측 가능성을 제공해야 한다.

예를 들어 마케팅, 판매, IT, 인사 등 구성원들이 각자 전문 분야에 집중할 수 있는 조직 구조 대신에 구성원들이 '학습 마일스톤learning milestone'을 더 잘 챙길 수 있도록 전문 분야 협업cross-functional 팀을 만드는 것을 생각해 보자(7장에서 이 부분을 더 다룰 예정이다). 이 아이디어에 동의할 수도 있고, 그렇지 않을 수도 있다. 동의하든 그렇지 않든 이 방법을 실행하기로 마음먹었다면 얼마 안 가서 팀원들로부터 새로운 프로세스가 생산성을 저하시킨다는 피드백을 받으리라 예상할 수 있다. 팀원들은 예전 방식으로 되돌아가자고 말할 것이다. 한 번에 많이 일하고 부서 간에 일을 넘기는 것이 더 효율적으로 일하는 방식이라고 말이다.

내가 이런 상황을 예전 회사에서 많이 봐 와서 그렇게 생각하는 게 아니라, 결과가 이렇게 되리라는 것은 누구나 쉽게 예측할 수 있다. 린 스타트업 이론 역시 이런 결과를 불러일으킬 것임이 자명하다. 사람들은 자기 생산성을 측정하려고 할 때, 자기 일이 잘된 하루를 생산성이 높은 날로 평가한다. 내가 프로그래머로 일할 때 그런 날은 여덟 시간 동안 어떠한 방해도 받지 않고 개발한 날이었다. 그날은 생산성이 높은 날이었다. 반대로 질문이나 프로세스 문제로 방해를 받거나 당치도 않은 회의가 많은 날은 기분이 좋지 않았다. 내가 그날 성취한 것들은 무엇이었을까? 코드와 제품의 기능들은 눈에 보이는 것들이다. 이해할 수 있고, 남들에게 그것을 보여 줄 수 있다. 하지만 학습한 것들은 반대로 눈에 보이지 않는 것들이다.

린 스타트업은 사람들에게 성과를 다른 방식으로 측정하도록 요구한다. 스타트업에서는 종종 아무도 원하지 않는 제품이나 서비스를 만들어 출시한다. 하지만 이런 제품과 서비스를 정해진 예산과 기간 안에 마무리했다는 것은 아무런 의미도 없는 일이다. 스타트업의 진짜 목표는 고객이 원하고 돈을 낼 수 있는 진짜 서비스를 최대한 빨리 만들어내는 데 있다. 달리 말하면 린 스타트업은 빠른 실행, 고객 통찰, 거대한 비전, 큰 야망을 강조하는 혁신적인 제품과 서비스를 개발하는 새로운 방법에 대한 이야기다.

―――――

헨리 포드는 매우 성공하고 축복받은 기업가 중 한 명이다. 경영 기법 탄생이 자동차 산업과 밀접하게 연결되어 있기 때문에, 자동차를 스타트업에 빗대어 살펴보는 것도 좋을 것 같다.

내연 기관 자동차는 아주 중요하면서도 다른 두 가지 피드백 순환에 의해 돌아간다. 첫 번째 피드백 순환은 엔진 깊숙이 있다. 헨리 포드는 경영자가 되기 전에 엔지니어였다. 엔진 실린더를 움직이는 정교한 기법을 찾아내려고 그는 밤낮 없이 차고에서 보냈다. 실린더 안에서 작은 폭발은 바퀴를 움직이는 동력이 되기도 하지만, 다음 폭발의 점화를 유도하는 역할을 하기도 한다. 이러한 피드백 순환 시기가 정교하게 맞춰지지 않으면 엔진은 망가지고 만다.

스타트업은 '성장 엔진'이라고 하는 비슷한 엔진을 가지고 있다. 스타트업의 고객과 시장은 모두 상이하다. 장난감 회사, 컨설팅 회사, 제조 단지는 공통점이 거의 없어 보이지만 성장 엔진을 중심으로 운영된다는 점에서 모두 똑같다.

신제품 개발, 신기능 추가, 새로운 마케팅 프로그램 발굴 등은 모두 이 성장 엔진을 더 발전시키려고 하는 시도들이다. 헨리 포드가 차고에서 했던 작업이 모두 엔진 개선으로 이어지지는 않은 것처럼 앞서 말한 시도 역시 마찬가지다. 신제품 개발은 간헐적으로 이뤄진다. 스타트업에서 일어나는 행위의 대부분은 제품 개발, 마케팅, 운영을 더 개선하면서 엔진을 튜닝하는 일이다.

자동차에서 두 번째 중요한 피드백 순환은 운전대와 운전자의 관계다. 이 피드백은 너무나 즉시적이고 당연해서 별로 생각할 여지가 없어 보이는데, 사실은 아주 중요한 피드백이다. 다른 교통수단과 가장 큰 구별점을 만드는 부분이기 때문이다. 매일 출퇴근하는 길이라면 손이 마치 다 알아서 하는 것처럼 익숙하게 운전할 것이다. 어쩌면 자면서도 회사까지 갈 수 있을지 모른다. 하지만 눈을 감고 집에서 회사까지 어떻게 가는지 구체적으로, 즉 길 방향이 아니라 필요한 동작 전부, 모든 운전대 조작, 페달 밟기 전부를 알려달라고 하면, 이게 쉬운 일이 아님을 알게 될 것이다. 거의 불가능한 일이다. 운전에 필요한 세세한 동작들은 하나하나 천천히 생각하게 되면 믿을 수 없을 만큼 복잡하게 구성되어 있다.

그와는 반대로 로켓은 이러한 동작이 모두 미리 계획되어야 한다. 언제 추진이 일어나는지, 방향은 언제 어떻게 바꾸는지 등이 모두 세세하게 미리 프로그램되어야 한다. 이 과정 중에 작은 오류가 혹시 하나 발생하면 그 결과는 수천 마일 이후에 끔찍한 참사로 나타난다.

안타깝게도 많은 스타트업의 사업 계획이 자동차를 운전하는 것보다는 로켓을 발사하는 것에 가깝게 짜여 있다. 진행 과정에서 해야 하는 것들을 하나하나 구체적으로 기술하고, 그것이 가져올 결과에 대해 아주 구체적으로 묘사한다. 마치 로켓 발사와 마찬가지로 어느 과정의 작은 실수가 끔찍한 결과로 돌아오기라도 하는 것처럼 계획을 세우고는 한다.

내가 일했던 한 회사는 개발한 신제품의 예상 고객 수를 아주 큰 오차로 틀리게 예측했다. 100만 단위의 오차였던 것 같다. 아주 빨리 개발하고 출시한 뒤, 그 회사는 세워 둔 사업 계획대로 잘해 나가고 있는 것 같았다. 하지만 안타깝게도 출시는 했지만 그 제품에 관심을 보이는 사용자가 많지 않았다. 더 안타까운 것은 그 회사가 이미 설비에 엄청난 투자를 했고, 많은 사람을 고용했으며, 출시 후 몰려올 대규모 사용자에게 적절한 고객 서비스를 제공하기 위한 투자도 대규모로 미리 진행했다는 것이었다. 예상대로 고객 수가 늘지 않는데도, 그 회사는 이미 너무 많은 투자를 진행해 버린 상태여서 벌어지고 있는 상황에 적절히 대처해 나갈 수 없었다. 그 회사는 오류투성이 사업 계획서를 너무 충실히 잘 실행해 '예정된 실패'를 아주 훌륭하게 이루어낸 예라고 볼 수 있다.

린 스타트업 방법은 반대로 회사를 어떻게 '운전'해 나가는지를 알려준다. 수많은 가정을 바탕으로 복잡한 계획을 만들고 그것을 실천해 나가는 것이 아니라, '만들기-측정-학습'이라는 피드백 순환을 통해 운전자와 운전대가 서로 상호 작용해 나가는 것처럼 끊임없이 조정해 나가는 방식을 알려준다. 이처럼 끊임없는 조정 과정을 통해 우리는 현재 진행해 나가는 사업 방향에 변화를 주어야 하는지, 아니면 현재 진행하는 방식 그대로를 고집스럽게 밀고 나가야 하는지를 배울 수 있다. 일단 엔진에 속도가 붙기만 하면, 린 스타트업 방법론은 사업을 최고 속도로 확장할 수 있도록 해 줄 것이다.

운전을 하는 중이라면 목적지가 어디인지 명확하게 알 것이다. 지금 회사로 가는 길이라면 중간에 도로가 공사 중이거나 길을 한 번 잘못 들었다고 해서 회사로 가는 것을 포기하지는 않을 것이다. 목적지로 삼은 곳에 대해 철저하게 집중하는 것이다.

스타트업도 다 그들만의 목적지가 있다. 세상을 바꿀 만한 사업을 일으키는 것이다. 우리는 그것을 스타트업의 '비전'이라고 부른다. 이 비전을 실현하려고 스타트업은 사업 모델, 제품 개발 로드맵, 파트너와 경쟁자의 정의, 고객의 정의 등을 포함하는 전략을 세우게 된다. 제품과 서비스라고 하는 것은 이 전략의 결과물로 존재하게 된다(다음에 나오는 그림을 보라).

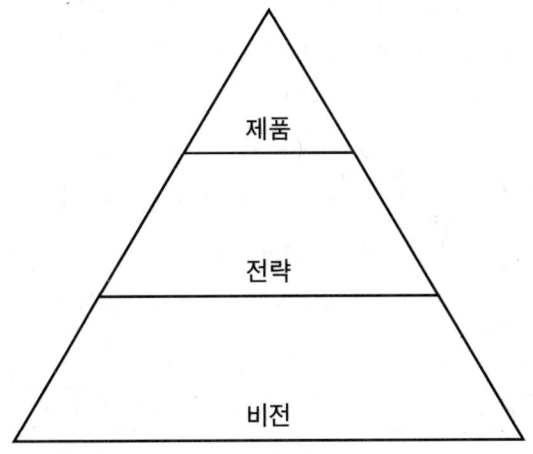

제품은 '엔진 튜닝'이라는 최적화 과정을 통해 끊임없이 변화한다. 전략은 제품보다는 덜 바뀌지만, 방향 전환이라는 과정을 통해 역시 변화한다. 하지만 무엇보다 중요한 비전은 거의 바뀌지 않는다. 창업가들은 이 비전을 통해 조직을 원하는 목적지까지 이끌고 간다. 중간 중간 성과 측정을 잘 하면 원하는 목적지까지 갈 수 있게 되는 것이다(다음에 나오는 그림을 보라).

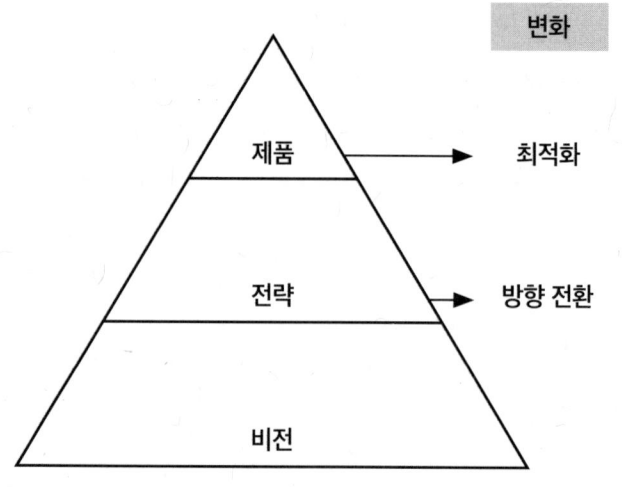

현실에서 스타트업은 앞서 말한 여러 활동의 조합으로 나타난다. 예를 들면 제품을 개발하면서, 새로운 고객을 찾아야 하고, 동시에 기존 고객을 만족시켜야 한다. 제품 개선, 마케팅, 운영을 동시에 해야 한다. 운전을 해 나가면서 언제 어떻게 방향 전환해야 하는지 판단해야 한다. 결국 창업가들이 맞이하고 있는 도전은 이러한 것들을 어떻게 균형을 맞춰 잘 해나가느냐 하는 것이다. 아무리 작은 회사라도, 기존 제품의 혁신을 꾀하면서 동시에 기존 고객이 사용하는 제품의 유지 보수를 동시에 해 나가야 한다. 이미 시장에서 자리를 확고하게 잡은 대기업이라고 할지라도 도태되지 않으려고 혁신에 투자하고 있다. 회사가 점점 성장함에 따라 이러한 업무들의 포트폴리오 역시 변화하게 된다.

―――――

창업가 정신 역시 경영이다. 대기업에서 신제품 개발을 담당한 신규 사업 부서의 간부가 있다고 하자. 그 간부가 1년 후 회사의 총 재무 책임자가 되어 다음과 같이 말하는 것을 상상해 보자. "우리는 회사의 성장 목표를 맞추지 못했습니다. 신규 고객 유입이 거의 없고, 신규 매출 역시 거의 없습니다. 하지만 우리는 많은 것을 배웠습니다. 그리고 신규 사업을 통해 만들어 내고 있는 혁신 역시 엄청납니다. 조금만 더 기다리면 다 잘될 겁니다." 대부분의 경우에 이런 사람은 회사에서 해고된다. 일반적인 경영의 관점에서 성과가 없다는 것은 계획을 잘못 세웠거나 실행을 잘못 했거나 둘 중 하나로 귀결된다. 양쪽 모두 심각한 실패다. 신제품 개발이 성공하는 데 시간이 걸리고 또 이러한 종류의 실패가 불가피할 수밖에 없다고 하더라도 말이다. 린 스타트업 운동에서는 이러한 내부 혁신가도 스타트업을 운영하는 창업가와 똑같다고 본다. 창업가적인 경영 기법이 실제로 이들에게도 큰 도움을 줄 것이다. 다음 장의 주제가 이것이다.

2
정의

도대체 누가 창업가인가?

전 세계를 돌아다니면서 린 스타트업에 대해 강연을 할 때마다, 나는 관중들 속에서 강연과 관련 없을 것 같은 사람들을 발견하고는 깜짝 놀란다. 그 사람들은 내가 주로 만나는 스타트업 창업가들이 아니라 대기업에서 혁신적인 신규 사업을 추진하거나 기존 제품을 혁신하는 업무를 담당하는 간부였다. 그들은 조직 내부 정치에도 아주 밝은 사람들이었다. 그들은 분리된 회계 시스템을 사용하는 자율적인 조직이나 기존 조직의 문제로부터 독립적인 조직을 세팅하는 방법을 알고 있었다. 가장 놀라운 점은 그들이 뛰어난 비전을 지녔다는 점이었다. 내가 지금까지 같이 일해 왔던 스타트업 창업가들과 마찬가지로 그들은 자신의 회사가 속해 있는 산업 전반의 문제점과 이것을 해결하기 위한 혁신적인 해법에 대해 아이디어가 많은 사람들이었다.

마크는 내 강연에 왔던 세계적 대기업의 간부였다. 그는 인터넷을 활용한 신규 서비스를 기획하는 부서의 책임자였다. 강연이 끝난 후에 그가 개인적으로 이야기를 하러 왔을 때 나는 혁신적인 팀을 만드는 일반적인 방법론에 대해 말해 주었다. 한참 말하고 있을 때 그가 내 말을 자르고는 말했다. "예,『The Innovator's Dilemma』[1]를 이미 읽어봤어요. 그 책에서 중요하다고 하는 것들은 이미 알겠어요." 그는 현재 일하는 회사에서 오랫동안 일했고, 성공한 간부로 자리 잡고 있어서 회사 내 정치적인 문제는 큰 문제가 되지 않았다. 나는 그가 이룬 성공이 회사 정책을 습득하고, 실제로 성과를 이루어내는 그의 능력에 기인하고 있었다는 것을 알았어야 했다.

나는 다음으로 최신 기술의 제품 개발 방법론 등 미래에 대해 이야기해 주었다. 그는 다시 내 이야기를 끊고 말했다. "그래요. 저는 인터넷에 대해 잘 알고 있어요. 그리고 우리 회사가 어떻게 적응해 나가야 하는지, 그렇지 못하면 어떻게 실패하는지도 잘 알고 있습니다."

마크는 창업가 정신에 관해 완벽하게 준비되어 있는 사람이었다. 좋은 팀이 있었고, 인간적인 성품도 뛰어났으며, 미래에 대해 확고한 비전을 지녔을 뿐 아니라 위험을 감수하는 자세도 충분히 견지하고 있었다. 그런데 이런 그가 왜 내게 조언을 구하러 왔는지 궁금해졌다. 마크가 말했다. "우리는 원재료는 다 가지고 있거든요. 성냥도 있고, 나무도 있고, 종이도 있어요. 그런데 도대체 불은 어디에 있는 건가요?" 마크가 공부한 경영 이론에서는 혁신을 마치 기존 내부 조직에 신규 사업 조직을 세팅할 때 생각하는 블랙박스처럼 다루고 있었다. 마크는 그 블랙박스 안에서 길을 잃은 듯 보였고, 내게 도움을 요청하고 있었다.

마크가 놓치고 있는 것은 혁신을 현실의 성공으로 어떻게 바꾸는지에 관한 방법론이었다. 일단 팀이 세팅되면 그 팀은 무엇을 해야 하는가? 어떤 프로세스를 사용해야 하는가? 성과를 어떤 마일스톤에 맞춰 측정해야 하는가? 이런 질문들에 대해 린 스타트업 방법론은 해답을 가지고 있다.

내가 말하고 싶은 요점은 마크 역시 차고에서 창업하여 스타트업을 운영하는 실리콘밸리 첨단 기술 창업가와 마찬가지로 창업가 중 한 명이라는 것이다. 그 역시 전통적인 창업가들과 마찬가지로 린 스타트업에 대해 공부할 필요가 있었다.

안정된 대기업 내에서 마크처럼 창업가적인 역할을 수행하는 사람들을 '내부 창업가intrapreneur'라고 한다. 그리고 다양한 종류의 산업과 다양한 크기의 회사와 함께 일하면서 내부 창업가는 우리가 생각하고 있는 것 이상으로 스타트업을 설립 운영하는 창업가와 유사성이 많음을 알게 되었다. 그래서 내가 "창업가"라고 말할 때는 기업 크기, 산업 종류, 회사 발전 정도 등과 무관하게 내부 창업가까지를 포함하는 넓은 의미의 창업가를 의미한다.

이 책은 모든 종류의 창업가를 위한 책이다. 젊어서 경험은 적지만 큰 비전을 지닌 이부터 마크처럼 큰 회사에서 일하는 경험 많은 내부 창업가까지 모두가 이 책의 독자에 해당한다.

내가 창업가라면 스타트업은 무엇인가?
린 스타트업은 창업가들이 스타트업의 성공 확률을 높이는 데 도움이 되는 방법론이다. 이를 위해 스타트업이 무엇인지 정확하게 정의해 보자.

스타트업이란 극심한 불확실성 속에서 신규 제품이나 서비스를 만들려고 나온 조직이다.

나는 이 정의에서 가장 중요한 부분은 이 정의가 생략한 것에 있음을 알게 되었다. 이 정의는 회사 규모, 사업 분야, 산업 종류 등에 대해서는 말하지 않는다. 즉 극심한 불확실성 속에서 신제품이나 새로운 서비스를 만들고 있기만 하다면 그 조직이 정부 조직이든, 대기업 신규 사업 부서든, 비영리 조직이든, 벤처 기업이든 모두 스타트업이라고 볼 수 있다는 말이다. 그 안에서 일하는 사람들이 그것을 인지하느냐 못 하느냐에 상관없이 말이다.

스타트업의 정의를 단어별로 잘라서 살펴보자. 조직이라는 단어는 관료주의, 프로세스, 무기력함 등을 의미하기도 한다. 어떻게 이런 것들이 스타트업의 일부가 될 수 있을까? 하지만 성공적인 스타트업에서는 여전히 많은 시간을 조직과 관련된 일에 쓰고 있다. 창의적인 인재를 채용하고, 직원의 활동을 조직하고, 성과 중심의 조직 문화를 만드는 일 등에 말이다.

우리는 스타트업이 반짝이는 좋은 아이디어, 기술적 혁신으로만 이루어져 있다고 착각하기도 한다. 스타트업들은 이것들보다 훨씬 큰 개념이다. 스타트업은 사람들이 모여 이루어진 조직이라는 것을 간과해서는 안 된다.

스타트업의 제품이나 서비스가 혁신이라는 정의는 아주 본질적인 부분이기도 하면서, 반대로 아주 헷갈리는 부분이기도 하다. 제품이라는 단어는 고객에게 제공하는 가치를 포함하는 광의의 제품으로 해석해야 한다. 고객들이 회사와 상호 작용하면서 얻는 경험 모두를 그 회사의 제품이라고 생각해야 한다. 이것은 식료품점, 전자 상거래 웹 사이트, 컨설팅 서비스, 비영리 사회 복지 단체 등에도 모두 해당된다. 모든 경우에 조직은 고객에게 제공하는 새로운 가치를 발견하고, 그 가치가 고객에게 미치는 영향력의 크기에 신경을 써야 한다.

혁신이라는 단어 역시 광의로 해석되어야 한다. 스타트업은 다양한 방식으로 혁신을 실천한다. 새로운 과학적 발견, 기존 기술을 단지 새로운 방식으로 적용하는 것, 사업 모델을 수정하여 기존에 숨겨져 있던 가치를 끄집어내는 것, 새로운 지역이나 전에는 어울려 보이지 않았던 고객에게 제품이나 서비스를 제공하는 것 모두 혁신의 일부다. 이상의 모든 경우에서 혁신은 회사의 성공에 중요한 역할을 한다.

이상의 정의에서 또 하나 중요한 부분이 있다. 혁신이 일어나는 상황에 대한 이야기다. 대다수 사업이 (회사가 크든 작든 상관없이) 이 상황과 분리되어 이야기되고는 한다. 스타트업은 극심한 불확실성 속에서 운영되는 것을 전제로 한다. 예를 들어 기존 사업을 정확히 베껴 운영되는 사업의 경우 사업 모델, 대상 고객, 가격, 제품 등을 온통 따라간다면 매력적인 경제적 투자이겠지만 이것은 스타트업이라고 볼 수 없다. 성공 여부가 전부 실행 문제로 귀결되며, 성공 여부가 비교적 높은 확률로 계산되기 때문이다(많은 소상공인이 은행 대출을 쉽게 받을 수 있는 이유도 이것 때문이다. 소상공인들의 창업 모델의 위험도와 불확실성을 은행에서 쉽게 계산할 수 있다).

일반 경영 이론이 제공하는 도구들은 대부분 극심한 불확실성 속에서 살아남아야 하는 스타트업에게는 맞지 않는다는 문제가 있다. 미래는 예측 불가능하며, 고객들은 수많은 종류의 대체재를 가지고 있다. 이러한 변화의 속도는 점점 더 빨라지고 있다. 그런데도 스타트업(벤처 기업이든 대기업의 신규 사업 개발 조직이든 모두)들은 대부분 아직까지도 표준적인 예측 모델과 제품 개발 마일스톤, 구체적인 사업 계획서에 의존하고 있다.

스냅택스 이야기

2009년 상당히 비범한 목표에 도전한 스타트업이 하나 있었다. 그들은 W-2 서식(보통 연말에 회사에서 받는 세무 관련 서류로 과세 대상이 되는 급여 내역이 요약되어 있다)에 있는 대다수 정보를 자동으로 수집해 사람들이 세무사 사무소에 많은 비용을 내지 않고도 세무 처리를 할 수 있도록 하고 싶어 했다. 이 회사는 곧바로 어려움에 직면하게 되었다. 사람들이 대부분 집에 프린터나 스캐너를 가지고 있었지만, 어떻게 사용하는지 몰랐던 것이다. 잠재 고객과 수많은 대화를 나눈 후 이 팀은 사람들에게 휴대전화로 W-2 서식을 찍어서 보내도록 하는 새로운 실험을 설계했다. 이 실험 도중 사람들로부터 예상치 못한 질문을 받게 되었는데, 휴대전화에서 세무 처리를 모두 끝낼 수 없냐는 것이었다.

그건 쉬운 일이 아니었다. 전통적으로 세무 처리를 위해서는 엄청난 양의 서식을 작성하고, 수없이 많은 질문에 대답하고, 많은 서류 작업을 해야 했기 때문이다. 이 회사는 세무 처리에 필요한 모든 기능을 전부 다 담지 않고, 꼭 필요한 몇 가지 기능만을 담은 제품만으로 새로운 실험을 해 보기로 결정했다. 첫 번째 버전은 캘리포니아에 거주하며 제출할 신고 서류가 단순한 고객만 사용할 수 있는 버전이었다.

고객들이 복잡한 세무 서식 항목을 모두 채워 넣을 필요 없이, 휴대전화로 W-2 서식의 사진만 찍으면 되게 하였다. 그 사진 한 장으로부터 1040 EZ 제금 환급 서류를 모두 작성하는 기술을 개발했다. 수많은 서류를 작성해야 하는 기존 경험과 비교해 봤을 때, 이 서비스 스냅택스SnapTax는 마술과도 같은 경험을 제공했다. 스냅택스는 대단한 성공을 이루게 된다. 2011년 미국 전역에서 사용할 수 있는 버전을 출시했을 때, 출시 3주 만에 35만이 넘는 다운로드 수를 기록하는 기염을 토했다.

이러한 것들이 바로 스타트업에서 기대하는 혁신의 모습이다.

하지만 이 회사의 이름을 듣게 되면 깜짝 놀랄 것이다. 스냅택스는 미국에서 재무, 회계, 세무 관련 도구를 만드는 회사로 가장 유명한 인튜이트Intuit가 개발한 서비스다. 7700명이 넘는 직원 수와 연 매출 10억 달러가 넘는 규모를 생각해 보았을 때, 인튜이트는 보통 스타트업은 아니다.[2]

스냅택스 개발팀 역시 전형적인 창업가 정신을 지닌 이들이라고 보이지는 않았다. 그들은 차고에서 일하거나 라면만 먹거나 하지 않는다. 회사에는 자원이 넘쳐난다. 이 개발팀은 적지 않은 연봉을 받고, 회사에서 제공하는 많은 혜택을 누리며, 주중에 회사에 출근하고, 주말에는 쉰다. 그렇지만 이들은 창업가다.

이들의 이야기를 대기업에서 근무하는 다른 사람들의 경우와 비교하여 보았을 때 그다지 일반적이지는 않다. 무엇보다도 스냅택스는 인튜이트에서 가장 잘 나가는 제품인 터보택스TurboTax의 데스크톱 버전과 직접적인 경쟁 관계에 있는 제품이다. 일반적으로 인튜이트 같은 회사들은 클레이튼 크리스튼슨Clayton Christensen의 『The Innovator's Dilemma』에 나오는 덫에 빠지게 된다. 이런 종류의 회사들은 기존 제품을 지속적으로 개선하거나 기존 고객들을 만족시키는 지속적 혁신sustaining innovation에는 강하지만, 완전히 새로운 서비스나 고객을 찾아내는 파괴적 혁신disruptive innovation에는 약하다는 것이다. 결국에는 파괴적 혁신만이 장기적으로 지속 가능한 성장 동력이 되는데도 말이다.

내가 스냅택스의 팀장에게 실패 방지 대책을 물어보았을 때 대답이 아주 인상적이었다. 외부에서 유명한 창업가를 데려왔을까? 그들은 그러지 않았다. 내부 구성원만으로 팀을 꾸렸다. 많은 회사에서 혁신 팀의 골칫거리인 기존 조직의 정치 문제로 어려움을 겪었을까? 인튜이트의 임원들은 스냅택스 팀이 새로운 것들을 실험하는 데 아무런 방해도 받지 않도록 완벽한 자유를 보장해 주었다. 그들은 큰 팀을 만들고 많은 예산과 마케팅 비용을 받았을까? 그렇지 않았다. 그들은 다섯 명으로 팀을 시작했다.

스냅택스 팀이 혁신할 수 있었던 것은 성공 유전자나 운명, 별자리 때문이 아니라 인튜이트 임원진들이 지속적으로 스냅택스 팀을 도와준 프로세스 덕분이었다. 혁신은 아래에서 올라오는 것이고, 중앙에서 누가 명령한다고 되는 것도 아니고, 예측할 수 없는 것이기는 하지만, 그렇다고 해서 그것이 관리될 수 없다는 의미는 아니다. 혁신을 관리하려면 새로운 형태의 경영 철학을 필요로 하는데, 이것은 혁신을 지지하고 계속해서 성장시키는 방법을 연습한 사람들을 필요로 한다. 다른 말로 하자면 조직 내에서 창업가 정신을 키워나가는 것은 고위 임원들의 책임이라는 것이다. 오늘날 시대를 앞서가고 있는 인튜이트 같은 회사들은 새로운 경영 패러다임의 필요성을 알고 있었기에 스냅택스 같은 성공기를 만들 수 있었다. 이것은 인튜이트의 창업 시절부터 익혀온 것이었다.[3]

7000명의 린 스타트업

1983년 인튜이트 창업자인 스콧 쿡 Scott Cook과 공동 창업자 톰 프록스 Tom Proulx는 개인 회계와 관련된 일들이 컴퓨터로 넘어올 것임을 깨닫는다. 수많은 경쟁자와 불확실한 미래, 작은 초기 시장 규모 때문에 그들이 성공할 가능성은 아주 낮아 보였다. 10년이 지난 후 인튜이트는 상장하고, 마이크로소프트 같은 거대 소프트웨어 기업의 공격에서 스스로를 보호할 수 있는 위치에 올랐다. 벤처 투자자로 유명한 존 도어 John Doerr의 도움에 힘입어 인튜이트는 사업 다각화에도 성공하여 현재 포춘 1000대 기업의 멤버가 되었으며 개별 분야에서 시장 선도적인 제품을 12개 이상 보유하고 있다.

이러한 이야기가 우리가 즐겨 듣는 창업가적인 성공기다. 자유분방한 팀이 모여 결국은 명성, 찬사, 엄청난 부를 얻는 이야기 말이다.

2002년으로 잠깐 돌아가 보자. 스콧은 그때 좌절하고 있었다. 10년간 인튜이트가 선보인 제품과 관련된 모든 데이터를 통계표로 정리해 놓고 보니, 그동안 투자에 비해 너무도 하찮은 성과가 나오고 있음을 알게 되었다. 쉽게 말해 너무 많은 신제품이 시장에서 실패하고 있었다. 전통적인 기준에서 보자면 인튜이트는 매우 잘 경영되는 회사였지만, 실패 원인에 대해 더 파보면 파볼수록 스콧은 기존 경영 패러다임이 현대적인 경제의 지속적 혁신에는 적합하지 않다는 결론을 내릴 수밖에 없었다.

2009년 가을까지 스콧은 인튜이트의 경영 문화를 변화시키려고 수년간 노력해 왔다. 그는 내가 린 스타트업 프레임워크를 개발하던 초기에 와서 인튜이트에서 강연을 해 달라고 부탁했다. 실리콘밸리에서 이런 부탁은 거절하기 어렵다. 나도 관심이 있었다는 것은 인정한다. 린 스타트업 프레임워크 개발 초기 단계였기 때문에, 인튜이트 같이 포춘 1000에 선정된 큰 기업이 어떤 도전을 맞이하고 있는지 구체적으로 알고 싶었다.

스콧 쿡과 인튜이트 CEO인 브래드 스미스Brad Smith와 대화를 해 본 후에, 나는 큰 회사 임원들도 벤처 투자자나 스타트업 창업가와 똑같이 창업가 정신에 대해 깊이 고민하고 있음을 알게 되었다. 이러한 도전을 해결하려고 스콧과 브래드는 인튜이트의 뿌리까지 되짚어 올라가고 있었다. 그들은 창업가 정신과 위험을 회피하지 않는 마음가짐을 전사에 퍼뜨리기 위해 노력하고 있었다.

인튜이트의 가장 대표 제품인 터보택스를 생각해 보자. 터보택스는 미국 세무 신고 기간에 매출 대부분을 올리기 때문에 상당히 보수적인 회사 문화를 가지고 있었다. 1년간 마케팅 팀과 제품 개발 팀은 세무 신고 기간에 맞춰 제때에 출시하는 것을 가장 큰 우선순위로 두고 있었다. 그들은 500여 가지 변경 사항을 두 달 반 동안의 세무 신고 기간에 모두 테스트해야 했다. 일주일에 70여 개의 다른 실험을 하는 꼴이었다. 목요일에 웹 사이트에 새로운 기능을 올린 뒤에, 주말 동안 실행해 보고, 월요일에 결과를 읽어본 후, 화요일에는 결론을 내야 하는 식이다. 그런 다음 목요일 오전까지 새롭게 실험할 것을 만들어서 목요일 저녁에는 다시 웹 사이트에 올려야 한다.

스콧이 말했다. "지금 우리가 배우고 있는 양은 엄청납니다. 그리고 지금 우리가 하고 있는 것은 창업가들을 키우고 있는 것입니다. 실험할 테스트가 하나밖에 없는 경우라면 창업가는 필요 없고 정치인만 있으면 됩니다. 그냥 그것만 팔면 되기 때문이지요. 좋은 아이디어가 100개 정도 있으면, 아이디어를 정해야 하기 때문에, 정치력이 강한 사람과 영업을 잘 하는 사람으로 내부에서 조직을 만들지요. 하지만 실험할 테스트가 500개라면 모든 사람의 아이디어를 다 실행해 볼 수 있습니다. 그렇게 되면 정치적인 조직과는 반대로, 실행하고 배우고 다시 테스트하고 다시 배우는 창업가들을 만들어 낼 수 있게 됩니다. 그래서 우리는 전체 조직에서 이런 실험들을 계속하도록 밀어붙이고 있습니다. 웹 사이트에서 실험하는 것들은 첨단 기술을 필요로 하지는 않거든요. 요즘에 웹 사이트가 없는 사업이 어디 있나요. 빠른 주기로 테스트해 보는 데 첨단 기술이 있어야 할 필요는 없습니다."

이런 종류의 변화는 어렵다. 이미 안정된 회사는 기존 제품에서 특별한 서비스를 요구하는 고객들과 일정한 수익을 창출하기를 요구하는 투자자들이 있기 때문이다. 스콧이 말했다.

"사람들이 비즈니스에서 배운 것들은 반대로 동작했습니다. 문제는 팀이나 창업가들이 아니었습니다. 그들은 자신이 만든 서비스를 하루라도 빨리 시장에 내놓고 싶어 했습니다. 그들은 고객들이 하루라도 빨리 서비스에 관여하도록 만들고 싶어 했습니다. 오히려 진짜 문제는 리더들과 중간 관리자들이었습니다. 기존 비즈니스 리더들 중에는 분석을 잘해서 성공한 리더들이 있었습니다. 그들은 자신이 분석가이고 자신의 일이 계획을 잘 세우고, 분석을 잘 하는 것이라고 생각했습니다."

시장에서 성공한 기업들이 초기 혁신 결과물로 시장 지도력을 누릴 수 있는 시간은 점점 줄어들고 있다. 그래서 대단히 성공한 기업들조차도 계속해서 혁신에 투자하는 것이다. 사실 기업이 장기적으로 성장하는 방법은 파괴적 혁신을 끊임없이 실행할 수 있도록 린 스타트업 방법론을 활용한 '혁신 공장innovation factory'을 조직 내부에 만드는 것밖에 없다. 다르게 표현하자면 이미 자리 잡은 기업도 스콧 쿡이 1983년에 했던 것처럼 할 수밖에 없는데, 잘 나가는 회사의 중간 관리자들은 전통적인 경영 문화에 이미 너무 많이 젖어 있다.

독불장군이었던 스콧은 내게 이런 아이디어를 테스트해달라고 요청했고, 그래서 나는 인튜이트에 가서 강연을 했다. 7000명 이상의 인튜이트 직원들을 대상으로 이야기를 시작하면서 나는 린 스타트업 이론에 대해 설명하고, 극심한 불확실성 속에서 신규 제품과 서비스를 제공한다는 스타트업의 정의에 대해 설명했다.

그 이후에 어떤 일이 일어났는지 나는 생생하게 기억한다. CEO 브래드 스미스는 내 곁에 앉아서 내가 말하는 것을 듣고 있다가, 내 강연이 끝난 직후에 일어나서 전 직원을 대상으로 이렇게 말했다. "여러분, 잘 들으세요. 에릭이 스타트업의 요건을 세 가지로 정의했는데요. 우리 회사는 이 세 가지 요건에 모두 해당합니다."

스콧과 브래드는 기존 경영 기법에 뭔가 새로운 변화가 필요하다고 자각하고 있던 사람들이었다. 인튜이트는 이러한 새로운 사고방식이 이미 시장에서 자리를 잡은 회사에서도 잘 동작한다는 것을 보여주는 사례다. 브래드는 인튜이트에서 다음과 같은 두 가지를 측정함으로써 새로운 혁신을 추진해 나간다고 설명해 주었다. 첫 번째는 3년 전에는 아니었지만 지금은 회사의 고객이 된 사람들의 수이고, 두 번째는 3년 전에는 없던 가치를 제공함으로써 발생하는 매출의 합이었다.

예전 모델에서는 신제품을 출시한 후 5000만 달러 매출을 달성하기까지 시간이 5년 반 걸렸다. "우리는 1년 전에는 제공하지 않던 가치를 제공하면서 지난해 5000만 달러 매출을 올렸어요. 그게 하나로 딱 떼어내 생각할 수 있는 가치는 아니고, 지금까지 이뤄온 혁신의 종합적인 결과물이라고 볼 수 있는데요. 이런 것들이 우리에게는 쓸모없는 것들을 빨리 없애고, 의미 있는 것들을 더 빠르게 확장할 수 있는 힘을 준답니다." 브래드가 설명했다. 인튜이트처럼 대규모 회사에서 이 정도 규모의 성과는 그리 크다고 볼 수 없다. 그들 역시 극복해야 하는 수많은 레거시 시스템과 사고방식이 있다. 하지만 창업가적 경영을 적극 추진해온 인튜이트의 리더십은 드디어 빛을 발하고 있다.

스타트업 창업가들에게 필요한 여러 종류의 실험을 내부 구성원들이 실험해 볼 수 있도록 환경을 만들어야 하는 의무가 회사 고위 경영진에게 있다. 예를 들어 터보택스 팀이 세무 신고 기간에 500개 실험을 할 수 있도록 만들어줘야 한다. 그전에는 마케터가 아무리 좋은 기획안이 있어도 웹 사이트를 빠르게 변경할 수 있는 시스템이 구축되어 있지 않아서 그것을 실험해볼 수 없었다. 인튜이트는 실험을 빨리 구현, 배치, 분석할 수 있는 시스템에 투자했다.

스콧이 말한 것처럼 이러한 실험을 가능하게 만드는 것이 경영진의 임무다. 리더십으로 이러한 시스템을 구축해야 한다. 회사 리더가 카이사르Caesar처럼 구성원들의 아이디어를 평가해 실행 여부를 결정하는 것이 아니라, 실험 프로세스가 움직이는 속도대로 팀들이 일하고 혁신할 수 있도록 조직 문화와 시스템을 만들어야 한다.

3
학습

창업가로서 우리 회사가 정말 성공적인 사업으로 나아가고 있는지, 아닌지 아는 것만큼 어려운 일은 없었다. 초기에는 엔지니어로, 이후에는 경영자로 일하면서 내가 주로 성과를 측정하는 방식은 초기에 세운 계획과 예산안에 맞춰 얼마나 고품질 제품을 만들어내느냐 하는 것이었다.

몇 년간 창업가로 일해 오면서 나는 이런 방식으로 성과를 측정하는 데 심각한 회의를 느끼게 되었다. 열심히 만들었는데 아무도 원하지 않는다면 어떻게 될까? 그렇다고 하면 정해진 예산과 기간 안에 제품을 다 만들었다는 것이 과연 무슨 의미가 있을까? 하루 일을 끝내고 집에 도착했을 때 한 가지 확실하게 알 수 있었던 것은 내가 종일 직원들에게 바쁘게 일을 시켰고, 오늘 하루치만큼 회사 돈을 사용했다는 것이었다. 단지 팀이 고생한 만큼 목표에 좀 더 다가섰기를 바랄 뿐이었다. 잘못된 방향으로 갔더라도 우리가 무언가 중요한 것을 배웠겠거니 하는 마음으로 위안해야 했다.

안타깝게도 '학습'이라는 것은 실패에 대해 가장 흔하게 사용하는 변명이다. 중간 관리자들이 약속한 성과를 이루지 못했을 때, 학습한 게 있으니 괜찮다며 스스로를 위안한다. 성공에 대해 압박을 더 강하게 받는 창업가들은 그들이 사업을 하며 학습한 것들에 대해 주위에 말할 때 아주 창의적으로 이야기를 만들어내고는 한다. 우리는 직장, 경력, 평판을 좌지우지하는 이 학습에 대해 모두 좋게 이야기할 수 있다.

그런데 이 학습은 창업가를 믿고 따르는 직원들에게는 적절하지 않은 위안이다. 마찬가지로 소중한 돈과 시간, 에너지를 투자한 투자가들에게도 마찬가지다. 조직 크기에 상관없이 팀 혁신에 많은 것을 기대한 회사에도 적절한 위안이 될 수 없다. 실패를 통해 배웠다는 이 학습은 은행에 저축할 수 있는 것도 아니고, 나중에 따로 사용하거나 어딘가에 투자해 둘 수도 없다. 그것은 고객들에게 돌려줄 수 있는 부분도 아니고, 협력사들에 줄 수 있는 부분도 아니다. 창업가나 중간 관리자들이 이야기하는 이 학습이 잘못된 평판을 쌓아왔다는 것이 놀랍지 않나?

하지만 창업가 정신의 근본적인 목표가 극심한 불확실성 속에서 조직을 운영해 나가는 것이라고 한다면, 조직의 주요한 기능 역시 학습되어야 한다. 비전을 실현하기 위해 세워 둔 전략 중 어떤 부분이 제대로 동작하고 어떤 부분이 전혀 동작하지 않는지 학습해야 한다. 우리는 고객이 원한다고 말하는 것이나 그들이 원할 것이라고 우리가 생각하는 것이 아니라, 실제 고객이 진정으로 원하는 것이 무엇인지를 알아야 한다. 우리는 장기적으로 지속 가능한 사업을 만들어 가는 과정에 있는지, 그렇지 않은지를 알아야 한다.

린 스타트업 모델에서는 '유효한 학습'이라는 개념으로 학습에 대한 평가를 회복시킨다. 유효한 학습이란 결과가 나온 후 끼워 맞추거나 실패를 감추는 것이 아니다. 이것은 스타트업이 성장하는 극심한 불확실성 속에서 성과를 측정하기 위한 까다로운 방법론이다. 유효한 학습이란 팀이 스타트업의 현재와 미래의 성장에 꼭 필요한 진실을 발견했음을 현실적으로 보여주는 방법이다. 이것은 전통적인 경영 계획이나 시장 예측보다 훨씬 빠르고 정확하며 구체적이다. 이것은 계획을 충실히 잘 실행했으나 그 결과를 얻지 못하고 실패에 이르는 치명적인 문제의 특효약으로 작용한다.

IMVU의 유효한 학습

유효한 학습을 내 경력의 예로 설명하겠다. IMVU 창업 이야기와 IMVU를 하면서 했던 수많은 실수에 대해 들어본 사람이 많을 것이다. 그중에서 실수를 하나 예로 들어 유효한 학습을 생생하게 설명해 보겠다.

IMVU 창업 멤버들은 모두 진지한 전략적 사고를 하고 싶었다. 우리는 모두 과거에 실패한 회사와 관련되어 있었고, 그 경험을 다시는 되풀이하고 싶지 않았다. 우리는 초기에 다음과 같은 질문들에 대답하려고 많은 시간을 썼다. 어떤 사람들이 주요 고객이고, 무엇을 만들어야 할까? 어떤 시장에 진입해 자리를 잡아야 할까? 경쟁 상황에 좌지우지되지 않는 우리만의 강점을 어떻게 만들어야 할까?[1]

똑똑한 전략

우리는 인스턴트 메시징instant messaging, IM 시장에 들어가기로 마음먹었다. 2004년에 사용자 수억 명이 인스턴트 메신저를 활발하게 사용하고 있었다. 그런데 메신저 사용자 대부분은 돈을 내고 특별한 기능을 사용할 생각이 없었다. 마이크로소프트, 야후, AOL 같은 대기업들은 광고로 적당한 매출을 내는 정도에 만족하면서 다른 서비스로 끌어들이려는 미끼 상품으로 인스턴트 메시징 네트워크를 운영하고 있었다.

인스턴트 메시징은 강력한 네트워크 효과로 돌아가는 시장의 좋은 예다. 대다수 통신망과 마찬가지로 인스턴트 메시징 시장 역시 메칼프의 법칙Metcalfe's Law을 따른다. 메칼프의 법칙이란 네트워크 가치는 그 네트워크에 참여하는 참여자 수의 제곱에 비례한다는 법칙이다. 다르게 표현하자면 네트워크에 참여하는 사용자 수가 많으면 많을수록 네트워크의 가치가 더 커진다는 의미다. 이것은 아주 직관적인 법칙이다. 내가 같이 이야기할 수 있는 상대의 수가 많으면 많을수록 개인에게 제공하는 네트워크의 가치가 커지기 때문이다. 이 세상에서 혼자 전화기를 가지고 있다고 가정해 보자. 이 전화기는 아무런 가치도 없다. 다른 사람들이 전화기를 가지고 있을 때에만 비로소 가치를 지니게 되는 것이다.

2004년에 인스턴트 메시징 시장은 이미 자리를 확고하게 잡은 회사들이 있는 시장이었다. 시장의 상위 세 개 인스턴트 메시징 네트워크가 전체 시장의 80퍼센트를 장악하고 있었고, 시장점유율을 굳혀가면서 중소기업들[2]은 희생되고 있었다. 마케팅에 상상 이상의 비용을 지출하지 않고서는 인스턴트 메시징 시장에서 자리를 잡을 수 없다는 것이 정석으로 여겨졌다.

사람들이 그렇게 인식하는 이유는 간단했다. 네트워크 효과의 힘 때문에 사람들이 다른 네트워크로 전환하는 것은 거의 불가능에 가깝다. 다른 네트워크로 갈아타려면 친구, 동료들도 같이 움직이도록 설득해야 하기 때문이다. 고객들이 이러한 수고를 해야 한다는 점이 인스턴트 메시징 시장에 새롭게 진입하는 사업자들에게 진입 장벽으로 작용했다. 대다수 사용자들이 기존 인스턴트 메신저에 이미 묶여 있어서 새롭게 출시하는 인스턴트 메신저가 초기 고객을 형성하기 어려웠다.

IMVU에서 우리는 대중이 많이 사용하는 기존 인스턴트 메시징과 고객당 매출이 높은 3차원 비디오 게임, 가상 세계를 결합하는 제품을 만들기로 했다. 시장에 새로운 인스턴트 메시징 네트워크를 형성하는 것은 불가능에 가깝기 때문에 우리는 기존 인스턴트 메시징 제품에 부가 서비스로 붙일 수 있는 형태로 서비스를 개발하기로 했다. 그렇게 하면 고객들은 새로운 인스턴트 메시징으로 갈아탈 필요도 없고, 새로운 사용자 인터페이스를 학습해야 할 필요도 없다. 무엇보다도 기존 친구들을 그대로 데려와서 IMVU가 제공하는 꾸미기 아이템과 아바타 대화를 즐길 수 있다는 장점이 있었다.

사실 우리는 마지막 부분을 가장 중요하게 여겼다. 부가 서비스가 의미 있는 형태로 자리 잡으려면 고객들이 기존 친구들과 함께 서비스를 이용해야 한다. 모든 대화에 IMVU 초대 메시지를 포함할 것이고, 그러면 우리 제품은 바이럴이 너무도 강력해서 한순간에 인스턴트 메시징 네트워크에 퍼질 것이다. 이러한 바이럴viral 성장을 이루려면 최대한 많은 수의 기존 인스턴트 메시징과 다양한 종류의 컴퓨터에서 우리 서비스가 다 문제없이 동작해야만 했다.

출시까지 6개월

앞서 말한 전략을 실행하려고 나와 공동 창업자는 정말 열심히 일했다. 다양한 인스턴트 메시징에서 제대로 동작하도록 보장하는 일이 CTO로서 내 책임이었다. 공동 창업자와 나는 첫 제품을 시장에 출시하려고 몇 달간 정말 열심히 일했다. 첫 제품을 시장에 출시하고, 첫 유료 고객을 잡기까지 6개월이라는 빡빡한 마감 일정을 잡았다. 그건 말도 안 되는 일정이었지만 우리는 날짜를 맞춰 출시하기로 하였다.

부가 서비스 개발은 할 일이 너무 많고 복잡해서 우리는 일정을 맞추려고 여러 가지를 조정해야 했다. 솔직하게 말하자면 우리의 첫 버전은 정말 엉망이었다. 어떤 버그를 고치고, 어떤 건 그냥 가져갈지,

어떤 기능을 잘라내고, 어떤 기능을 더 개발할지 논의하는 데 끝도 없는 시간을 썼다. 그 시간은 한편으로는 아주 좋으면서도 한편으로는 아주 무서운 시간이었다. 성공할 것 같다는 희망에 잔뜩 부풀어 있기도 했고, 쓰레기 제품을 내놓아 망하면 어떡하나 하는 두려움에 지배당하기도 했다.

완성도가 낮은 제품을 내어 놓으면 엔지니어로서 내 평판이 나빠지는 않을까 혼자서 걱정했다. 사람들이 내가 완성도 있는 서비스를 개발하는 방법을 모른다고 생각할까봐 걱정되었다. 우리는 모두 IMVU 브랜드 가치가 떨어지는 것을 걱정하고 있었고, 무엇보다도 우리 제품을 돈 내고 쓰는 고객들에게 제대로 작동하지 않는 서비스를 제공하게 될까봐 걱정이었다. 우리 회사가 신문에 "능력 없는 창업자들 쓸모없는 서비스 개발"이라는 식으로 나오지 않을까 하고 생각하기도 했다.

출시일이 가까워 옴에 따라 이런 불안감은 더욱 커져만 갔다. 보통 우리 같은 상황에서 많은 스타트업이 불안감에 출시일을 미루고는 한다. 그런 충동을 느꼈지만 나는 우리 회사가 일정을 맞춰냈다는 사실이 기뻤다. 연기하게 되면 스타트업들은 제때 받아야 할 피드백을 늦게 받는 꼴이 된다. 예전에 실패했던 경험은 우리에게 또 다른 불안감을 안겨 주었는데, 그것은 바로 완성도 낮은 서비스 출시보다 더욱 좋지 않은 일은 아무도 원하지 않는 제품을 만들고 있을지도 모른다는 것이었다. 그렇게 우리는 고객에게 사과 인사를 해야 할지도 모른다는 생각을 지닌 채로 서비스를 공개했다.

출시

그런데 막상 출시하고 보니, 아무 일도 일어나지 않았다. 걱정하던 불안감은 아무런 근거가 없는 것임이 밝혀졌는데, 아무도 우리 제품을 쓰지 않았기 때문이었다. 처음에는 서비스를 쓰는 사람이 없으니 우리가 만든 서비스의 결함을 아무도 발견할 수 없어서 좋아했는데, 이내 큰 실망감에 휩싸이게 되었다. 어떤 버그를 고칠지, 어떤 기능을 더 개발할지, 고객에게 주는 가치가 무엇인지에 대해 정말 끝도 없이 토론했는데, 정작 고객들은 우리 제품에 무슨 문제가 있는지를 파악할 만큼조차도 써보고 있지 않았던 것이다. 고객들은 우리 제품을 다운로드도 하지 않았다.

출시 후 몇 달간 우리는 제품을 개선하는 데 주력했다. 고객이 온라인에서 가입하고 다운로드하는 과정을 쉽게 개선했다. 우리는 방문하는 고객을 그날그날 사업의 성적표처럼 여겼다. 결국 제품 포지셔닝을 바꾸어 고객이 다운로드하는 데까지는 어찌 어찌 진행할 수 있었다. 우리는 날마다 버그를 수정하고, 새로운 기능을 추가해 서비스를 업데이트했다. 하지만 이런 노력에도, 여전히 아주 적은 수의 고객만이 우리 서비스를 이용하고 있었다.

돌이켜 생각해 보면, 우리가 잘한 것 중 하나는 매출 목표를 초기부터 잡아두었다는 것이었다. 첫 달에 우리는 300달러를 매출 목표로 삼았고, 근근이 하기는 했지만 그 목표를 달성했다. 회사 사람들의 친구와 가족들에게 거의 구걸하다시피 부탁한 결과였다. 매달 적은 금액이지만 매출 목표는 상향 조정되었다. 처음에는 350달러로, 그 다음 달에는 400달러로 올렸다. 매출 목표를 올리면서 고민도 깊어졌다. 회사 사람들의 친구와 가족들 중에 더 매달릴 사람이 없었기 때문이다. 우리는 서비스를 날마다 더 좋게 만들었는데, 고객들의 행동에는 변화가 없었다. 고객들은 여전히 우리 서비스를 쓰지 않고 있었다.

사용자 수가 생각만큼 늘지 않아서 고객들을 사무실로 불러서 인터뷰를 하고, 사용성usability 테스트를 했다. 많은 사용자를 인터뷰하다 보니 정성적인 질문들을 해야 했고 우리 문제에 답하는 데 큰 도움이 됐다. 여기에 대해서는 이 책 전반에서 살펴볼 것이다.

내가 문제를 찾아내고 해결책을 제시하는 사람이었으면 했지만, 안타깝게도 내가 가장 문제를 인정하지 않는 쪽이었다. 짧게 말하자면 내가 한 시장 분석은 완전히 틀린 것이었다. 우리는 포커스 그룹 인터뷰나 시장 조사를 통해 이것을 안 것이 아니라 실험을 통해 잘못을 깨달았다. 고객들은 대부분 3차원 아바타에 대해 들어본 적도 없었기 때문에, 그들이 원하는 것이 무엇인지를 우리에게 알려줄 수도 없었다. 대신에 고객들은 실제 반응을 통해 그들이 정말 원하는 것이 무엇인지를 우리에게 알려주었다.

고객과 이야기하기

우리는 너무 절박해져서 고객이 될 만한 사람들을 찾아 이야기해 보기로 했다. 사무실로 불러서 우리는 "이게 IMVU라는 서비스입니다. 한번 써보시죠"하고 말했다. 고객이 10대에, 메신저를 많이 사용하고, 기술에 관심이 있는 사용자라면 우리 서비스를 열심히 사용하려고 했다. 반대로 기술을 잘 모르는 보통 사람들은 우리가 무엇을 요청하는지도 파악하지 못하는 경우가 많았다. 그들은 IMVU가 너무 특이하다고 생각했다.

그중 열일곱 살 소녀는 우리와 같이 책상 앞에 앉아서 아바타를 고르면서 "아, 이거 너무 재미있어요"를 연발했다. 아바타를 어떻게 꾸밀지를 고민하면서 이것저것 즐겁게 시도해 보았다. "자, 이제 메신저 부가 기능을 다운로드할 차례야"라고 우리가 말하자, 그 소녀는 "그게 뭐예요?"하고 물어보았다.

"메신저 프로그램에서 돌아가는 거란다"라고 우리가 대답하자, 그녀는 우리를 쳐다보며 "처음 들어봐요. 제 친구들도 전혀 모를 거예요. 왜 제가 그걸 다운로드해야 하나요?" 열일곱 살 소녀에게 이것을 설명하는 데는 많은 시간이 필요했다. 인스턴트 메시징 부가 기능이라는 것은 그녀가 생각하는 제품 범주 내에 없었던 것이다.

하지만 같은 방에 있었기 때문에 그녀가 다운로드하게 할 수는 있었다. 다운로드가 끝났을 때 "그럼, 이제 네 친구들을 초대해 이야기를 나눠 봐"라고 우리가 말하자, "그건 절대 안 돼요!"하고 그녀가 대답했다. "왜 안 돼?"하고 우리가 물어보자 "그러니까, 저는 이게 멋진 건지 아직 잘 모르겠어요. 그걸 모른 채로 친구들을 초대할 수는 없어요. 그 애들이 나를 어떻게 생각할까요? 이게 형편없는 거라면 친구들은 저도 형편없다고 생각할 거예요. 안 그래요?" "아냐, 전혀 그렇지 않아. 이건 소셜 서비스라서 친구들을 불러서 같이 이야기하면 훨씬 더 재미있을 거야." 우리가 대답했다. 그녀의 얼굴은 의심으로 가득 차 보였다. 그녀가 친구들을 초대하지 않을 것임을 우리는 직관적으로 알 수 있었다. 처음 이런 경험을 했을 때, '그래 한 명쯤 그럴 수도 있지. 이 소녀는 집으로 돌려보내고, 다른 사용자를 찾아 다시 실험해 보자'하고 생각했다. 그런데 두 번째 사용자도 첫 번째 사용자와 똑같은 말을 했다. 여러 명이 모두 같은 피드백을 주고 있었기 때문에 아무리 고집이 센 나라도 우리 서비스에 문제가 있음을 인정하지 않을 수 없었다.

"저는 이걸 혼자서 쓰고 싶어요. 친구들을 부르기 전에 이게 충분히 멋지다는 걸 먼저 알고 싶어요."라고 고객들은 일관되게 말했다. 우리 팀은 비디오 게임을 만들던 사람들이었기 때문에 이게 무엇을 뜻하는지 잘 알고 있었다. 사용자들은 싱글 플레이어 모드로 우리 서비스를 사용하기를 바라고 있었다. 그래서 우리는 싱글 플레이어 버전을 만들었다. 우리는 새로운 고객들을 다시 회사로 초대했다. 그들은 예전 고객들이 그랬던 것처럼 아바타를 꾸미고, 서비스를 다운로드했다. 고객들이 싱글 플레이어 모드로 서비스를 사용하자 우리는 고객들에게 말했다. "만든 아바타와 놀아 보세요. 아바타가 얼마나 멋지게 움직이는지 한번 테스트해 보세요." 그런 다음 바로 "자, 지금까지는 혼자서 하셨으니 이제는 친구를 한 명 초대해 보세요." 하고 말했다. 그런데 고객들의 반응은 "친구들을 초대할 순 없어요. 이건 전혀 멋지지 않아요."였다. 우리는 말했다. "아, 이게 멋지다고 하지는 않았어요. 친구와 같이 쓰는 서비스를 혼자 써 보니 어떠셨나요?" 우리는 고객들의 이야기를 듣는 것만으로 충분한 일을 하고 있다고 생각했다. 고객들이 우리 제품을 좋아하지 않는다는 점만 빼면 말이다. 고객들은 우리를 쳐다보면서 말했다. "이것 보세요. 아직 제가 하는 말을 잘 이해 못하셨나 봐요. 이게 멋지다는 생각이 들지 않는데, 어떻게 친구들을 초대할 수 있겠어요?" 일은 생각처럼 쉽게 풀리지 않았다.

더 충격적이었던 것은 챗나우라는 기능이었다. 이 기능은 세상 어딘가에 있는 모르는 사람과 연결해 무작위로 대화를 즐기는 기능이었다. 동시에 버튼을 누르기만 하면 서로 연결되는 방식이었다. 그런데 너무나 놀랍게도 고객 테스트를 하는데, 사람들이 이 기능에 대해 "이거 정말 재미있는데요." 하는 반응을 보였다는 것이다.

그래서 우리는 이 새 기능을 서비스에 도입했고, 사람들은 챗나우를 쓰기 시작했다. 이 기능으로 사람들은 세상 어딘가에 있는 멋진 사람들을 만날 수 있었다. "이 사람 멋진데요. 이 사람을 제 친구 목록에 추가하고 싶어요. 그런데 제 친구 목록은 어디에 있나요?" "새로 친구 목록을 만들 필요가 없어요. 원래 사용하던 AOL 친구 목록을 쓰면 돼요." 우리는 대답했다. 우리는 이 기능으로 네트워크 효과를 만들어 서비스를 확산시킬 생각이었다. "아니, 원하는 게 정확히 뭔가요?" 고객들은 미심쩍은 눈으로 우리를 쳐다보면서 이렇게 물어봤다. "조금 전에 만난 사람을 친구 목록에 추가하면 되는데요." 눈을 동그랗게 뜨면서 고객이 다시 물어봤다. "장난하세요? 아니 지금 모르는 사람을 제 친구 목록에 추가하라는 건가요?" "예. 그렇지 않으면 아예 새로 메신저를 받아서 거기에 새 친구 목록을 만들어야 하는데요?" 우리는 대답했다. "내가 지금 메신저를 몇 개나 쓰는지 알기나 하세요?" 고객이 말했다.

"어, 한두 개 아니에요?" 우리 사무실에 있던 사람들은 보통 한두 가지 메신저를 사용하고 있었다. 사용자 테스트를 하고 있던 10대 고객이 우리를 쳐다보면서 소리치듯 말했다. "전 여덟 개나 쓰는데요." 우리는 이 세상에 나와 있는 메신저가 몇 개나 되는지 전혀 모르고 있었다.

우리는 고객들이 새로 메신저를 다운로드해 사용법을 익히고, 새로 친구 목록을 만드는 것이 너무 어려우리라고 착각하고 있었다. 우리 고객들이 그 생각은 말도 안 된다고 알려주었다. 칠판에 다이어그램을 그려가면서 우리가 생각하는 전략이 얼마나 훌륭한 것인지 설명하려고 노력했지만 고객들은 네트워크 효과가 무엇인지, 전환 비용이 무엇인지도 전혀 몰랐다. 우리가 예상대로 행동해야 하는 이유를 설명하려고 하자, 고객들은 고개를 흔들면서 당황해했다.

우리는 사람들이 소프트웨어를 어떻게 사용하는지에 관해 일종의 사고 모형 mental model을 세워놓고 있었는데, 안타깝게도 이런 소비자 조사를 여러 번 시행하면서 메신저 부가 기능 구상은 처음부터 잘못

되어 있었음을 결국 깨닫게 되었다.³

고객들은 메신저 부가 기능을 원하지 않았다. 그들은 독립된 메신저를 원하고 있었다. 새로 메신저를 다운로드하고, 사용법을 익히는 것을 어렵게 여기지 않았다. 오히려 초기 고객이었던 초기 수용자들은 메신저를 여러 개 동시에 사용하고 있었다. 고객들은 새 메신저를 다운로드해 거기에 기존 친구들을 데려오는 것을 두려워하지 않고 있었다. 오히려 이런 과정을 즐겼다. 더욱 놀라운 것은 고객들이 기존 자기 친구들과 아바타 채팅을 하고 싶어 할 것이란 우리의 가정 역시 틀렸다는 점이다. 고객들은 새로운 친구들을 만나고 싶어 했고 3차원 아바타가 그러한 활동을 촉진하는 데 적합했다. 고객들은 초기에 세워 둔 우리의 전략을 조금씩 깨고 있었다.

우리가 했던 일들을 버리기

아마 우리 상황을 동정하면서 내 완고함을 용서할 수 있을지도 모르겠다. 결국은 몇 달간 내가 열심히 일한 결과물을 버려야만 했다. 나는 우리 서비스가 다른 메신저와 상호 호환될 수 있도록 정말 열심히 개발했다. 다른 메신저와 상호 호환성이 전략의 핵심이었기 때문이다. 원래 전략을 포기하기로 결정했을 때, 그동안 만든 코드 수천 줄을 그대로 버려야만 했다. 뭔가 배신당한 기분을 지울 수가 없었다. 나는 최신 소프트웨어 개발 방법론인 애자일 개발 방법론을 신봉하고 있었다. 애자일 개발 방법론은 제품 개발 과정 중에서 낭비를 최소화하는 데 집중한다. 그런데도 나는 최대의 낭비를 만든 꼴이 되고 말았다. 결과적으로 아무도 원하지 않는 서비스를 만들었기 때문이다. 정말 우울했다.

그동안 쓴 시간과 에너지가 완전히 낭비되었다는 것을 깨달은 뒤에는 이런 생각까지 하게 되었다. '회사 입장에서는 내가 지난 6개월 동안 휴가를 받아서 해변에서 논 것과 아무 차이가 없지 않을까? 나는 정말 필요한 사람인가? 차라리 내가 아무 일도 하지 않는 편이 더 도움이 되는 건 아닌가?'

이번 장의 시작 부분에서 말했던 것처럼 사람들은 자기가 실패했다는 것을 쓰리게 인정할 때 항상 피난처로 삼는 변명이 있다. 첫 제품을 만들면서 많은 실수를 했기 때문에 고객에 대한 통찰을 학습할 수 있었다고 스스로 위로한다. 첫 제품을 내놓지 않았다면 전략이 잘못되었음을 알 수 없었을 것이다. 이 변명에는 실제로 중요한 진실이 숨어 있는데, IMVU 초기에 학습한 것 덕분에 우리는 뒤에 크게 성공할 수 있었다.

그 당시에는 무언가를 '학습'했다고 스스로를 위로하니 기분이 나아졌다. 하지만 이 안도감은 오래가지 못했다. 나를 가장 괴롭힌 질문은 다음과 같았다. 지난 몇 달간 목표가 고객에 대한 통찰을 얻는 것이었다면 과연 이렇게 오랜 시간을 써야만 했을까? 우리가 썼던 에너지와 시간이 학습에 얼마나 기여했을까? 새로운 기능을 추가하고, 버그를 잡는 데 그렇게 많은 시간을 쓰기 전에 이러한 학습을 할 수는 없었을까?

가치 대 낭비

노력 중 어떤 부분이 가치를 창출하는 부분이고, 어떤 부분이 낭비일까? 이 질문이 린 제조의 가장 핵심적인 질문이다. 린 제조를 실천하는 사람이라면 누구나 가장 처음에 이 질문을 하도록 훈련받는다. 낭비가 발생하는 부분을 발견하고, 그것을 체계적으로 없애나감으로써 도요타 같은 린 회사가 산업의 강자로 군림할 수 있게 되었다. 소프트웨어 세상에서는 애자일 개발 방법론이 린 사고에 뿌리를 두고 있다. 애자일 개발 방법론 역시 낭비를 없애는 데 초점을 맞춘다.

이런 방법론을 썼지만 우리 팀이 그동안 들인 엄청난 노력은 결국 낭비가 됐다. 왜 그랬을까?

이 질문에 대한 답은 그로부터 몇 년이 지난 후에 천천히 알게 되었다. 린 사고는 가치를 고객에게 주는 혜택으로 정의한다. 그 이외의 것들은 모두 낭비다. 제조업에서 고객은 제품이 어떻게 만들어지는지 전혀 관심이 없다. 이 제품이 잘 동작한다면 말이다. 그런데 스타트업에서는 누가 고객인지, 고객이 가치 있다고 느끼는 부분이 어떤 것인지 모두 모르는 상태다. 이런 불확실성 자체가 스타트업의 정의이기 때문이다. 스타트업에서는 '가치'라는 게 무엇인지 새롭게 정의해야 한다고 생각했다. IMVU에서 이룩한 실제 성과는 고객에게 무엇이 진짜 가치인지 첫 몇 달간 학습한 데 있었다.

그 몇 달간 한 일 중에서 우리가 학습하는 데 기여하지 않은 모든 것이 바로 낭비였다. 그렇다면 좀 더 짧은 시간 안에 같은 내용을 학습할 수 있었을까? 대답은 '그렇다'이다.

일단 한 가지는 고객이 발견하지도 못할 기능에 대해 토론하고 우선순위를 정하느라 썼던 시간과 노력이다. 제품을 더 빨리 고객에게 공개했다면 이런 낭비를 피할 수 있었을 것이다. 잘못 세운 전략 때문에 생겼던 낭비들도 생각해 볼 수 있다. 나는 우리 서비스가 10여 개이상의 메신저와 호환될 수 있도록 만들었다. 우리의 가정을 테스트하는 데 과연 이것들을 다 해야 했을까? 여섯 개 메신저와 호환되도록 만들었어도 고객에게서 같은 피드백을 받을 수 있지 않았을까? 만약 세 개 메신저였다면? 메신저 하나만 호환되었다면? 모든 메신저를 사용하던 고객이 우리 서비스가 매력적이지 않다고 평가했기 때문에, 우리가 배운 내용은 달라지지 않았을 것이다. 단, 우리가 들인 노력은 엄청나게 줄일 수 있었을 것이다.

과연 다른 메신저를 지원할 필요가 있었을까? 밤에 잠을 못 이루면서 이 생각을 했다. 아무것도 만들지 않고 우리 전략이 잘못되었다는 것을 알 수는 없었을까? 예를 들어 무언가를 만들기 전에 기획한 기능의 기초 부분만 있는 제품을 다운로드하게 했으면 어땠을까? 고객들이 대부분 우리 제품을 다운로드하려고조차 하지 않았기 때문에, 기능을 만들지 않았다고 해서 고객에게 사과해야 할 일은 실제로 별로 없었을 것이다. 고객들에게 무엇을 원하는지 물어보는 것과 이것은 완전히 다르다는 것을 알아야 한다. 대부분의 경우 고객들은 자신이 무엇을 원하는지 미리 알지 못한다. 고객에게 무언가를 해 보게 하고, 그들의 행동을 측정하면서 우리는 실험을 할 수 있었다.

이런 실험 때문에 계속 힘들었는데, 내가 본래 해야 할 일이 아니라고 생각했기 때문이다. 제품 개발 총괄 책임자로서 내가 해야 할 일은 일정에 맞추어 고품질 제품과 기능을 만들어 내는 일이라고 생각했다. 그런데 기능 대부분이 필요 없는 것이라면 나는 과연 무엇을 해야 할까? 어떻게 하면 우리는 이러한 낭비를 피할 수 있을까?

학습은 스타트업 발전에 필수 불가결한 부분이다. 고객이 무엇을 원하는지 알아내는 활동이 아니라면 하지 않는 것이 좋다. 나는 이것을 '유효한 학습'이라고 부른다. 스타트업 핵심 측정 지표에서 항상 성과로 검증되기 때문이다. 이미 살펴봤던 것처럼 고객이 무엇을 원하는지 우리가 마음대로 상상하는 것은 아주 쉬운 일이다. 그리고 아무 관련이 없는 것들을 학습하는 것도 아주 쉬운 일이다. 따라서 유효한 학습은 진짜 고객으로부터 나오는 실제 데이터로 증명되어야 한다.

어떻게 검증하는가

장담하건대 스타트업을 하다가 실패한 사람은 모두 그 경험에서 많은 것을 배웠다고 말한다. 모두 흥미진진한 각자의 이야기가 있다. 사실 IMVU와 관련한 이야기에서 여러분은 무언가가 빠졌음을 알아챘을 것이다. 창업 초기 몇 달간 우리가 정말로 많은 것을 학습했고, 이 학습 경험이 결국 회사를 성공으로 이끌었다고 말했지만, 이것을 뒷받침할 어떤 근거도 아직 이야기하지 못했다. 지나고 나서 보면 이런 주장을 하는 것이 아주 쉽지만(이 책 후반부에서 그 증거들을 보여줄 것이다), 출시 직후 시점에서는 투자자, 회사 직원, 가족들에게 우리가 귀중한 시간과 자원을 낭비하지 않고 있음을 확신시키기가 아주 어려웠다. 그 당시에 우리는 어떤 증거들을 가지고 있었을까?

우리의 실패담은 확실히 재미있었고, 우리가 무엇을 잘못했고, 또 더 훌륭한 제품을 만들기 위해 어떤 전략을 사용해야 하는지에 대해 멋진 이론이 있었다. 하지만 그 이론을 실천에 옮겨 후속 버전으로 나온 제품이 고객에게서 더 좋은 반응을 이끌어내야만 증명할 수 있는 것이었다.

그 뒤 몇 달간은 IMVU가 정말로 사업을 시작한 시기라고 볼 수 있다. 그동안은 똑똑한 가설과 화이트보드에 적어 놓은 서로의 전략을 가지고 이야기를 했지만, 그 뒤에는 고객이 실제로 원하는 것이 무엇인지를 찾아내고 우리 제품이 고객들의 요구를 맞출 수 있도록 최선을 다했다. 회사의 비전과 고객이 요구하는 것을 맞춰 나가는 것이 우리의 일이라는 생각을 하게 되었다. 고객 본인들이 원한다고 생각하는 것에 휘둘려서도 안 되고, 고객이 이런 것을 원해야 한다고 우리가 강요해서도 안 된다.

고객을 더 잘 이해하게 될수록, 제품을 더욱 개선해 나갈 수 있었다. 이렇게 하면서 사업의 근본적인 측정 기준을 바꾸어 나갔다. 초기에는 제품을 개선하려고 줄기차게 노력했지만 그래프가 계속 바닥에 머물러 있었다. 날마다 들어오는 고객 몇 명을 우리 사업에 관한 보고서라고 생각했다. 제품을 다운로드하거나 구매하는 등 제품과 관련된 고객 비율을 중요하게 생각했다. 제품을 다운로드하는 고객 수가 매일 엇비슷하리라 예상했는데 제품을 여러 차례 개선해도 그 수는 거의 0에 가까웠다.

그런데 원래 전략을 수정하고 나서부터는 그래프가 바뀌기 시작했다. 전략을 더 뛰어난 것으로 수정하면서, 제품 개발은 몰라볼 정도로 생산적으로 바뀌었다. 이건 우리가 일을 더 해서가 아니라 고객의 실제 필요를 파악하게 되면서 더 똑똑하게 일할 수 있게 되어서였다. 측정 지표에서 좋은 방향성이 보이기 시작하면서 우리가 배운 것들이 유효했음을 정량적으로 증명할 수 있었다. 이건 아주 중요했는데 회사의 주주, 구성원, 투자자, 우리 스스로에게도 우리가 실제로 더 잘해 나가고 있음을 확신시켜 주었기 때문이다. 잘하고 있는 척 서로를 위안하는 것이 아니라 말이다. 이러한 방식이 스타트업에서 생산성을 측정하는 올바른 방식이다. 얼마나 많이 만들었느냐를 가지고 생산성을 측정하는 것이 아니라 얼마나 제대로 된 학습을 했느냐를 가지고 생산성을 측정해야 한다.[4]

예를 들어, 초기에 했던 실험 한 가지는 웹 사이트 개편이었는데 '아바타 채팅'을 '3차원 인스턴트 메시징'으로 바꾸는 것이었다. 신규 고객들을 나눠 절반은 아바타 채팅을, 나머지 절반은 3차원 인스턴트 메시징을 보게 했다. 그리고 이 두 그룹의 차이를 측정했다. 3차원 인스턴트 메시징을 보았던 고객들이 가입률도 높았고, 장기 유료 고객으로 전환되는 비율도 더 높았다.

실패한 실험도 많았다. 고객들이 우리 제품의 장점을 충분히 파악하지 못하고 있어서 제품을 사용하지 않는다고 믿었던 시기에는 고객 응대 전문가에게 비용을 지불해 가면서 신규 고객을 위해 서비스의 가상 안내원 역할을 하도록 했다. 안타깝게도 이런 VIP 대접을 받은 고객들이 적극적이 되거나 결제 고객으로 전환되지는 않았다.

메신저 부가 기능 전략을 버리고 난 이후에도, 왜 그게 제대로 안 되었는지를 이해하는 데 몇 달이 걸렸다. 몇 번의 실패한 실험을 통해 고객에 대한 통찰을 하나 얻게 되었는데, 그것은 바로 고객들이 온라인에서 새 친구를 만들려고 IMVU를 사용한다는 사실이었다. 고객들은 우리가 천천히 깨달은 것들을 본능적으로 이미 알고 있었다. 기존 소셜 서비스는 모두 고객들의 실생활 신분을 그대로 사용하고 있었다. IMVU의 아바타 기술은 사람들이 명의 도용이나 안전 위협 없이 온라인에서 서로를 알아나가도록 돕는 데 아주 적합했다. 이런 가설을 세운 뒤에 진행한 실험들은 모두 긍정적인 결과가 나왔다. 새로운 사람들을 더 쉽게 만나고, 그런 사람들을 잘 관리할 수 있는 방향으로 서비스가 바뀔수록 고객들은 더 깊게 우리 제품에 대해 알려고 했다. 무엇을 만들어야 하는지를 체계적으로 알아나가는 것, 이것이 스타트업에서 고려해야 하는 올바른 생산성의 기준이다.

수많은 실험 중에서 몇 가지 실험을 통해 우리 서비스를 어떤 고객들이 왜 사용하는지를 알게 되었다. 이렇게 얻은 지식 덕에 그 다음 실험을 어떻게 설계해야 하는지를 알게 됐고, 이를 통해 우리는 설정해 둔 목표에 점점 더 가까이 다가갈 수 있었다.

아무것도 없는 뻔뻔함

IMVU가 거둔 초기 성공에도 불구하고, 총 사용자 수는 그리 많지 않았다. 안타깝게도 통상적으로 사업이 성공했는지를 측정하는 지표로 봤을 때 회사는 위험한 상태였다. 얄궂게도 매출이나 고객이 아예 없는 상황이 약간의 고객을 확보하고 있는 경우보다 투자를 유치하거나 자원을 얻기가 오히려 쉽다는 것이었다. 매출이나 고객이 아예 없으면 듣는 사람이 미래의 가능성을 상상할 수 있는데, 적은 수의 고객이나 매출이 있으면 이 사업이 큰 고객을 모으거나 큰 매출을 일으킬 수 있다고 확신하기 어렵다. 성공한 서비스는 하루아침에 대단한 성공을 거둔 것이라고 생각하는 사람이 많다. 중간 과정의 데이터를 발표하지 않거나 데이터 자체를 아예 모으지 않으면 여전히 하루아침에 성공할 수 있다고 생각할 수 있다. 적은 수의 고객이 안타깝게도 이러한 기대에 찬물을 끼얹는다.

  이런 현상을 보고 엉성한 구상을 하게 되는데, 성공에 대한 확신이 생기기 전까지는 어떠한 데이터도 모으지 말자고 생각하는 것이다. 당연히 데이터 수집을 늦추면 늦출수록 나중에 버려지는 일을 하게 될 확률이 높아진다. 본질적인 피드백을 얻을 기회를 놓치고, 결국에는 아무도 원하지 않는 것을 만들게 된다.

  그런데 제품을 출시하고 최상의 결과가 나오기를 기대만 하는 것도 좋은 계획은 아니다. 앞서 말한 동기가 실제로 생기기 때문이다. IMVU를 출시했을 때 우리는 이런 문제들을 무시했다. 초기 투자자와 조언자들은 우리가 매달 300달러 매출을 올린다는 계획을 보고 매력적이라고 생각했다. 그런데 몇 달이 지나도 매출이 500달러 언저리에 머물자 투자자, 내부 구성원, 그들의 배우자 중에서 신뢰를 잃어가는 사람들이 나오기 시작했다. 사실 투자자 중 일부는 우리가 출시한 제품을 다시 거둬들여 스텔스 모드로 다시 돌아가야 한다고 주장하기도 했다. 그런데 다행히도 우리가 방향을 수정하고 실험을 통해 학습한 결과를 제품 개발과 마케팅 노력에 적용해 나가면서 성과는 향상되기 시작했다.

그러나 그렇게 눈에 띄는 정도는 아니었다. 그래도 성장 그래프는 급격하게 꺾여서 올라가기 시작했다. 하지만 그 올라간 정도가 한 달에 수천 달러 수준이었다. 초기 성과 그래프가 좋아 보이기는 했지만, 초기에 실패한 것 때문에 내부 구성원들이 잃기 시작한 사업에 대한 믿음을 돌이킬 정도는 아니었다. 그리고 실험을 통해 우리가 학습하기 시작한 것들을 모두가 알기 쉽게 설명할 수 없었다. 하지만 운이 좋게도 회사의 초기 투자자들은 그 중요성을 이해하고 적은 숫자이기는 했지만 우리가 이룬 진정한 성과를 높게 평가해 주었다(7장에서 똑같은 그래프에 대해 설명할 것이다).

우리는 나중에 버려질 가능성이 있는 쓸데없는 일들을 유효한 학습을 통해 줄일 수 있었다. 우리가 보여주어야 하는 것은 제품 개발 과정이 실제 사업을 성공으로 이끌어 주고 있고, 허망한 측정 지표로 우리가 성공하고 있다는 착각을 불러일으키지 않는다는 것이었다. 슈퍼볼 광고를 사거나 성과를 부풀려서 발표하는 식으로 마케팅적인 눈속임을 할 수도 있었다. 이런 것들로 투자자들에게 우리가 잘 나가고 있다는 착각을 잠시나마 심어줄 수 있었을 것이다. 결국 본질적인 사업 기반이 잡혀야 성공할 수 있는 것이지, PR로 생긴 이러한 잠깐의 성공은 결국 사그라지게 되어 있다. 실제 성과를 창출하지 않고 성공적으로 보이려고 소중한 자원을 낭비했다면 우리는 정말 문제에 빠졌을 것이다.

600만 개 아바타가 만들어졌고 IMVU는 계속 성장하고 있다. IMVU는 훌륭한 제품을 만든 것뿐 아니라 강한 팀을 만들었고 훌륭한 재무적 성과 이외에도 스타트업의 성과를 측정할 수 있는 완전히 새로운 방식을 제안했다.

IMVU를 넘어서는 교훈

스탠포드 경영대학원에서 IMVU 초기 시절에 대해 공식 연구를 쓴 이후로 나는 IMVU 이야기를 사례 연구로 소개할 기회가 여러 번 있었다.[5] IMVU 이야기는 하버드를 포함한 여러 경영대학원의 사례 연구에 활용되고 있다. 나 역시 IMVU 이야기를 여러 워크숍과 강연에서 활용하고 있다.

내가 IMVU 이야기를 강연할 때마다 학생들은 우리가 사용했던 방법론에 초점을 맞추려는 경향을 보인다. 이를테면 품질이 낮은 제품을 초기 시제품으로 출시하고, 개시 첫날부터 고객들에게 서비스 사용료를 받고, 낮은 매출 목표치를 잡는 것 등을 말이다. 이런 것들은 분명 유용한 기법이기는 하지만 이 이야기의 핵심 내용은 아니다. 이런 부분들은 모두 각자의 상황에 따라서 달라질 수 있다. 예를 들어 모든 고객이 품질이 낮은 서비스에 관용적이지는 않다. 좀 더 회의적인 학생들은 이러한 기법이 소프트웨어 업계, 소비자 인터넷 서비스를 하는 회사, 서비스가 실패해도 치명적인 문제가 없는 서비스를 만드는 회사에만 적용되는 것일 뿐, 다른 종류의 산업에는 적용할 수 없다고 말한다.

그런데 이러한 비판은 실제로는 전혀 맞지가 않다. 린 스타트업 방법론은 이런 전술적인 기법의 합이 아니다. 린 스타트업 방법론은 신제품 개발에 모두 적용할 수 있는 원칙에 대한 이야기다. 린 스타트업 방법론을 가장 잘 이해하려면 이러한 것들이 어떻게 동작하는지 그 밑에 깔린 원칙을 이해해야 한다. 린 스타트업 모델이 제조, 청소, 레스토랑, 세탁소 등 다양한 사업과 산업에 적용되어 온 예를 우리는 이

후 장에서 살펴볼 것이다. IMVU에서 실행했던 구체적인 기법들은 여러분의 상황에 맞을 수도, 그렇지 않을 수도 있다.

반면, 어떤 산업에 속해 있든 스타트업은 거대한 실험임을 알아야 한다. "이 제품을 만들 수 있을까?" 하는 것이 주요 질문이 되어서는 안 된다. 현대 경제에서는 상상할 수 있는 제품은 거의 대부분 만들 수 있다. 오히려 더 중요한 질문은 "이 제품이 과연 만들 가치가 있는가?", "이 제품과 서비스를 기반으로 우리가 지속 가능한 사업을 만들 수 있는가?"가 되어야 한다. 이러한 질문에 답하려면 사업 계획서를 체계적으로 쪼개 하나씩 실제로 실험해 보는 방법론이 필요하다.

다르게 표현하자면 과학적 방법론이 필요하다는 말이다. 린 스타트업 모델에서는 제품, 기능, 마케팅 캠페인 등 스타트업에서 행하는 모든 활동이 유효한 학습을 하기 위한 실험이라고 생각한다. 다음 장에서 살펴볼 내용은 이러한 실험들이 산업과 부문 전반에 걸쳐서 작동한다는 것이다.

4
실험

많은 스타트업이 다음과 같은 질문에 답하려고 애쓰는 모습을 보게 된다. (만약 있다면) 어떤 고객의 의견을 들어야 할까? 만들 수 있는 수많은 기능의 우선순위를 어떻게 세워야 할까? 어느 기능이 제품 성공에 필수적이고 어느 기능이 보조적인가? 안전하게 바꿀 수 있는 것은 무엇이고, 고객이 화낼지도 모르는 것은 무엇인가? 내일의 고객을 만족시키지 못하더라도 오늘의 고객을 기쁘게 하려면 무엇을 해야 할까? 다음번에는 무엇을 해야 할까?

'그냥 출시하고 보자'는 생각으로 운영되는 팀이라면 앞서 나온 질문들의 답을 찾으려고 애쓸 것이다. 나는 이것을 나이키의 유명한 구호를 따라 '일단 해보자' 창업 학파라 부른다.[1] 불행히도 계획이 출시 후 그저 지켜보는 것이라면 실패할 리 없겠지만 유효한 학습을 할 것 같지는 않다. 이것이 과학적 방법의 가장 중요한 교훈이다. 실패하지 않으면 배울 수 없다.

연금술에서 과학으로

린 스타트업 방법론은 스타트업의 노력을 그 전략을 테스트해 어느 부분이 훌륭하고, 어느 부분이 말도 안 되는지를 테스트하는 실험으로 재규정한다. 진짜 실험은 과학적 방법을 따른다. 그것은 무슨 일이 일어날지 예측하는 명료한 가설로 시작한다. 그런 다음 그 예측을 실증적으로 테스트한다. 이론이 과학적 실험을 특징짓듯이 스타트업의 비전이 스타트업 실험을 이끈다. 모든 스타트업 실험의 목표는 그 비전을 바탕으로 지속 가능한 사업을 구축하는 방법을 발견하는 데 있다.

크게 생각하고 작게 시작하라

자포스zappos.com는 세계 최대 온라인 신발 가게로 연간 총매출액이 10억 달러가 넘는다. 가장 성공적이고 고객 친화적인 전자 상거래 사업으로 알려졌지만 처음부터 그렇지는 않았다.

창업자 닉 스윈먼Nick Swinmurn은 신발이 잘 전시되어 있고 믿을 만한 온라인 사이트가 없어서 불만이었다. 그는 새롭고 뛰어난 소매 경험을 구상했다. 스윈먼은 창고, 유통 협력사, 상당한 판매 전망을 완비해 완벽한 비전을 테스트하느라 오랜 시간을 기다릴 수도 있었다. 수많은 초창기 전자 상거래 개척자가 그렇게 했는데, 그중에는 웹밴Webvan과 Pets.com 같은 악명 높은 닷컴 실패도 포함되어 있었다.

대신 닉 스윈먼은 작은 실험으로 시작했다. 그의 가설은 고객이 온라인에서 기꺼이 신발을 사 줄 것이냐 하는 것이었다. 테스트는 지역 신발 가게를 찾아다니며 재고품 사진을 찍어도 되는지 부탁하는 것으로 시작했다. 재고품 사진을 찍는 대신 스윈먼은 사진을 온라인에 올리고 고객이 그 제품을 온라인에서 구입하면 돌아와서 정가로 사 가겠다고 했다.

자포스는 작고 단순한 서비스로 시작했다. 무엇보다도 한 가지 질문에 답할 수 있게 설계됐다. 바로 '온라인에서 더 편리하게 신발을 구매하고 싶어 하는 충분한 수요가 있는가?'였다. 그런데 자포스가 시작한 것처럼 잘 설계된 스타트업 실험은 사업 계획에서 한 가지 이상의 측면을 테스트한다. 첫 번째 가정을 테스트하는 과정에서 여타 많은 가정도 테스트된다. 신발을 팔려면 자포스는 고객을 응대해야 했는데, 예를 들어 입금을 확인하고 반품을 처리하며 고객 지원을 하는 일이다. 이것은 시장 조사와는 확실히 다른 일이다. 자포스가 기존 시장 조사나 설문 조사에 의존했다면 고객이 자신이 원한다고 생각하는 것이 무엇인지 물어야 했을 것이다. 자포스는 그리 하는 대신 서비스를 구축함으로써 (작은 서비스였지만) 더 많이 배웠다.

1. 가설상의 질문을 하지 않고 실제 고객 행동을 관찰하므로 고객 수요 데이터가 더 정확하다.
2. 실제 고객과 소통하면서 고객의 요구를 배운다. 사업 계획에서는 할인 가격에 대해서만 이야기하지, 할인을 고객이 어떻게 받아들이는지에 대해서는 말하지 않는다.
3. 자포스가 미처 물어볼 생각조차 못했던 사항이 고객의 의외의 행동으로 드러나는 것이 놀라웠다. 예를 들어 고객이 신발을 반품하면 어떻게 해야 할까?

자포스의 첫 실험은 명확하고 정량화할 수 있는 결과를 냈다. 충분한 수의 고객이 신발을 사기도 했고 사지 않기도 했다. 또 회사는 실제 고객, 파트너를 관찰하고 그들과 소통하며 그들로부터 배울 수 있었다. 이러한 정성적인 학습은 정량적인 테스트에 필수적인 동반자다. 초기 노력은 확실히 소규모였지만 자포스의 거대한 비전이 실현되는 데 도움이 되었다. 실제로 2009년 자포스는 전자 상거래 대기업 아마존 amazon.com에 12억 달러에 인수됐다.[2]

장기적인 변화를 위해 즉시 실험하라

캐롤린 발러린 Caroline Barlerin은 HP의 사회 혁신 부서 임원이다. HP는 직원이 30만 명이 넘고 연간 매출이 1000억 달러가 넘는 다국적 기업으로, HP의 지역 사회 참가 활동을 이끄는 발러린은 사회적 기업가 업무를 맡고 있으며 더 많은 직원이 자원봉사에 관한 회사 정책을 활용하도록 하는 일을 하고 있다.

HP의 회사 방침은 모든 직원이 자신이 속한 지역 사회에서 자원봉사 활동을 하는 데 한 달에 네 시간까지 쓸 수 있게 장려하며, 자원봉사 활동은 자선 활동 형식을 취한다. 담장을 칠하거나 집을 짓거나 전문 능력 또는 업무 기반 기술을 회사 밖에서 사용하는 것 등이다. 발러린은 후자 형태의 자원봉사 활동을 장려했다. HP 인력의 역량과 그 유용성은 잠재력이 있어서 대단히 긍정적인 영향을 끼칠 수 있었다. 디자이너는 비영리단체의 웹 사이트 디자인을 새로 만들어 주는 방식으로 도울 수 있다. 엔지니어 팀은 학교에 인터넷을 연결해줄 수 있다.

발러린의 프로젝트는 막 시작했기에 직원 대부분은 이러한 자원봉사 활동 정책이 있는지 몰랐고 극히 일부만 그 정책을 활용했다. 자원봉사 활동 대부분은 자원봉사자가 전문가인 경우에도 단순노동을 하는 형태여서 영향력이 작았다. 발러린의 비전은 수많은 회사 직원을 데려다 사회적 공익에 기여할 힘으로 바꾸는 것이었다.

이러한 기업 활동은 전 세계 회사에서 매일 착수된다. 이러한 일은 영화 등에서 보는 전통적인 정의에 따른 스타트업 같지는 않다. 표면적으로는 전통적인 관리와 계획에 어울려 보인다. 그런데 나는 2장에서 독자들에게 작은 의문을 던졌다. 이제 이 프로젝트를 린 스타트업이라는 틀로 어떻게 분석할지 알아보자.

발러린의 프로젝트는 극심한 불확실성에 직면했는데, 지금까지 HP에서 이 정도 규모의 자원봉사 활동이 없었기 때문이다. 발러린은 사람들이 참여하지 않는 진짜 이유를 안다고 어떻게 확신할 수 있을까? 더욱 중요한 것은, 170개 이상 국가에서 일하는 수많은 사람의 행동을 바꾸는 방법을 어떻게 알 수 있느냐는 점이었다. 발러린의 목표는 세상을 더 나은 곳으로 만들자고 동료를 고무하는 것이었다. 그렇게 보면 그녀의 계획은 테스트되지 않은 가정과 비전으로 가득했다.

전통적인 경영 관례에 따라 발러린은 프로젝트 시작 후 18개월간 계획을 세우고, 다양한 부서와 임원진의 동의를 얻고, 활동 로드맵을 준비했다. 그녀의 프로젝트가 다음 4년간 회사에 어떤 영향을 미칠지 측정할 수 있는 강력한 프레임워크도 있다. 많은 사업가들처럼 발러린에게도 자기 의도를 잘 드러낸 사업 계획이 있다. 그 모든 일을 했는데도 발러린은 지금까지 일회성 성과를 거뒀을 뿐이고 그녀의 비전을 확장할 수 있을지도 불확실하다.

예를 들어 첫 번째 가정은 회사는 지역 사회 개선에 이바지하는 데 오래도록 가치를 두어왔지만, 최근 경기 침체 때문에 회사 전반의 전략적 초점을 단기 수익에 집중하게 됐다는 것이다. 어쩌면 장기근속자는 자원봉사로 지역 사회에 보답해 자신의 가치를 재확인받고 싶을 것이다. 두 번째 가정은 다음과 같다. 자원봉사 역량으로 실제 업무 기술을 쓰는 것이 더 만족스럽고 지속 가능함을 알게 되면, 회사를 대신해 더 큰 영향력을 미칠 수 있다는 것이다. 발러린의 계획에는 몇 가지 실현 가능성 높은 가정이 깔려 있는데, 직원들이 기꺼이 시간을 들여 자원봉사를 하려고 하며 헌신하려는 수준이 높아서 그녀의 메시지로 그러한 행동을 이끌어낼 수 있다는 것이다.

린 스타트업 모델에서는 이 가설을 엄격하고 철저하게 즉시 테스트하는 방법을 제공한다. 전략 계획은 완성하는 데 몇 달 걸리지만 실험은 즉시 시작할 수 있다. 작게 시작함으로써 발러린은 전체적인 비전을 타협하지 않고 앞으로 엄청난 낭비가 일어나지 않게 막을 수 있다.

발러린이 자기 프로젝트를 실험처럼 다루면 어떻게 될지 살펴보자.

나누라

첫 번째 단계는 거대한 비전을 구성 요소로 나누는 것이다. 창업가들이 하는 두 가지 가장 중요한 가정은 내가 '가치 가설'과 '성장 가설'이라고 부르는 것이다.

가치 가설은 제품이나 서비스가 일단 고객이 그것을 사용하면 정말 가치를 전달하는지 테스트하는 것이다. 직원이 자기 시간을 기부하는 것이 가치 있음을 발견하는 좋은 지표는 무엇일까? 직원을 대상으로 조사해 의견을 구할 수 있지만 사람들은 대부분 자신의 기분을 객관적으로 평가하기 어려워하므로 그다지 정확하지 않을 것이다.

실험은 좀 더 정확한 기준을 제시한다. 참여자들이 자원봉사에서 얻는 가치의 대체물 구실을 하는 게 뭔지 즉시 알 수 있을까? 적은 수의 직원이 자원 활동에 나선 후 몇 명이 봉사 활동을 계속하는지 본다면 알 수 있지 않을까? 그 사람들 중 얼마나 많은 사람이 자원 활동에 다시 참여하는가? 직원이 자발적으로 자기 시간과 관심을 이 프로그램에 투자한다면 이는 직원이 그것을 가치 있다고 여기는 강력한 지표다.

신규 고객이 제품이나 서비스를 발견하는 방법을 테스트하는 성장 가설에 대해서도 비슷한 분석을 할 수 있다. 일단 프로그램이 시행된 후 회사 전체에 최초의 초기 수용자부터 대중적으로 받아들여지기까지 어떻게 퍼질까? 이 프로그램이 확대될 법한 방법은 전파에 의한 성장이다. 그것이 사실이라면 측정해야 할 가장 중요한 것은 행동이다. 초기 참여자가 다른 직원에게 프로그램을 적극적으로 퍼뜨렸는가?

이 경우 간단한 실험은 기존 장기 근속자 대략 십여 명에게 자원봉사 기회를 이례적으로 제공하는 것이다. 발러린의 가정은, 지역 사회 서비스에 HP가 역사적인 기여를 한다는 이상을 실현하고 싶은 데서 직원들이 동기 부여를 받는다는 것이므로, 실험은 회사가 표현한 가치와 일상 업무가 괴리되어 있음을 민감하게 느끼는 직원을 대상으로 해야 할 것이다. 요점은 평균적인 고객을 찾는 것이 아니라 초기 수용자, 즉 제품에 대한 필요를 가장 정확하게 느끼는 고객을 찾는 것이다. 그러한 고객은 실수를 잘 용서하고 피드백을 주는 데 특히 적극적이다.

다음으로 내가 '컨시어지 최소 요건 제품concierge minimum viable product' 이라고 부르는 기법을 사용하는 것이다(6장에서 자세히 설명한다). 발러린은 첫 참가자들이 좋은 경험을 해서 그녀의 비전에 완전히 부합하는지 확인할 수 있다. 포커스 그룹과 달리 그녀의 목표는 고객이 실제로 무엇을 하는지 측정하는 것이다. 예를 들어 첫 자원봉사자 중 얼마나 많은 사람이 자원봉사 과제를 실제로 끝마쳤나? 두 번째로 참여한 자원봉사자는 얼마나 많은가? 얼마나 많은 사람이 동료들을 계속되는 자원봉사 활동에 참여하도록 모집했는가?

추가 실험은 이러한 초기 피드백과 학습 위에서 확대할 수 있다. 예를 들어 참가자 중 일정 비율이 자기 경험을 동료들과 공유하고 참여를 독려하는 게 성장 모델을 확인하는데 필요하다면, 그 일이 벌어지는 정도는 작은 표본으로도 테스트할 수 있다. 열 명이 첫 번째 실험을 마쳤다면 얼마나 많이 다시 자원하리라 기대할 수 있을까? 그 사람들이 동료를 모집하라고 요청받았다면 얼마나 그렇게 하리라고 기대할 수 있을까? 이러한 것들을 프로그램에서 가장 잘 알아낼 수 있는 대상은 초기 수용자들이다.

달리 말해 초기 수용자 열 명이 다시 자원하기를 모두 거절한다면 어떻게 될까? 이는 매우 중대하고 부정적인 결과다. 초기 실험에서 얻은 수치가 가망이 없어 보이면 전략에 분명히 문제가 있는 것이다. 전략에 문제가 있다는 것은 포기해야 할 때라는 의미가 아니라 반대로 프로그램을 개선하는 방법에 대해 즉각적이고 정성적인 피드백을 받아야 할 때임을 의미한다. 이런 실험이 전통적인 시장 조사보다 유리한 점이 바로 이 부분이다. 조사를 위임할 필요도, 취재할 사람을 새로 찾을 필요도 없다. 이야기할 사람들과 그 사람들의 실제 행동에 대한 지식이 이미 있다. 바로 최초 실험 참여자들이다.

이 전체 실험은 대략 몇 주간 실행되니 전통적인 전략 계획 과정의 10분의 1도 안 되는 시간이다. 또 계획이 계속 고안되는 동안 전략 계획과 동시에 할 수 있다. 실험이 부정적인 결과를 내도 그러한 실패는 교훈적이라서 전략에 영향을 줄 수 있다. 예를 들어 자원봉사자가 조직 내에서 가치 충돌을 겪는다는 것이 이 사업 계획에서 매우 중요한 가정인데 그걸 겪은 사람이 없다면 어떨까? 그렇다면 축하한다. 방향 전환할 시간이다(이 개념은 8장에서 더 자세히 살펴본다).[3]

실험 자체가 제품이다

린 스타트업 모델에서 실험은 단지 이론적인 조사를 넘어서는 첫 번째 제품이기도 하다. 이런저런 실험이 성공하면 경영자는 전략을 펼칠 수 있다. 초기 수용자를 모집하고 직원들을 각 실험이나 이터레이션iteration에 추가하고 드디어 제품 개발을 시작한다. 제품이 폭넓게 배포될 준비가 됐을 때면 확실히 자리 잡은 고객이 이미 있다. 실제 문제를 풀었을 것이고 무엇을 만들어야 하는지 상세한 사양을 알 수 있을 것이다. 전통적인 전략 계획이나 시장 조사 과정과 달리 이 사양은 내일 될 것 같은 기대보다는 오늘 이루어지는 피드백에 뿌리를 두고 있다.

이게 되는지 보기 위해 코닥의 예를 살펴보자. 코닥의 역사는 사진기, 필름과 밀접한 관련이 있지만 오늘날 코닥은 코닥 갤러리Kodak Gallery라는 탄탄한 온라인 사업도 운영한다. 마크 쿡Mark Cook은 코닥 갤러리의 제품 부사장이고, 개발 문화를 바꿔 실험을 포용할 수 있도록 하는 일을 한다.

마크는 다음과 같이 설명했다. "전통적으로 제품 관리자는 '이걸 원해'라고 말합니다. 엔지니어는 이렇게 대답합니다. '만들겠습니다.' 대신 저는 다음 네 가지 질문에 먼저 대답하라고 팀에 강조합니다.

1. 고객이 여러분이 풀려는 문제를 인지하고 있나?
2. 해법이 있다면 고객이 살까?
3. 고객이 그것을 우리 회사에서 살까?
4. 우리가 그 문제의 해결책을 만들 수 있을까?"

제품 개발의 일반적인 경향은 고객에게 문제가 있는지 확인하기 전에 네 번째 질문으로 바로 건너뛰어 해결책을 만드는 것이다. 예를 들어 코닥 갤러리는 사이트에서 금박을 입힌 글과 그래픽이 들어간 청첩장을 제공했다. 그 디자인이 결혼하는 고객들에게 인기가 있어서 팀은 성탄절 같은 여타 특별한 경우에 쓸 수 있도록 카드를 다시 디자인했다. 시장 조사와 디자인 프로세스는 고객이 새 카드를 좋아할 것이라 나타났고 그 같은 결론 덕에 상당한 노력을 들여 새 카드를 만드는 것이 정당화됐다.

출시 며칠 전 팀은 웹 사이트에 올린 카드 설명이 이해하기 너무 어렵다는 사실을 깨달았다. 설명이 어려우니 사람들 눈에 카드의 아름다움은 보이지 않을 게 뻔했다. 새 카드는 제작하기도 어려웠다. 마크는 일을 거꾸로 했음을 깨달았다. 그는 "제품을 어떻게 만들어서 어떻게 팔지 알게 될 때 까지는 엔지니어링에 시간을 투자할 가치가 없습니다."라고 설명했다.

그 경험에서 배우고 나서 마크는 행사에서 찍은 사진을 더 쉽게 공유하는 제품 신기능 개발 팀을 이끌 때 다른 접근 방식을 취했다. 개발 팀은 온라인 '행사 사진첩'이 결혼식, 학회, 기타 모임에 참석한 사람들에게 다른 참석자들과 사진을 공유하는 방법을 제공한다고 생각했다. 다른 온라인 사진 공유 서비스와 달리 코닥 갤러리의 행사 사진첩은 사생활 보호 기능이 강력해서, 같은 행사에 참여한 사람과만 사진이 공유되는 것을 보장했다.

과거와 달리 마크는 무언가를 만들기 전에 위험과 가정을 검증하고 그 가정을 실험적으로 테스트하는 과정을 거치며 개발 그룹을 이끌었다.

제안된 행사 사진첩에 깔린 두 가지 주요 가설은 다음과 같다.

1. 팀은 고객이 맨 먼저 사진첩을 만들고 싶어 한다고 가정했다.
2. 행사 참가자가 친구나 동료가 만든 행사 사진첩에도 사진을 올린다고 가정했다.

코닥 갤러리 팀은 행사 사진첩의 간단한 시제품을 만들었다. 사실 기능이 매우 많이 부족해서 팀은 그것을 고객에게 보여주기를 꺼렸다. 그런데 그 초기 단계라도 고객에게 시제품을 써보게 한 것이, 팀이 가설의 잘못된 점을 밝히는 데 도움이 됐다. 첫째, 사진첩 만들기가 팀이 예상한 것만큼 쉽지 않아서 초기 고객 중 아무도 사진첩을 만들지 못했다. 게다가 고객들은 제품 초기 버전에 필수 기능이 부족하다고 불평했다.

그러한 부정적인 결과로 팀은 사기가 떨어졌다. 고객들이 빠진 기능에 대해 불평하는 사용성 문제로 팀원들은 좌절했다. 많은 기능이 빠진 것은 원래 계획이었다. 마크는 제품에 빠진 기능이 있어도 프로젝트가 실패는 아니라고 설명했다. 결함이 있었지만 초기 서비스는 사용자가 행사 사진첩을 만들고 싶은 바람이 있음을 확인해 주었고 이는 엄청나게 가치 있는 정보였다. 고객들이 빠진 기능에 대해 불평했지만 이는 팀이 바른 길로 가고 있음을 보여주었다. 팀은 이제 그 기능들이 실제로 중요하다는 증거를 미리 갖게 됐다. 계획에 있었지만 고객이 불평하지 않은 기능은 어떨까? 아마 그 기능들은 개발자들이 처음에 생각했던 것만큼 중요하지 않았을 것이다.

베타 출시를 하면서 팀은 학습과 개발 주기를 반복했다. 초기 사용자들이 열성적이었고 수치도 순조로운 가운데 팀은 중요한 발견을 했다. 온라인 조사 도구 키스인사이트KISSinsights를 쓴 결과 많은 고객이 사진첩에 사진을 올릴 다른 사람을 초대하기 전에 사진 순서를 정돈하고 싶어 한다는 것을 배웠다. 출시 준비가 되어 있지 않다는 것을 알게 되자 마크는 마케팅 캠페인 시작 전에 실험과 이터레이션이 훨씬 더 좋은 결과를 낼 수 있을 것이라고 부서장들에게 설명해 출시를 연기시켰다. 마케팅 개시일이 몇 달 앞서 정해지기도 하는 세계에서 팀이 문제를 정말 풀 때까지 기다린다는 것은 관행에서 벗어나는 일이었다.

이 과정은 코닥 갤러리에 극적인 변화를 가져왔다. 직원들은 업무를 완수하면서 자기 진행 상황을 측정하는 데 익숙해졌다. 마크가 말한 것처럼 말이다. "성공은 기능을 전달하는 것이 아니죠. 성공은 고객의 문제를 푸는 법을 배우는 것입니다."[4]

마을 세탁 서비스

인도에서는 세탁기 가격 때문에 집에 세탁기가 있는 가정이 인구의 7%도 안 된다. 사람들은 대부분 집에서 손빨래를 하거나 세탁을 직업으로 삼는 계급인 도비Dhobi에게 돈을 주고 세탁을 시킨다. 도비는 옷을 가장 가까운 강으로 가지고 가서 옷을 강물에 빨고 바위에 대고 쳐서 세탁하고 널어 말리는데, 이 과정은 이틀에서 이레 걸린다. 결과는? 옷을 돌려받는 데 약 열흘 걸리고 그다지 깨끗해지지도 않는다.

아크샤이 메흐라는 P&G 싱가포르Procter & Gamble Singapore에서 8년간 일하다 기회를 포착했다. 인도와 아세안ASEAN 나라를 대상으로 타이드Tide와 팬틴Pantene 브랜드를 관리하는 책임자로 일하다, 경제적 여유가 없던 사람들에게 세탁 서비스를 제공할 수 있겠다고 생각했다. 인도로 돌아와서 아크샤이는 이노사이트 벤처Innosight Ventures가 설립한 VLSVillage Laundry Services에 합류했다. VLS는 세탁 서비스 사업 가능성을 테스트하려고 일련의 실험을 시작했다.

첫 실험을 위해 VLS는 소비자용 세탁기를 소형 트럭 뒤에 실어서 방갈로르Bangalore 길모퉁이에 주차시켰다. 실험은 사람들이 세탁물을 맡기고 돈을 내서 세탁하는지 검증하자는 단순한 목표를 세웠고, 비용이 8000달러도 들지 않았다. 트럭에서 세탁하지는 않았다. 트럭은 마케팅과 전시용이었고 세탁물은 좀 떨어진 곳으로 가져가 세탁해서 하루가 저물 때쯤 고객에게 돌려주었다.

VLS 팀은 한 주간 실험을 계속했다. 다른 길모퉁이에 트럭을 주차하고 잠재적인 고객에 대해 최대한 많은 것을 알아내려고 파고들었다. 팀은 사람들이 트럭으로 오도록 권하는 방법을 알고 싶었다. 세탁 속도가 중요했을까? 청결함이 관심사였을까? 사람들이 세탁물을 가지고 떠날 때 무엇을 부탁했나? 팀원들은 고객에게 깨끗해진 세탁물을 주면 기뻐한다는 것을 발견했다. 그런데 그 고객들은 세탁기가 트럭 뒤에 실려 있는 걸 의심스러워했고, VLS가 세탁물을 가지고 도망갈까 걱정했다. 그 걱정을 해결하려고 VLS는 키오스크처럼 보이고 좀 더 튼튼한 이동식 카트를 만들었다.

VLS는 지역 잡화점 체인 앞에 카트를 세워두는 실험도 했다. 이터레이션을 더 진행하자 VLS는 사람들이 어느 서비스에 가장 관심이 있는지, 어느 가격에 기꺼이 돈을 내려고 하는지 이해하게 됐다. 팀은 고객이 옷이 다림질되기를 바라기도 하고 옷을 스무 시간이 아니라 네 시간 안에 돌려받는다면 요금 두 배로 내려고 한다는 사실도 발견했다.

초기 실험 결과로 VLS는 최종 제품을 만들었는데 가로세로 0.9미터×1.2미터짜리 이동식 키오스크에 전력 효율이 좋은 소비자용 세탁기, 건조기, 특별히 긴 연장 코드를 집어넣었다. 키오스크는 웨스턴Western 세제를 썼고 VLS가 배달한 깨끗한 물이 날마다 공급됐다.

그 이후 VLS는 엄청나게 성장해 방갈로르, 마이소르Mysore, 뭄바이Mumbai의 열네 곳에서 운영됐다. CEO로서 아크샤이는 이 경험을 다음과 같이 공유했다. "2010년에 116톤을 서비스했습니다(2009년에는 30.6톤이었죠). 사업의 거의 60퍼센트가 다시 찾는 고객에서 비롯됩니다. 모든 대리점에서 지난해 1만 명 넘는 고객에게 서비스했습니다."[5]

정부 내의 린 스타트업?

2010년 7월 21일 오바마 미 대통령은 금융 개혁 법안Dodd-Frank Wall Street Reform and Consumer Protection Act에 서명했다. 두드러진 규정 한 가지는 CFPBConsumer Financial Protection Bureau: 소비자금융보호국라는 연방 기관 신설이었다. 이 기관은 금융 서비스, 예를 들어 신용카드 회사, 학자금 대출사,

급여 지급일 대출(payday loan: 다음 급여 지급일까지 단기에 소액을 빌리는 방식으로 월급을 미리 당겨쓰는 셈이다) 회사 등의 약탈적인 대출에서 미국 시민을 보호하는 것을 업무로 한다. 계획은 콜 센터를 세워 훈련받은 상담원이 시민으로부터 온 전화를 직접 처리하는 것이다.

마음대로 하게 내버려뒀다면 새 정부 기관은 대규모 예산으로 대규모 직원을 고용해 비싸고 시간을 잡아먹는 계획을 개발했을 것이다. 그런데 소비자금융보호국은 일을 다르게 하는 것을 고려하고 있었다. 5억 달러 예산과 명확한 정책이 있었지만 소비자금융보호국은 정말 스타트업처럼 일을 했다.

오바마 대통령은 당시 기술 자문을 맡고 있던 애니시 초프라Aneesh Chopra, 2012년 2월에 사임에게 새 기관을 스타트업 같이 꾸릴 아이디어를 모으라고 지시했고 그렇게 해서 그 일에 나도 참여하게 됐다. 초프라는 실리콘밸리를 방문, 수많은 창업가를 초청해 새 기관에 스타트업 정신을 기를 방법을 제안받았다. 특히 그의 초점은 기술과 혁신을 활용해 기관을 더 능률적이고, 비용 대비 효과적이며, 숙련되게 만드는 데 있었다.

나는 4장에서 원칙으로 말한 것을 제안했다. 즉 소비자금융보호국을 일종의 실험으로 보고, 깔려 있는 가정이 무엇인지 파악하며 그것을 어떻게 테스트할지 찾아내는 것이다. 이러한 통찰을 이용해 우리는 공식 계획이 추진되기 전에 최소한으로 실행 가능한 정책을 세우고 기관이 매우 소규모로 운영되게 하면 되었다.

현재 계획에 깔려 있는 첫 번째 가정은 사람들이 소비자금융보호국에 금융 사기와 곤란에 대해 도움을 요청할 수 있다는 사실을 알기만 한다면 상당한 수의 시민이 그렇게 하리라는 것이다. 해마다 미국인에게 영향을 미치는 사기 건수에 대한 시장 조사에 기반을 두고 있으므로 타당하게 들린다. 그런데 그 모든 조사에도 불구하고 그것은 여전히 가정이다. 실제 요청량이 계획한 것과 현저하게 달라진다면 계획에는 중대한 수정이 필요하다. 금융 사기 피해에 시달리는 시민이 스스로를 피해자로 보지 않아서 도움을 요청하지 않는다면 어떻게 될까? 어떤 문제가 중요한지 생각이 매우 다르다면 어떻게 될까? 기관의 권한 밖 문제에 대해 도움을 요청하면 어떻게 될까?

기관이 5억 달러 예산과 그에 해당하는 대규모 직원으로 운영되기 시작하면 계획을 바꾸는 데 비용이 많이 들고 시간을 허비하게 될 것이다. 그런데도 왜 피드백을 당장 받지 않고 기다리려고 하는가? 실험을 즉시 시작해 보려면 기관은 간단한 직통 전화번호를 만들면 되는데, 이때 트윌리오Twilio 같은 신생 서비스로 플랫폼을 싸고 빠르게 구축할 수 있다. 몇 시간 작업으로 간단한 음성 프롬프트를 추가해 발신자에게 재정 문제 상담 메뉴를 제공할 수 있다. 첫 버전에서는 음성 프롬프트로 기존 조사 자료를 제공하면 된다. 상담사를 배치하는 대신 문제를 푸는 데 유용한 정보를 각 프롬프트가 발신자에게 제공하는 것이다.

전국에 이 직통 전화를 마케팅하는 대신 기관은 좀 더 제한된 방법으로 실험을 운용해 볼 수 있다. 비싼 텔레비전이나 라디오 광고비를 내고 사람들에게 서비스를 알리는 대신 소규모 지역, 아마도 몇 개 도시 몇 블록으로 시작해, 대상이 분명한 광고를 하면 된다. 게시판 전단지, 해당 블록에 나가는 신문 광고, 대상이 특정된 온라인 광고가 좋은 시작일 것이다. 대상 지역이 작으므로 돈을 더 내서 대상 지역에서 관심을 더 높이는 광고를 할 수도 있다.

금융 사기 문제에 대한 종합적 해법으로 이 최소한의 서비스는 5

억 달러 기관이 해냈다고 하기에는 보잘것없고 비용도 얼마 들이지 않은 것이다. 이 서비스는 며칠, 몇 주 만에 구축될 수 있고 전체 실험에 겨우 수천 달러가 드는 정도일 것이다.

이 실험에서 우리가 배울 것은 가치를 헤아릴 수 없다. 첫 발신자들을 바탕으로 기관은 미국인들에게 있을 것 같은 문제가 아니라 그들이 무슨 문제가 있다고 생각하는지 즉시 감을 잡을 수 있다. 기관은 마케팅 메시지 테스트를 시작할 수 있다. 사람들이 전화를 걸도록 동기를 부여하는 것은 무엇일까? 실제 세상의 추세를 추론할 수 있다. 대상 지역에서 실제로 전화를 건 사람은 몇 퍼센트인가? 추정은 완벽하지 않지만 시장 조사보다 좀 더 정확한 행동 기준을 확립한다.

가장 중요한 점은 이 서비스가 씨앗 기능을 해서 더욱 정교한 서비스로 성장할 수 있다는 것이다. 이렇게 시작해서 보호국은 지속적인 개선 과정에 착수하고 느리지만 확실하게 더 나은 해결책을 추가할 수 있다. 결국 직통 전화에 상담원을 배치할 것이고 아마도 처음에는 한 가지 문제만 다룰 상담원에게 성공할 수 있는 최고의 기회를 줄 것이다. 공식 계획이 실행 준비됐을 때면 이 초기 서비스는 실제적인 모형으로 기능할 것이다.

소비자금융보호국은 막 시작했지만 실험적인 접근 방식을 따르고 있다는 신호를 이미 보여주고 있다. 예를 들어 제한된 지역에 서비스를 공개하는 대신 첫 서비스를 사례별로 나누었다. 사전 순위를 세워 서비스로 제공했는데 신용카드 관련 상담을 먼저 시작했다. 첫 번째 실험이 전개되면, 접수되는 다른 불만이나 소비자 피드백을 면밀하게 검토할 기회가 생길 것이다. 이 데이터는 향후 서비스 제공의 깊이, 너비, 순서에 영향을 미칠 것이다.

소비자금융보호국 CTO 데이비드 포레스트David Forrest는 이렇게 말했다. "우리의 목표는 미국 시민이 소비자 금융 시장에서 겪는 문제를 쉽게 알리는 방법을 제공하는 것입니다. 우리에게는 대중이 우리에게 말하는 것과 새 정보에 반응하는 것을 면밀히 검토할 기회가 있습니다. 시장은 늘 바뀌고 우리의 일은 그것과 함께 변화하는 것입니다."

이 책에 소개된 창업가와 경영자는 똑똑하고 능력 있으며 결과를 극도로 중시하는 사람들이다. 많은 경우 그 사람들은 현재 경영관의 모범 사례와 부합하는 방식으로 조직을 구성하는 중이다. 그들은 산업에 관계없이 공적, 사적 부문에서 똑같은 도전에 직면한다. 우리가 봤듯이 전 세계에서 성공적으로 운영되는 회사의 숙련된 경영자와 간부들도 혁신적인 제품을 개발하고 출시하려고 지속적으로 애쓰고 있다.

   잘 조사된 계획만을 굳게 믿는 오늘날의 경영 형태를 극복하는 것이 그들의 도전이다. 계획은 길고 안정된 운영 역사가 있을 때에만 효과를 발휘하는 도구임을 명심해야 한다. 하지만 우리를 둘러싼 세상이 날마다 더 안정적이 되어간다고 느낀 사람이 있는가? 그런 사고방식을 바꾸기란 쉽지 않지만 사고방식 변화는 스타트업이 성공하는 데 매우 중요하다. 내 희망은 이 책이 경영자와 창업가들이 이렇게 변하는 데 도움이 되는 것이다.

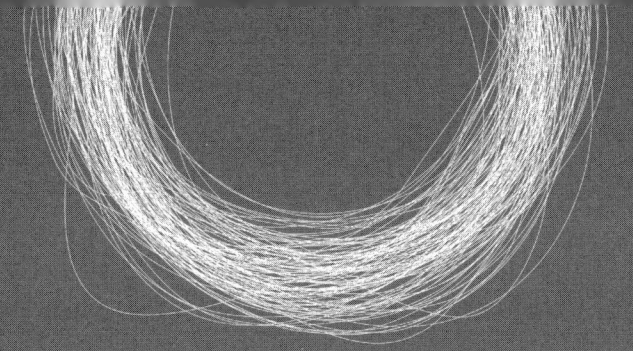

2
조종

비전이 조종으로 이어지는 방법

스타트업의 중심에는 구상을 제품으로 변화시키는 촉매가 있다. 고객이 그 제품과 상호 작용하면서 피드백과 데이터가 만들어진다. 피드백은 정성적이기도(고객이 무엇을 좋아하고 싫어하는지) 하고 정량적이기도(얼마나 많은 사람이 그것을 쓰고 가치 있다고 여기는지) 하다. 1부에서 봤듯이 스타트업이 만드는 제품은 실제 실험이고, 지속 가능한 사업을 구축하는 법을 배우는 것은 그러한 실험의 결과다. 스타트업에 정보는 돈이나 상, 언론에 언급되는 것보다 훨씬 중요하다. 다음 구상에 영향을 미치고 그 구상을 새로 고치기 때문이다.

우리는 이 과정을 다음과 같이 간단한 3단계 도해로 시각화했다.

만들기-측정-학습 피드백 순환

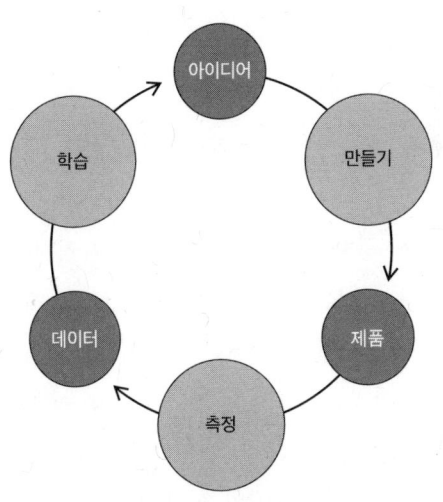

순환을 통해 전체 시간을 최소화한다

만들기-측정-학습 피드백 순환은 린 스타트업 모형의 핵심이다. 2부에서는 이것을 매우 자세히 살펴볼 것이다.

많은 사람이 이 피드백 순환의 한 요소를 강조하는 전문 훈련을 받는다. 엔지니어는 되도록 효율적으로 물건을 만드는 방법을 배운다. 경영자는 화이트보드 앞에서 학습하고 전략을 짜는 전문가다. 수많은 창업가가 자신의 힘을 개별 요소, 즉 최고의 제품 구상, 가장 잘 디자인된 초기 제품, 데이터와 측정 기준에 집착하기 등에 초점을 맞춘다. 하지만 중요한 것은 개별 활동 그 자체가 아니다. 대신 우리는 이 피드백 순환을 통해 전체 시간을 최소화하는 데 힘을 쏟아야 한다. 이것이 스타트업을 조종하는 정수이자 2부의 주제다. 만들기-측정-학습 피드백 순환을 처음부터 끝까지 살펴보고 각 구성 요소를 자세히 알아보겠다.

1부의 목적은 스타트업의 진전을 측정하는 학습의 중요성을 살펴보는 것이었다. 이제는 명확해졌기를 바라는데, 유효한 학습에 회사의 자원을 집중함으로써 오늘날 스타트업을 괴롭히는 낭비를 피할 수 있을 것이다. 린 제조에서처럼 힘을 언제 어디에 투자할지 배우면 시간과 돈을 절약하게 된다.

과학적 방법을 스타트업에 적용하려면 우리는 어떤 가설을 테스트해야 할지 확인해야 했다. 회사의 모든 것을 결정하는 '가장 위험한 가정'을 찾는 것이 중요하다. 가장 중요한 두 가지 가정은 가치 가설과 성장 가설이다. 이것들은 스타트업 성장 엔진을 제어하는 데 가장 중요한 변수다. 스타트업의 각 이터레이션은 이 엔진이 돌아가는지 보면서 고쳐가는 과정이라고 보면 된다. 일단 돌아가면 과정을 되풀이하고 기어를 더 올리는 것이다.

가장 위험한 가정이 분명해지면 첫 단계는 최소 요건 제품minimum viable product, MVP를 되도록 빨리 만드는 단계에 들어가는 것이다. MVP는 최소 노력과 개발 기간으로 만들기-측정-학습 순환을 완전히 돌 수 있게 하는 제품 버전이다. MVP에는 기능이 대부분 빠져 있다. 나중에 필수라고 평가받을 기능까지 말이다. 어떤 면에서 MVP를 만드는 것은 추가 작업이 필요하다. 그 영향을 꼭 측정할 수 있어야 하기 때문이다. 예를 들어 엔지니어와 디자이너가 오로지 내부적으로 품질을 평가하려고 시제품을 만드는 것만으로는 불충분하다. 곧 살펴보겠지만 시제품을 고객에게 팔아야 할지도 모른다.

측정 단계에 들어갈 때 가장 어려운 점은 제품 개발 노력이 실제로 의미 있는 결과를 만들어 내는지 알아야 한다는 것이다. 아무도 원하지 않는 뭔가를 만들고 있다면 시간과 예산을 들여 그 일을 해도 아무 소용없다. 내가 추천하는 방법은 혁신 회계innovation accounting라는 것인데 엔진 튜닝 노력이 열매를 맺고 있는지 정량적으로 알 수 있다. 학습 마일스톤을 만들 수도 있는데 이는 전통적인 사업 및 제품 마일스톤에 대한 대안이다. 학습 마일스톤은 기업가에게 자신의 진행을 정확하고 객관적으로 측정하는 방식으로 유용하다. 창업가에게 책임을 물을 경영자와 투자자에게도 매우 가치 있다. 하지만 모든 지표가 똑같이 만들어지지는 않는데 7장에서 '실행 지표actionable metrics'의 실제적인 유용성과 반대되는 '허무 지표vanity metrics'의 위험성을 밝힐 것이다. 실행 지표는 분석하는 데 도움이 되고 혁신 회계를 뒷받침한다.

마지막으로 가장 중요한 것은 방향 전환pivot이다. 만들기-측정-학습 순환을 마치면 어느 창업가나 직면하는 가장 어려운 문제에 부닥친다. 원 전략을 방향 전환할지, 고수할지 정하는 것이다. 가설 중 하나가 잘못됐음을 발견했다면 새 전략적 가설로 주요한 변경을 해야 할 시간이 된 것이다.

린 스타트업 방법론은 자본 효율적인 회사를 세운다. 스타트업이 더 일찍 방향 전환할 때를 알 수 있어서 시간과 돈을 덜 낭비하기 때문이다. 피드백 순환을 행동이 일어나는 순서대로 만들기-측정-학습이라고 썼지만 계획은 실제로 반대 순서로 일어나기도 한다. 무엇을 배워야 하는지 알아내고, 유효한 학습을 하고 있는지 알기 위해 무엇을 측정해야 하는지 알려고 혁신 회계를 이용한 다음, 제품을 만들어 실험하고 측정하는 식으로 말이다. 2부에서 다루는 기법은 전부 만들기-측정-학습 피드백 순환에 걸리는 전체 시간을 최소화하는 데 초점을 맞추고 있다.

5
가정

2004년 대학 2학년생 세 명이 그들이 개발한 아직 어설픈 대학 소셜 네트워크 서비스를 가지고 실리콘밸리에 왔다. 대학 교내 일상을 담는 서비스였다. 시장을 이끄는 소셜 네트워크도, 최초의 대학 소셜 네트워크도 아니었고 다른 회사에서 더 일찍, 더 많은 기능을 갖추고 서비스를 출시한 상황이었다. 등록 사용자 15만 명에 수익은 거의 없었지만 그해 여름 벤처 투자사로부터 첫 50만 달러를 투자받았다. 1년도 못 되어 그들은 추가로 1270만 달러를 투자받았다.

독자들은 이 대학 2학년생 세 명이 페이스북의 마크 저커버그Mark Zuckerberg, 더스틴 모스코비츠Dustin Moskovitz, 크리스 휴즈Chris Hughes임을 이미 짐작했을 것이다. 그들의 이야기는 이제 세계적으로 유명하다. 페이스북에 대한 많은 일이 주목할 만하지만 나는 한 가지에만 초점을 맞추고 싶다. 페이스북은 실제 사용량이 그토록 적었는데도 어떻게 그렇게 많은 돈을 투자받을 수 있었을까?[1]

지금까지 알려진 바에 따르면 투자자들에게 가장 깊은 인상을 준 것은 페이스북 초기 성장에 대한 두 가지 사실이었다고 한다. 첫 번째 사실은 액티브 사용자가 페이스북에서 보내는 시간 수치였다. 절반이 넘는 사용자가 날마다 사이트에 되돌아왔다.[2] 이것은 회사가 그 가치 가설을 입증하고 고객이 그 제품이 가치 있음을 발견하는 예다. 페이스북의 초창기 매력에서 두 번째로 인상적이었던 것은 초기에 몇 개 대학을 완전히 장악했다는 점이었다. 성장률은 엄청났다. 페이스북은 2004년 2월 4일 서비스를 개시해 그달 말에 이르자 하버드 학부생 중 거의 4분의 3이 사용하기 시작했는데 마케팅이나 광고에는 1달러도 쓰지 않았다. 다시 말하면 페이스북은 성장 가설도 입증한 셈이다. 이 두 가설은 새 스타트업이 직면하는 두 가지 가장 위험한 가정을 대표한다.[3]

당시에 많은 사람이 페이스북의 초창기 투자자를 비판하는 것을 들었는데, 페이스북은 '사업 모델'이 없고 투자자가 제시한 가치 평가에 비해 적은 수익만 낸다는 주장이었다. 그들은 페이스북에서 닷컴 시기에 있었던 무절제로 회귀하는 모습을 보았는데, 닷컴 시기에는 수익이 거의 없는 회사가 어마어마한 현금 투자를 받아 '눈길 끌기'와 '몸집 불리기' 전략을 추구했다. 닷컴 시기 많은 스타트업이 여타 광고주에게 눈길을 끌 만한 것을 팔고 돈은 나중에 번다는 계획을 세웠다. 사실 그러한 닷컴 기업의 실패는 효과적으로 돈을 써서 고객의 주목을 얻고 나서 그것을 다른 사람들에게 되파는 것을 계획했기 때문에 중간 상인과 비슷한 면이 있었다. 페이스북은 달랐다. 다른 성장 엔진을 채택했기 때문이다. 고객 확보에 돈을 조금도 쓰지 않았고 사용자의 높은 참여는 많은 고객의 관심이 날마다 쌓여가고 있음을 의미했다. 고객의 관심이 광고주에게 가치가 있음에 대해서는 의심의 여지가 없다. 다만 얼마나 돈을 낼 것인지가 유일한 문제다.

많은 창업가가 차세대 페이스북을 만들려고 하지만 페이스북의 교훈과 유명한 스타트업 성공담을 적용하려고 할 때 금세 혼란스러워한다. 페이스북의 교훈은 스타트업이 초창기에 고객에게 돈을 청구하지 말아야 한다는 것일까? 아니면 스타트업은 마케팅에 돈을 절대 쓰지 말아야 하는 것일까? 이 질문에는 개략적으로 대답할 수 없다. 어느 기법이든 거의 무한한 반례가 있어서다. 대신 1부에서 본 것처럼 실험을 수행해 어떤 기법이 자신의 독특한 환경에서 효과가 있는지 결정해야 할 필요가 있다. 스타트업에서 전략의 역할은 바른 질문을 하도록 돕는 것이다.

전략은 가정에 기반을 둔다

모든 사업 계획은 몇 가지 가정으로 시작한다. 주어진 가정을 택한 전략을 펼치고 회사의 비전을 어떻게 실행할지 보여주며 나아간다. 가정은 사실로 증명되지 않았고(어쨌든 가정일 뿐이다) 사실 잘못될 때도 있으므로 스타트업 초기 노력의 목적은 가정을 되도록 빨리 테스트하는 것이어야 한다.

전통적인 사업 전략이 더 뛰어난 점은 경영자가 특정 사업에서 무슨 가정을 하는지 경영자가 쉽게 알 수 있다는 점이다. 창업가의 첫 번째 도전은 조직을 구성해 이 가정을 체계적으로 테스트하는 것이다. 두 번째 도전은 모든 기업 상황에서 회사의 전체적인 비전을 잃지 않고 엄밀하게 테스트를 수행하는 것이다.

통상적으로 사업 계획서에 들어 있는 많은 가정은 그렇게 특별하지 않다. 과거의 산업 경험이나 간단한 추론을 통해서 사실 검증을 할 수 있는 경우가 많다. 페이스북 사례에서 광고주는 분명 고객의 관심을 얻으려고 돈을 낸다. 이처럼 평범한 사실 속에 숨어 있는 가정을 인정하는 데는 용기가 필요하다. 우리는 고객이 우리 제품을 사용해보고 싶어 한다거나 슈퍼마켓에서 우리 제품을 팔아주리라고 가정한다. 이러한 가정이 사실인 것처럼 행동하는 것은 전통적인 창업가의 강력한 힘이다. 이를 '가장 위험한 가정'이라 부른다. 모든 모험의 성공이 여기에 놓여 있기 때문이다. 그것이 사실이면 엄청난 기회가 기다리고 있다. 거짓이면 스타트업은 철저하게 실패할 위험에 처한다.

가장 위험한 가정은 대부분 유추에 의한 주장 형태를 취한다. 예를 들어 내가 아는 어떤 사업 계획서에는 다음과 같이 적혀 있었다. "점진적 이미지 로딩progressive image loading 덕분에 전화 접속 같은 느린 환경에서도 월드 와이드 웹이 널리 쓰였듯이 점진적 렌더링 기술progressive rendering technology로 우리 제품을 저가 컴퓨터에서 돌아가게 할 수 있습니다." 점진적 이미지 로딩이나 렌더링이 뭔지 몰라도 상관없다. 그러나 무슨 주장인지는 알 것이다(아마 그런 주장을 해봤을지도 모른다).

예전에 X 기술로 Z라는 특성 때문에 Y 시장에서 승리했다. 우리는 X2라는 신기술이 있는데 이 기술에는 Z라는 특성도 있으므로 Y2 시장에서 이길 수 있을 것이다.

이 같은 유추의 진짜 문제는 가장 위험한 가정을 숨겨버린다는 점이다. 사업이 더 안정적으로 보이게 하는 데 그 목적이 있으며, 투자자, 직원, 협력사를 설득해서 서명하게 만드는 데 쓰인다. 창업가들은 대부분 비굴하게 자신의 가장 위험한 가정을 다음과 같은 방식으로 쓴다.

수많은 사람이 월드 와이드 웹에 접속하기를 바랐다. 사람들은 웹이 무엇인지 알았고 경제적 여유도 있었지만, 이미지를 불러오는 데 시간이 너무 오래 걸려서 웹에 접속할 수 없었다. 점진적 이미지 로딩이 소개되자 사람들은 웹에 뛰어들었고 친구들에게 이야기했다. 그리하여 X 회사가 Y 시장에서 승리했다.
   비슷하게 우리 제품을 당장 써보고 싶어 하는 잠재적인 고객이 많다. 그것이 무엇인지 알고 경제적 능력도 있지만 렌더링이 너무 느려 그것에 접근하지 못한다. 점진적 렌더링 기술이 들어간 우리 제품을 선보이면 사람들은 우리 제품에 모여들 것이고 친구들에게 알릴 것이다. 그리고 우리는 Y2 시장에서 승리할 것이다.

이 수정된 글에서 주목해야 할 몇 가지가 있다. 첫째 사실을 분명하게 밝히는 것이 중요하다. 점진적 이미지 로딩이 웹을 널리 퍼뜨린 것이 정말 사실인가, 아니면 그저 여러 요인 중 하나였나? 더욱 중요한 것은 솔루션을 당장 원하는 잠재적 고객이 많다는 것이 정말 사실인가 하는 것이다. 앞서 나온 비유는, 지금 당장 해야 하는 일이 새 스타트업을 세우고 기술을 개발해 고객이 그것을 쓰는지 확인하자고 주주들을 설득하기 위한 것이다. 올바른 접근 방식은 꼭 먼저 실증적인 테스트를 해야 한다는 것이다. 신기술을 받아들일 고객이 정말 있는지 확인하는 것이 가장 먼저 할 일이다.

아나로그와 안티로그

다른 회사, 산업과 비교해 전략을 세우는 일은 본질적으로 잘못된 것이 아니다. 사실 그러한 접근은 정말 위험하지 않은 가정을 발견하는 데는 도움이 된다. 예를 들어 벤처 투자자 랜디 코미자르$_{Randy\ Komisar}$는 자기 책 『Getting to Plan B』에서 전략을 세우는 '아나로그$_{analog}$'와 '안티로그$_{antilog}$'라는 틀을 이용해 가장 위험한 가정 개념을 매우 자세히 다뤘다.

랜디는 아나로그-안티로그 개념을 아이팟을 예로 설명한다. "아나로그를 찾는다면 워크맨을 보게 될 겁니다." 랜디가 말했다. "그것은 스티브 잡스가 전혀 해보지 않은 매우 중요한 질문을 해결합니다. 바로 '사람들이 이어폰으로 공공장소에서 음악을 들을까?' 입니다. 오늘날은 바보 같은 질문이라 여기지만 근본적인 질문입니다. 소니가 그 질문을 했을 때는 답이 나와 있지 않던 때였습니다. 스티브 잡스는 유사한 버전의 답을 얻은 셈입니다." 소니 워크맨은 아나로그였다. 잡스는 사람들이 음악을 다운로드하려고 하지만 돈은 내려 하지 않는다는 사실에 직면해야 했다. "냅스터Napster는 안티로그였습니다. 그 안티로그는 그 사업을 특정 방식으로 풀어나가도록 잡스를 이끌었습니다." 랜디가 말했다. "아나로그와 안티로그에서 독특하고 대담되지 않은 일련의 질문이 나옵니다. 그것들은 창업가로서 사업을 해나간다면 떠맡는 가장 위험한 가정입니다. 그것 때문에 사업이 될 수도, 깨질 수도 있습니다. 아이팟 사업에서 가장 위험한 가정은 사람들이 음악에 돈을 낼 거라는 예상이었죠. 물론 그 가정은 정확한 것으로 드러났습니다."[4]

'적시적소'를 넘어서

백만장자가 된 수많은 유명 사업가가 있고, 그들은 적시적소에 있었기에 백만장자된 것처럼 보인다. 그러나 창업가가 적시적소에 있으면 모두 성공한다고 하기에는 실패하는 사람이 더 많다. 헨리 포드는 20세기 초 거의 500명이 되는 다른 창업가들 사이에 뛰어들었다. 첨단공학을 훈련받고 자동차 창업가가 되어 역사상 가장 큰 시장 기회가 펼쳐지는 산업에 있다고 상상해 보라. 하지만 절대 다수는 전혀 돈을 벌지 못한다.[5] 페이스북 사례에서도 같은 현상을 볼 수 있는데 페이스북과 경쟁한 여타 대학 기반 소셜 네트워크 경쟁사들은 페이스북보다 일찍 시작했지만 대부분 실패했다.

성공과 실패는 계획의 어느 부분이 멋지게 실현되고 있는지, 실패하고 있는지 찾아내서 그에 따라 전략을 수정하는 창업가의 능력과 도구 유무에 달려 있다.

가치와 성장

페이스북 사례에서 보듯이 가치 가설과 성장 가설이라는 두 가지의 가장 위험한 가정이 다른 어떤 것보다 중요하다. 바로 가치 창조 가설과 성장 가설이다. 새 제품이나 서비스를 이해하는 첫 단계는 그것이 근본적으로 가치 창조적인지, 가치 파괴적인지 알아내는 것이다. 나는 이익보다는 가치라는 경제학 용어를 쓰는데 창업가에는 비영리 사회 벤처를 시작한 사람들, 공공 부문 스타트업, 성공을 이익으로만 평가하지 않는 내부 변화 주도자 등이 포함되기 때문이다. 더욱 혼란스러운 것은 많은 조직이 단기적으로 터무니없이 수익을 올리지만 결국 가치를 파괴하게 되는데, 이를테면 다단계 투자 사기Ponzi scheme 조직과 부정을 저지르거나 잘못 운영된 회사(예: 엔론, 리먼 브라더스)들이 그 예다.

성장도 비슷하다. 가치와 마찬가지로 창업가들이 성장 동력을 잘 이해하고 있어야 한다. 가치 파괴적인 성장이 많은데 이는 절대 피해야 한다. 투자자로부터 계속 투자를 받고 많은 유료 광고를 해 성장하지만 가치 창조적인 제품을 개발하지 못하는 사업이 그 예가 될 것이다.

그런 사업은 내가 성공 극장이라 부르는 것을 하느라 바쁜데, 성장이라는 외형을 이용해 회사가 성공적인 것처럼 보이게 하는 것이다. 7장에서 자세히 다룰 혁신 회계의 목표 한 가지는 진정한 혁신자와 이러한 잘못된 스타트업을 구분해 내는 데 도움이 되는 것이다. 전통적인 회계는 자리를 잡은 회사에서 쓰는 것과 똑같은 기준으로 스타트업을 평가하는데, 이러한 지표는 스타트업 향후 전망을 믿을 만하게 예측하지 못한다. 엄청난 적자를 봤지만 결국은 획기적인 성공을 이룬 아마존 같은 회사를 생각해 보라.

전통적인 회계처럼 혁신 회계는 발전을 엄격하게 평가하는 데 쓸 수 있도록 스타트업이 정량적인 재정 모델을 보유할 것을 요구한다. 그런데 스타트업 초창기에는 데이터가 부족해 이 모델이 어떤 모습일지 자세한 정보에 근거해 추측할 수 없다. 스타트업의 초기 전략 계획은 예감이나 직관에 이끌리게 되고 그것은 좋은 일이다. 그러한 직감을 데이터로 바꾸려면 창업가는 스티브 블랭크의 유명한 말대로 "책상 앞에서 벗어나서" 학습을 시작해야 한다.

겐치겐부쓰

고객에 관한 직접적인 이해에 바탕을 둔 전략적 결정의 중요성은 도요타 생산 시스템에 자리한 핵심 원칙 중 한 가지다. 도요타에서 이는 일본어로 '겐치겐부쓰現地現物'라고 하는데 린 제조 용어에서 중요한 문구다. '직접 가서 보라'는 지시어로 대개 번역되는데 이는 사업 결정을 깊은 직접적 지식에 기반을 두기 위해서다. '도요타 방식Toyota Way'에 대해 폭넓게 다루는 글을 쓴 제프리 라이커Jeffrey Liker는 다음과 같이 설명한다.

> 도요타 취재에서 도요타 방식을 여타 관리 방식과 구별하는 것이 무엇이냐는 질문에 제조, 제품 개발, 영업, 유통, 홍보, 어느 부서나 대부분 공통적인 첫 번째 대답은 겐치겐부쓰다. 직접 가서 보지 않으면 사업 문제의 어느 부분도 제대로 이해할 수 없다는 말이었다. 다른 사람의 보고를 당연하다고 여기거나 거기에 의존하는 것은 받아들일 수 없다.[6]

도요타 시에나Sienna 미니밴 2004년 모델 개발이 어땠는지 살펴보

자. 도요타에서는 새 모델 디자인과 개발을 책임지는 사람을 수석 엔지니어라 부르고, 그는 일인다역 리더로서 구상부터 생산까지 전체 과정을 감독한다. 2004년 시에나는 요코야 유지에게 배정됐는데 유지는 시에나의 주 시장인 북미에서의 경험은 거의 없었다. 미니밴을 개선할 방법을 알아내려고 요코야는 대담한 사업적 시도를 제안했다. 바로 전미 50개 주, 캐나다 13개 주, 멕시코 전역으로 장거리 자동차 여행을 떠나는 것이었다. 작은 마을과 대도시에서 요코야는 당시 판매되고 있는 시에나 모델을 빌려 운전하면서 실제 고객과 대화를 나누고 고객을 관찰했다. 직접적인 관찰에서 요코야는 북미 소비자가 미니밴에 무엇을 바라는지 그의 중요한 가정을 테스트하기 시작할 수 있었다.

흔히 기업에 파는 것보다 소비자에게 파는 것이 더 쉽다고 생각한다. 소비자에게는 구매 과정에서 서로 다른 역할을 하는 여러 부서와 사람들이라는 복잡함이 없기 때문이다. 요코야는 그의 고객들에게는 이것이 사실이 아님을 발견했다. "아버지, 어머니나 할아버지, 할머니가 미니밴을 소유하겠죠. 그런데 미니밴을 좌우지하는 것은 아이입니다. 아이가 차의 뒷좌석 3분의 2를 차지하죠. 차내 환경에서 가장 중요한 사람은 바로 아이들이었죠. 여행에서 배운 점이 있다면 새 시에나는 어린이의 마음에 들어야 한다는 것입니다."[7] 이 가정을 확인한 게 차 개발을 이끄는 데 도움이 됐다. 예를 들어 요코야는 시에나 개발 예산에서 이례적으로 많은 금액을 내부 편의 설비에 썼는데 이는 장거리 가족 여행에 매우 중요했다(그런 여행은 일본보다 미국에서 좀 더 일반적이다).

결과는 인상적이었고 시에나의 시장 점유율은 극적으로 상승했다. 2004년 모델 판매는 2003년 모델보다 60% 더 높았다. 시에나 같은 제품은 지속적 혁신의 전형적인 예로서 도요타 같은 대기업이 특히 잘하는 부분이다. 창업가들은 훨씬 더 높은 불확실성을 다루기 때문에, 다른 종류의 어려움을 겪는다. 고객이 누구인지를 잘 아는 대기업은 '겐치겐부쓰' 기법을 활용해서 지속적 혁신을 이루어내는 반면, 스타트업은 잠재 고객을 만남으로써 어떤 가정을 가장 먼저 테스트해야 하는지를 알 수 있다.

책상 앞을 벗어나라

수치는 설득력 있는 이야기를 하지만 나는 창업가들에게 지표는 사람이기도 하다는 사실을 늘 일깨운다. 회사와 고객 사이에 얼마나 많은 중개자가 있든 결국 가장 중요한 것은 고객은 숨 쉬고 생각하고 구매하는 개인이라는 점이다. 그들의 행동은 측정할 수 있고 바뀔 수 있다. B2B 모델에서처럼 큰 조직에 영업할 때라도 사업은 개인으로 구성됨을 기억하는 것이 좋다. 모든 성공적인 판매 모델은 조직이라는 단일 관점을, 그것을 구성하는 서로 다른 개인으로 나누는 것에 달려 있다.

스티브 블랭크는 창업가들을 수년간 가르쳐 오면서 고객, 시장, 공급자, 채널에 대해 모아야 하는 사실은 '책상 밖'에 있음을 깨달았다. 스타트업은 잠재적 고객과 광범위하게 접촉해 그 사람들을 이해해야 하므로 자리에서 일어나 그들을 알아 나가야 한다.

이 과정의 첫 단계는 자신의 가장 위험한 가정이 실제에 바탕을 두고 있는지, 즉 고객한테 풀 만한 가치가 있는 중요한 문제가 있는지 확인하는 것이다.[8] 스콧 쿡이 1982년 인튜이트를 구상했을 때 그에게는 당시로서는 급진적인 비전이 있었는데 언젠가는 소비자들이 개인용 컴퓨터로 계산을 하고 비용을 기록한다는 것이었다. 스콧 쿡이 자문 일을 그만두고 사업가로 돌진하기 시작했을 때 그는 시장 조사 뭉치나 화이트보드의 심층 분석으로 시작하지 않았다. 대신 전화번호부 두 권을 들었는데 한 권은 자신이 당시 살던 캘리포니아 팰로 앨토 전화번호부였고, 다른 하나는 일리노이 위네카 전화번호부였다.

무작위로 전화를 걸어서 스콧 쿡은 개인 재정을 관리하는 방법에 대해 몇 가지 질문을 해도 되는지 문의했다. 이 초창기 질문은 다음과 같은 질문에 대답을 들으려고 설계됐다. 사람들이 손으로 계산하는 것을 혼란스러워 하는가? 사람들이 그렇게 느끼는 것으로 밝혀졌고 이 초기 확인은 스콧 쿡에게 솔루션을 시작해야 한다는 확신을 주었다.[9]

초기 대화에서는 제안된 솔루션의 제품 기능을 철저히 조사하지 않았다. 그런 시도를 했다면 어리석은 짓이었을 것이다. 당시 보통 소비자들은 개인용 컴퓨터에 정통하지 않아서 컴퓨터를 새로운 방식으로 사용하고 싶은지에 대해 의견이 없었다. 초기 대화는 주류 고객과 한 것이지, 초기 수용자와 한 것이 아니었다. 그래도 대화에서 근본적인 통찰이 나왔다. 인튜이트가 이 문제를 푸는 법을 발견한다면 엄청난 사업을 구축할 수 있는 거대한 주류 고객이 생길 것이라는 점이다.

디자인과 고객 원형

초기 고객 접촉의 목적은 확실한 대답을 얻는 것이 아니다. 대신 잠재 고객을 이해하고 고객의 문제가 무엇인지 기초적이고 대략적인 수준에서 분명히 하는 것이다. 그러한 이해를 바탕으로 고객 원형을 간단한 문서로 만들어 제안된 대상 고객이 실제로는 어떤 사람일지 찾아볼 수 있다. 이 고객 원형은 제품 개발에 필수 지침으로 쓰이면서 동시에 모든 제품 팀이 해야 하는 일간 우선순위 결정에서 회사가 잠재 고객과 동떨어지지 않도록 해준다.

고객 원형을 정밀하게 만드는 수많은 기법이 있고 이것들은 디자인 커뮤니티에서 수십 년간 실천을 거쳐 개발되어 왔다. 상호 작용 디자인interaction design이나 디자인 사고design thinking 같은 전통적인 접근 방식은 엄청나게 도움이 된다. 이런 전통적인 접근 방식에서도 매우 실험적인 빠른 시제품 개발이나 1:1 고객 관찰 같은 기법을 사용한다는 것이 내게는 역설적으로 느껴지기도 했다. 그런데 디자인 에이전시가 전통적으로 보상을 받는 방식 때문에 이러한 작업은 전부 고객에게 한 덩어리로 전달된다. 현실에는 빠른 학습과 실험이 갑자기 멈추고는 하는데 이는 알아야 할 건 다 안다고 가정하기 때문이다. 이는 스타트업에 쓸모없는 모델이다. 디자인을 아무리 해도 제품을 실제 생활로 가져오는 데서 생기는 수많은 복잡성을 예측할 수 없기 때문이다.

사실 새로운 부류의 디자이너들은 린 사용자 경험이라는 개념 아래 완전히 새로운 기법을 개발하고 있다. 그들은 고객 원형이 가설이지, 사실이 아님을 깨닫고 있다. 이러한 고객 원형이 장기적으로도 유지 가능한 형태임을 유효한 학습을 통해 증명할 때까지 고객 원형은 임시적인 것으로 취급해야 한다.[10]

분석 마비

창업가가 시장 조사를 수행하고 고객과 이야기할 때 항상 부딪히는 두 가지 위험이 있다. '일단 해보자' 창업 학파 추종자들은 참을성 없이 시작하고 전략을 분석하는 데 시간을 쓰고 싶어 하지 않는다. 그들은 피상적으로 고객과 대화를 좀 나눈 후 바로 만들기 시작한다. 불행히도 고객은 자신이 바라는 것이 무엇인지 정말 모르므로 창업가들은 자신이 바른 길에 있다고 착각하기 쉽다.

다른 창업가들은 계획을 끝없이 정교하게 하느라 분석 마비의 희생자가 되기도 한다. 이 경우, 고객과 이야기하고 조사 보고서를 읽고 화이트보드에 전략을 쓰는 것은 전부 똑같이 도움이 안 된다. 대다수 창업가의 계획에 있는 문제는 대개 전략적 원칙에 문제가 있어서가 아니라 기반을 둔 사실이 잘못됐기 때문이다. 불행히도 이러한 오류는 대부분 화이트보드에서 찾아낼 수 없다. 제품과 고객 간의 미묘한 상호 작용에 달려 있기 때문이다.

너무 분석을 많이 하는 것도 위험하지만 분석을 전혀 하지 않는 것도 위험하다. 대답은 6장의 주제인 최소 요건 제품이라는 개념에 들어 있다.

6
테스트

그루폰Groupon은 매우 빠르게 성장하는 회사다. 그 이름은 '그룹 쿠폰group coupons'에서 나왔는데 소셜 커머스 모방자라는 산업을 퍼뜨린 독창적인 아이디어였다. 하지만 성공적으로 시작했던 것은 아니었다. 그루폰의 첫 거래는 그루폰 본사 건물 1층에 있는 피자집 쿠폰이었는데, 고객 20명이 이 쿠폰을 구매했다. 전혀 인상적인 이벤트가 아니었다.

   사실 그루폰은 원래 상거래를 전혀 의도하지 않았다. 창업자 앤드루 메이슨Andrew Mason은 회사가 더 포인트The Point라는 '집단행동 플랫폼'이 되는 것을 의도했다. 목표는 사람들을 모아 사람들이 혼자서는 풀지 못하는 문제, 이를테면 어떤 목적을 위해 자금을 조달하거나 특정 소매점 불매 운동을 하는 것 같은 문제를 푸는 것이었다. 하지만 더 포인트의 초기 결과는 실망스러웠고 2008년 말 창업자들은 새로운 뭔가를 시도해 보기로 결정했다. 웅대한 야심은 여전했지만 그들은 새 서비스를 단순하게 만들기로 결정했다. 그들은 최소 요건 제품minimum viable product, MVP을 만들었다. 이게 수십억 달러짜리 회사 이야기처럼 들리는가? 메이슨은 다음과 같은 이야기를 들려주었다.

우리는 워드프레스 블로그를 가져다 스킨을 바꾸고 그루폰이라고 이름을 지은 다음, 날마다 새 글을 올렸습니다. 정말 허름한 사이트였죠. 그루폰 첫 번째 버전에서는 티셔츠를 팔았습니다. 이렇게 썼죠. '이 티셔츠는 빨간색이고 치수가 큰 것만 있습니다. 다른 색상이나 치수를 원하면 이메일을 보내세요.' 그 물건을 추가할 폼이 없었죠. 그냥 날림으로 만들었으니까요.

　구상을 증명하고 사람들이 정말 좋아하는지 보여주기에는 충분했습니다. 실제 쿠폰 제작은 모두 파일메이커FileMaker로 했습니다. 스크립트 프로그램을 돌려 쿠폰 PDF를 사람들에게 이메일로 보냈습니다. 하루에 초밥 쿠폰 500개를 팔면 동시에 애플 메일Apple Mail 소프트웨어로 PDF 500개를 사람들에게 보냈습니다. 정말 첫 해 7월까지는 그저 호랑이 꼬리를 잡으려고 허둥대는 꼴이었습니다. 그저 따라가기에 급급했고, 제품을 만들어나가는 과정이었습니다.[1]

　손으로 만든 PDF, 피자 쿠폰, 단순한 블로그는 그루폰이 기록적인 성공을 거두는 데 충분했다. 그루폰은 엄청나게 빨리 매출 10억 달러를 달성한 회사가 되었다. 지역에 기반을 둔 사업이 새 고객을 찾는 방법에 혁명을 일으켰고 이제는 전 세계 375개 도시에서 소비자에게 특별한 거래를 제공하고 있다.[2]

　MVP는 사업가가 가능한 한 빨리 학습 과정을 시작하는 데 도움이 된다.[3] 하지만 상상할 수 있는 가장 작은 제품일 필요는 없다. 단지 최소의 노력으로 만들기-측정-학습 피드백 순환을 가장 빨리 돌 수 있으면 된다.

　전통적인 제품 개발에서는 대개 길고 신중한 계획이 포함되고 완벽한 제품을 만들려 애쓰는 반면 MVP의 목적은 학습 과정을 시작하는 것이지, 끝내는 것이 아니다. 시제품이나 개념 테스트와 달리 MVP는 제품 설계나 기술 문제에 답하려고 디자인된 것은 아니다. 그 목표는 근본적인 사업 가설을 테스트하는 것이다.

첫 제품이 완벽할 필요가 없는 이유

IMVU 시절 벤처 투자사의 투자를 받을 때 우리는 부끄러웠다. 무엇보다도 우리 제품은 아직도 결함이 많고 품질도 떨어졌다. 둘째, 사업 결과는 자랑스러웠지만 세상을 뒤흔들 정도는 아니었다. 좋은 소식은 하키채 모양의 성장 곡선을 그리고 있었다는 것이다. 나쁜 소식은 하키채 곡선 모양 수익이 약 월 8000달러씩만 오르고 있었다는 점이다. 이 수치가 너무 낮아서 "이 차트 단위가 뭐죠? 1000 단위인가요?"라고 묻는 투자자가 가끔 있었다. 우리는 "아뇨. 1 단위입니다"라고 대답해야 했다.

하지만 초창기 결과는 IMVU의 미래 경로를 예측하는 데 몹시 중요했다. 7장에서 보겠지만 두 가지 가장 위험한 가정을 입증할 수 있었다. IMVU는 고객에게 가치를 제공했고 우리에게는 돌아가는 성장 엔진이 있었다. 통찰력 있는 초창기 고객인 초기 수용자에게 제품을 팔았기에 전체적인 수치는 작았다. 신제품은 대중 시장에 성공적으로 팔리기 전에 초기 수용자에게 팔려야만 한다. 이 사람들은 특별한 유형의 고객이다. 이 사람들은 80% 솔루션을 받아들인다. 사실 더 좋아한다. 그들의 관심을 붙잡는 데 완벽한 솔루션은 필요 없다.[4]

초기 기술 수용자들은 아이폰에 복사와 붙이기, 3G 인터넷 속도, 회사 이메일 지원 같은 기본 기능이 부족해도 애플의 첫 아이폰을 사려고 한 블록이나 줄을 섰다. 구글의 첫 검색 엔진은 스탠포드 대학교와 리눅스 운영체제 같은 특정 주제에 대한 질의에만 대답할 수 있었고 '세상의 정보를 조직'할 수 있기까지 몇 년이 걸릴지 몰랐다. 그래도 초기 수용자들은 구글을 찬양하는 것을 멈추지 않았다.

초기 수용자는 제품에서 부족한 점을 자신의 상상력으로 채운다. 그들은 그러한 상황을 더 좋아한다. 그들이 무엇보다 좋아하는 것은 신제품이나 기술을 먼저 써보거나 받아들이는 것이기 때문이다. 소비자 제품에서 그것은 새 농구화, 음악 기기, 멋진 전화 등을 동네에서 처음으로 사서 자랑할 때 느끼는 흥분이다. 기업 제품에서 그것은 경쟁자에게 아직 없는 새로운 것을 대담하게 시도해 봄으로써 경쟁적인 이점을 얻는 것이다. 초기 수용자는 너무 다듬어진 것을 의심한다. 모두가 받아들일 준비가 되어 있다면 앞서서 얻을 수 있는 이점이 얼마나 되겠는가? 따라서 초기 수용자가 요구하는 것 이상으로 기능이 덧붙거나 다듬어지는 것은 자원과 시간 낭비의 한 형태다.

이것이 많은 창업가가 받아들이기 어려운 사실이다. 결국 창업가가 머릿속에 간직하는 비전은 세상을 바꿀 고품질 주류mainstream 제품이지, 준비되기 전에 한 번 써보려는 소수 사람들이 사용하는 제품이 아니다. 세상을 바꿀 제품은 다듬어지고, 매끄러우며 가장 좋은 시기에 쓸 준비가 되어야 한다. 전시회에서 상을 받고 무엇보다도 부모님에게 자랑스럽게 보여줄 수 있는 제품이어야 한다. 초기형이고 결함이 많고 미완성 상태 제품은 받아들일 수 없는 타협안처럼 느껴진다. 우리 중 얼마나 많은 사람이 최고의 제품을 내놓으리라 기대를 받을까? 한 경영자가 최근에 내게 말했다. "제게는 MVP가 약간 위험하게 느껴집니다. 늘 완벽주의자였거든요."

MVP의 복잡도는 매우 간단한 스모크 테스트smoke test: 주요 기능에 문제가 없는지 확인하는 테스트부터, 문제가 있고 기능이 빠진 초기 시제품까지 범위가 다양하다. MVP 복잡도 결정은 정형화할 수 없다. 판단력이 필요하다. 다행히도 이런 판단력은 계발하기 어렵지 않다. 창업가와 제품 개발 인력은 대부분 MVP에 얼마나 많은 기능이 필요할지 과대평가한다. 의심스럽다면 단순하게 만들라.

예를 들어 한 달동안 무료로 시험 사용을 할 수 있는 서비스를 판다고 하자. 고객이 서비스를 사용하기 전에 고객은 시험판에 가입해야 한다. 어떤 서비스인지 고객이 알면 무료 시험 서비스에 가입할 것이 분명했다. 고려해야 할 아주 중요한 질문은 고객이 약속된 몇 가지 기능 때문에 무료 시험판에 실제로 가입할까 하는 것이다(가치 가설).

사업 모델 어딘가에는, 아마 스프레드시트 셀 한 군데에 묻혀 있겠지만, '무료 시험판 제공을 보고 가입한 고객 퍼센트'를 명시한다. 추정해 보니 수치가 10%일 거라고 말할지도 모른다. 생각해 보면 이것이 가장 위험한 가정이다. 정말 굵고 빨간 글꼴에 큰 글씨로 표시해야 할 내용이다. "우리는 10%의 고객이 가입하리라 가정한다" 같은 식으로 말이다.

사업가들은 대부분 이 같은 질문에, 제품을 만들고 나서 고객이 어떻게 반응하는지 확인하는 식으로 접근한다. 나는 이것을 퇴보라고 여기는데 수많은 낭비로 이어지기 때문이다. 첫째, 아무도 바라지 않는 것을 만들었다고 밝혀지면 전체 실습은 불필요한 시간과 돈의 지출이 될 것이다. 고객이 무료 시험 서비스에 가입하지 않는다면 고객은 그들을 기다리는 놀라운 기능을 전혀 경험하지 못할 것이다. 가입했더라도 낭비가 될 기회가 많다. 예를 들어 초기 수용자의 마음에 들려면 정말 얼마나 많은 기능을 넣어야 할까? 모든 추가 기능이 낭비의 형태이고 그 기능 때문에 테스트를 연기한다면 학습과 시간 관점에서 보면 어마어마한 잠재적 비용이 딸려 나간다.

MVP의 교훈은 학습을 시작하는 데 필요한 것 이외의 추가 작업은 낭비라는 것이다. 당시에는 그것이 매우 중요하게 보여도 말이다.

예를 보이기 위해 실제 린 스타트업의 MVP 기법을 몇 가지 공유하겠다. 각 경우에 독자들은 창업가가 과도하게 만들고 약속하려는 유혹을 피하는 모습을 목격할 것이다.

비디오 MVP

드루 휴스턴Drew Houston은 드롭박스Dropbox의 CEO다. 드롭박스는 실리콘밸리에 위치한 회사로 엄청나게 쓰기 쉬운 파일 공유 도구를 만든다. 드롭박스 애플리케이션을 설치하면 드롭박스 폴더가 컴퓨터 바탕 화면에 나타난다. 그 폴더에 아무거나 끌어다 놓으면 드롭박스 서비스에 자동으로 업로드되고 나서 즉시 사용자의 모든 컴퓨터와 기기에 복제된다.

창업 팀은 엔지니어로 구성됐는데 제품을 만드는 데 상당한 기술적 전문성을 요구해서였다. 예를 들어 다양한 컴퓨터 플랫폼과 운영 체제, 즉 윈도, 매킨토시, 아이폰, 안드로이드 등과 통합이 요구됐다. 이 구현은 시스템의 깊은 수준에서 일어나고, 사용자 경험을 아주 뛰어나게 만들 전문화된 노하우가 필요했다. 사실 드롭박스의 큰 경쟁적 이점 한 가지는 제품이 아주 매끄럽게 돌아가서 경쟁자가 모방하기 쉽지 않다는 것이다.

그들은 사람들이 생각하는 마케팅 천재가 아니었다. 사실 그 사람들 중 누구도 마케팅 일을 해본 적이 없었다. 유망한 벤처 투자사로부터 투자를 받았더라면, 일반적으로 엔지니어들이 사업을 진행하는 방식으로 일을 했을지도 모른다. 즉 제품을 만들기만 하면 고객들은 알아서 온다는 식 말이다. 그러나 드롭박스는 다르게 했다.

제품 개발 노력을 하면서 동시에 창업자는 회사에 정말 중요한 고객 피드백을 원했다. 특히 드롭박스는 가장 위험한 가정이 맞는지에 대한 질문에 대답해야 했다. 바로 뛰어난 고객 경험을 제공할 수 있다면 사람들이 드롭박스를 써보려 할까 하는 질문이었다. 나중에 실제로 그렇다고 증명되었는데, 파일 동기화는 일반 고객들이 그런 문제가 있음을 인지조차 못하는 문제였다. 고객이 파일 동기화 솔루션을 한 번 경험하기만 한다면, 이제 그것 없이는 못 사는 수준이 될 것이다.

이것은 포커스 그룹에 묻거나 대답을 기대할 수 있는 창업가적 질문이 아니다. 고객은 자신이 뭘 바라는지 모르기도 하고 개념을 설명해도 드롭박스를 이해하기 어려워하기도 한다. 휴스턴은 벤처 투자를 받을 때 이 사실을 어렵게 배웠다. 회의 때마다 투자자들은 이 '시장'이 기존 제품으로 꽉 들어찼고 아무도 큰돈을 못 벌고 있으며 파일 동기화 문제는 그다지 중요하지 않다고 말했다. 드루가 물었다. "그러한 제품을 써보셨나요?" 써봤다고 대답하면 드루가 다시 물었다. "매끄럽게 돌아가던가요?" 대답은 거의 항상 아니오였다. 회의 때마다 벤처 투자자들은 드루의 비전이 이뤄진 세상을 상상하지 못했다. 드루는 반대로 소프트웨어가 '그냥 마법처럼 돌아가면' 고객이 모여들 것이라 믿었다.

동작하는 소프트웨어를 시제품 형태로 시연하기란 불가능하다는 것이 도전 과제였다. 제품은 상당한 기술적 장애물을 극복해야 했고 온라인 서비스 구성 요소는 신뢰성과 가용성이 높아야 했다. 아무도 바라지 않는 제품을 개발하느라 수년을 보낸 후 깨닫는 위험을 피하려고 드루는 예상치 못할 정도로 쉬운 일을 했다. 비디오를 만든 것이다.

비디오는 평범했는데 어떻게 돌아가는지 보여주는 3분짜리 간단한 기술 시연이었지만 기술 초기 수용자 커뮤니티를 대상으로 했다. 드루 휴스턴이 영상을 설명하고 그가 설명하는 동안 시청자는 그의 화면을 본다. 드루가 동기화하려는 파일을 설명하는 동안 시청자는 드루가 마우스로 컴퓨터를 조작하는 것을 본다. 물론 유심히 보면 드루가 옮기는 파일들은 초기 수용자 커뮤니티에서만 알아볼 수 있는 농담과 유머로 가득했다. 드루가 회상했다. "수많은 사람이 웹 사이트로 몰려들었습니다. 베타 대기 명단이 하룻밤 사이에 문자 그대로 5000에서 7만 5000명이 됐습니다. 정말 감동했습니다." 오늘날 드롭박스는 실리콘밸리에서 매우 인기 있는 회사이고 가치가 10억 달러가 넘는다는 소문이 있다.5

이 경우에 비디오가 MVP였다. 포커스 그룹에서 그렇게 말했다거나 또 다른 사업과의 유사성으로 희망이 보였기 때문이 아니라, 비디오 형식 MVP를 보여주자 사람들이 실제로 가입했기 때문에 드루가 개발한 제품을 고객이 원한 것이라는 가장 위험한 가정을 검증했다.

컨시어지 MVP

또 다른 MVP 기법을 생각해 보자. 바로 컨시어지concierge MVP다. 이 기법이 어떻게 작동하는지 이해하려면 텍사스 오스틴Austin에 기반을 둔 스타트업 푸드온더테이블Food on the Table의 CEO 매뉴엘 로소Manuel Rosso를 만나봐야 한다.

푸드온더테이블은 여러분과 가족이 즐기는 음식에 기반을 둔 주간 식사 계획과 식료품 목록을 만든 다음, 재료를 가장 잘 살 수 있는 지역 식료품점을 연결해 준다.

사이트 가입 후 주로 가는 식료품점을 확인하고 가족이 좋아하는 음식을 표시하는 설정을 거친다. 나중에 가격을 비교하고 싶다면 근처 또 다른 가게를 고르면 된다. 다음으로 사용자는 기호에 바탕을 둔 품목을 소개받고 질문을 받는다. "이번 주에는 무엇을 드시고 싶은가요?" 선택을 하고 몇 끼를 먹으려고 계획했는지 고르고 시간, 돈, 건강, 다양성 관점에서 관심 있는 것을 선택한다. 이때 사이트는 사용자의 필요에 맞는 요리법을 검색해 식사에 드는 비용을 계산하고 구매 목록을 뽑아준다.6

확실히 이는 정교한 서비스다. 서비스 뒤편에서는 전문 요리사 팀이 전국에 퍼져 있는 지역 식료품점에서 판매하는 품목을 활용하는 요리법을 고안한다. 그 요리법은 컴퓨터 알고리즘으로 각 가족의 독특한 필요와 기호에 대응된다. 관련된 일을 상상해 보자. 전국 거의 모든 식료품점의 데이터베이스가 유지 보수되어야 하고 여기에는 그 주에 각 가게에서 무엇을 파는지 포함되어야 한다. 그 식료품들이 적절한 요리법에 연결되고 나서 사용자에 맞게 적절히 바뀌고 분류되고 정렬되어야 한다. 요리법에서 브로콜리 라브 broccoli rabe를 필요로 하는데 지역 시장에서 파는 브로콜리와 똑같은 재료일까?

설명을 읽은 후 푸드온더테이블이 고객 단 한 명으로 시작했다는 이야기를 알게 되면 놀랄 것이다. 오늘날처럼 전국 수천 개 식료품점을 지원하는 대신 푸드온더테이블은 그저 한 가게만 지원했다. 회사는 어느 가게를 지원할지 어떻게 골랐을까? 창업자는 첫 고객이 생길 때까지 고르지 않았다. 이와 비슷하게 첫 고객이 식사 계획을 준비하기 전까지는 요리법도 없이 시작했다. 사실 푸드온더테이블은 소프트웨어를 만들지도 않고, 사업 개발 협력도 맺지 않고, 요리사도 고용하지 않고 첫 고객에게 서비스했다.

로소는 제품 부사장 스티브 샌더슨 Steve Sanderson과 함께 지역 슈퍼마켓과 고향 오스틴의 어머니들 모임에 갔다. 부분적인 임무는 전형적인 고객 관찰이었고 디자인 사고 design thinking와 아이디어 구체화 기법의 일환이었다. 그런데 로소와 그의 팀은 다른 무언가를 찾고 있었다. 바로 첫 번째 고객이었다.

그들은 그러한 배경에서 잠재 고객들을 만나면서 뛰어난 시장 조사자들의 방식으로 주부들을 취재했는데, 취재 마지막에는 서비스 판매를 시도했다. 그들은 푸드온더테이블의 혜택을 설명하고 주간 가입비를 밝혔고 고객에게 가입하라고 초대했다. 대부분은 거절당했다. 결국 대다수 사람들은 초기 수용자가 아니고 본 적이 없는 새 서비스에 가입하려 하지 않는다. 그러나 결국 누군가가 가입했다.

유일한 초기 수용자는 전담 관리를 받았다. 비인간적인 소프트웨어로 푸드온더테이블 서비스와 소통하는 대신 그 가입자는 매주 회사 CEO의 방문을 직접 받았다. CEO와 제품 부사장은 그녀가 좋아하는 식료품점에서 무엇을 파는지 검토하고, 그녀의 기호에 바탕을 둔 요리법을 신중히 골랐으며, 그녀가 가족을 위해 자주 해주는 요리법을 배우기까지 했다. 매주 그들은 준비된 쇼핑 목록과 관련 요리법이 들어 있는 꾸러미를 그녀에게 직접 전달했고 필요하면 피드백을 요청하고 변경했다. 가장 중요한 점은 매주 수표로 9.95달러를 받았다는 것이다.

비효율적이라고 말할 수밖에 없다! 전통적인 기준에 따라 측정하면 이것은 끔찍한 시스템이고 전혀 확장할 수 없으며 완전한 시간 낭비다. CEO와 제품 부사장은 사업을 구축하는 대신 단지 한 고객의 문제를 푸는 지겨운 일에 뛰어들었다. 수백만에게 마케팅하는 대신 한 사람에게 팔았다. 무엇보다도 최악은 그들의 노력이 실속 있는 무언가로 이끌어주는 것처럼 보이지 않았다는 점이다. 그들은 제품도, 의미 있는 수입도, 견실한 조직도 없었다.

그런데 린 스타트업이라는 렌즈로 보면 그들은 기념비적인 진전을 이루고 있었다. 그들은 매주 자기 제품을 성공적으로 만드는 데 필요한 것이 무엇인지 더 배우고 있었다. 몇 주 후에는 또 다른 고객을 맞을 준비가 됐다. 고객을 한 명 끌어들일 때마다 그 다음 고객을 끌어들이기가 더 쉬웠는데, 푸드온더테이블은 같은 식료품점에 집중했기에 거기에서 파는 물건과 사는 사람들을 알아가고 있었기 때문이었다. 새 고객은 직접 가정 방문 등의 컨시어지 대우를 받았다. 그러나 고객이 좀 더 늘자 일대일 서비스 비용이 늘어나기 시작했다.

너무 바빠서 고객을 더 데려올 수 없게 되자 로소와 그의 팀은 제품 개발의 형태로 자동화에 투자하기 시작했다. MVP 개발 이터레이션마다 시간을 더 절약할 수 있었고 더 많은 고객에게 서비스할 수 있었다. 요리법과 쇼핑 목록을 가정 방문 대신 이메일로 전달했고, 수작업이 아니라 소프트웨어를 통해 무엇을 판매하는지 목록을 자동으로 조사했고 마침내 수기 수표 대신 온라인 신용 카드 지불로 비용을 받았다.

이윽고 그들은 튼튼한 서비스를 구축했다. 처음에는 오스틴 지역에서 제공하다 결국에는 전국에 제공하게 됐다. 그런데 개발 도중에 서비스 개발 팀은 앞으로 될 어떤 것에 투자하기보다 지금 돌아가는 것을 확장하는 데 늘 집중했다. 그 결과로 그들의 개발 노력은 이러한 종류의 벤처에서 보는 전형적인 낭비를 덜 했다.

이 사례와 CEO, 창업자, 사장, 소유주가 한 번에 한 고객에게 직접 서비스하는 소규모 사업 사례를 대조해 보는 것이 중요하다. 컨시어지 MVP에서는 이렇게 개인화된 서비스가 제품이기도 하면서 회사 성장 모델에 대한 가장 위험한 가정을 테스트하도록 설계된 학습 과정이기도 하다. 사실 컨시어지 MVP의 일반적인 결과는 회사에 제안된 성장 모델이 틀렸음을 입증해 다른 접근 방식이 필요하다는 사실을 분명히 하는 것이다. MVP가 회사에 수익을 내더라도 이런 결과가 나올 수 있다. 방향 전환(과정이나 전략 변경)으로 좀 더 의미 있는 성장을 이끌어낼 수도 있을 때, 일정한 성장 모델 없이 작은 수익 사업에 안주하는 함정에 빠지는 회사가 많다. 이를 알아내는 유일한 방법은 성장 모델을 체계적으로 진짜 고객과 함께 테스트하는 것이다.

배후의 여덟 사람에 주목하라

구글 같은 첨단 기업을 정신 못 차리게 하는 질문에 대답하도록 설계된 새로운 검색 소프트웨어를 만들려는 비전을 품은 기술자 맥스 벤틸라Max Ventilla와 데이먼 호로비츠Damon Horowitz를 만나보자. 구글이 정신을 못 차린다고? 생각해 보자. 구글과 유사 검색 엔진들은 사실에 관한 질문에 답하는 데는 앞서 있다. 세상에서 가장 높은 산은 무엇인가? 미국 23대 대통령은 누구인가? 그러나 좀 더 주관적인 질문이라면 구글은 버둥거린다. "내가 사는 도시에서 야구 경기 후 한 잔 마시러 가기 좋은 곳은 어디인가?"라고 물어보면 제대로 된 답을 내놓지 못할 것이다. 이런 종류의 질문에서 흥미로운 점은 사람이 대답하기가 상대적으로 더 쉽다는 것이다. 칵테일파티에서 친구들에게 둘러싸여 있다고 하자. 주관적인 질문에 수준 높은 대답을 어느 정도나 얻을 수 있을까? 확실히 대답 하나는 들을 수 있을 것이다. 사실에 관한 질의와 달리 이렇게 주관적인 질문은 정답이 하나만 있지 않으므로 오늘날 검색 기술은 그러한 질문에 대답하려고 애쓴다. 그러한 질문은 대답하는 사람, 개인 경험, 취향, 기대에 따라 다양하다.

이 문제를 풀려고 맥스와 데이먼은 아드바크Aardvark이라는 제품을 만들었다. 기술 지식과 산업 경험이 깊은 두 사람이 프로그래밍에 뛰어들 것이 당연하다고 예상했다. 하지만 두 사람은 프로그래밍 대신 6개월간 무엇을 만들어야 하는지 생각했다. 그렇다고 그해에 화이트보드에 전략을 세우며 시간을 보내거나 긴 시장 조사 프로젝트에만 몰두하지는 않았다.

대신 두 사람은 일련의 기능적인 제품을 만들었는데 각각은 고객의 문제를 푸는 방법을 테스트하도록 설계됐다. 그런 다음 각 제품은 베타 테스트에게 제공됐고 테스터의 행동은 각 특정 가설(글상자의 예를 보라)을 검증하거나 잘못을 밝히는 데 쓰였다.

> 다음 프로젝트 목록은 아드바크의 구상 기간에 나온 예다.
>
> 레킷(Rekkit): 웹에서 평점을 모아 더 나은 추천을 제공하는 서비스
>
> 닌자파(Ninjapa): 한 웹 사이트에서 여러 애플리케이션 계정을 열고 여러 사이트에서 자기 데이터를 관리하는 방법
>
> 더 웹(The Webb): 온라인에서 할 수 있는 일을 대신 해줄 사람에게 전화를 걸고 이야기 나눌 수 있는 서비스
>
> 웹 매크로(Web Macros): 웹 사이트에서 하는 일련의 동작을 기록해 일반적인 행동을 되풀이하고(여러 사이트에서도) 온라인 업무를 완수하는 '비결'을 공유하는 방법
>
> 인터넷 버튼 컴퍼니(Internet Button Company): 웹 사이트에서 취하는 동작을 묶는 방법 및 똑똑하게 폼을 채우는 기능. 사람들이 버튼을 인코드하고 소셜 북마크 식으로 버튼을 공유한다.

맥스와 데이먼에게는 고객이 질문할 수 있는 가상 개인 비서를 만드는 데 컴퓨터가 쓰여야 한다는 비전이 있었다. 비서는 주관적인 질문을 위해 설계돼서 대답에는 사람의 판단이 필요했다. 따라서 아드바크의 초기 실험에서는 이 주제를 다양하게 변형해서 고객이 가상 비서와 상호 작용해 질문에 답을 얻는 방식을 일련의 시제품으로 만들었다. 초기 시제품은 고객을 사로잡는 데 전부 실패했다.

맥스가 설명했다. "우리는 스스로 회사 자금을 조달했고 매우 싼 시제품을 출시해 테스트했습니다. 아드바크가 된 것은 여섯 번째 시제품이었습니다. 각 시제품은 2~4주에 걸쳐 만들었죠. 우리는 될 수

있으면 사람이 백엔드 역할을 맡게 했습니다. 친구 100~200명을 초대해 시제품을 써보게 하고 얼마나 다시 방문하는지 측정했습니다. 아드바크가 나오기 전까지 결과는 분명히 부정적이었습니다."

일정이 짧아서 어느 시제품에도 고급 기술이 들어가지 않았다. 대신 시제품들은 더 중요한 질문을 테스트하도록 설계된 MVP였다. 바로 고객이 제품에 사로잡혀서 자기 친구들에게 그 제품에 대해 말하게 하는 데 필요한 것이 무엇인가 하는 질문이었다.

맥스가 말했다. "아드바크를 선택한 후 9개월간 사람에게 백엔드 역할을 맡겼습니다. 여덟 명을 고용해 질의를 관리하고 대화를 분류하는 일 등을 했습니다. 우리는 실제로 시스템이 자동화되기 전에 첫 벤처 투자를 받았습니다. 우리의 가정은 사람이 하는 부분과 인공 지능이 하는 부분이 명확하게 나뉘지 않는다는 것이었고, 우리는 최소한 사람들이 반응하는 서비스를 만들었음을 증명했습니다."

"제품을 다듬어 가면서 매주 6~12명을 데려와 우리가 작업 중인 모형, 시제품, 모의실험에 어떻게 반응하는지 봤습니다. 기존 사용자와 전에 제품을 본 적이 없는 사람들을 섞어 놓았습니다. 우리는 엔지니어들을 이 시간에 참여시켜 실시간으로 수정하도록 하고 무엇을 할지 모르는 사용자들의 불편함을 경험하게 했습니다."[8]

최종 아드바크 제품은 인스턴트 메시지를 통해 동작했다. 고객이 인스턴트 메시지로 질문을 보내면 아드바크는 고객의 소셜 네트워크에서 답을 가져왔다. 즉 시스템은 고객의 친구와 친구의 친구를 찾아 질문을 보여주었다. 적절한 답을 찾으면 최초 고객에게 보고했다.

물론 이 같은 제품은 알고리즘이 매우 중요한 역할을 한다. 특정 주제에 대한 질문이 주어지면 고객의 소셜 네트워크에서 누가 그 질문에 가장 잘 대답할까? 예를 들어 샌프란시스코 식당에 대한 질문이 시애틀로 전해지면 안 된다. 컴퓨터 프로그래밍에 대한 질문이 예술 전공생에게 전해지면 안 될 것이다.

테스트 과정을 거치면서 맥스와 데이먼은 이렇게 까다로운 기술적 문제를 많이 만났다. 초기에는 매번 그러한 문제를 푸는 것을 단호히 거절했다. 대신 오즈의 마법사 테스트로 문제를 푸는 척했다. 오즈의 마법사 테스트에서 고객들은 자신이 실제 제품과 상호 작용하고 있다고 믿지만 그 뒤에서는 사람이 일을 한다. 컨시어지 MVP처럼 이러한 접근 방식은 엄청나게 비능률적이다. 고객이 인간 연구원에게 공짜로 질문하고 실시간으로 응답을 기대하는 서비스를 상상해 보라. 그러한 서비스는 규모가 커지면 손해가 나지만 작은 규모에서는 구축하기 쉽다. 그 정도 규모에서 맥스와 데이먼은 다음과 같은 중요한 질문에 모두 답할 수 있었다. 인공 지능 제품의 어려운 기술 문제를 풀면 사람들이 그걸 쓸까? 사람들이 쓰면 진짜 가치가 있는 제품이 만들어질 수 있을까?

이 시스템으로 맥스와 데이먼은 계속 방향 전환할 수 있었고 가능성이 있다고 보여도 실행 가능하지 않은 구상을 뿌리칠 수 있었다. 확장하기 시작할 준비가 됐을 때 무엇을 만들지 로드맵이 준비됐다. 결과는 다음과 같다. 아드바크는 알려진 대로 5000만 달러에 구글에 인수됐다.[9]

MVP에서 품질과 디자인의 역할

MVP에서 가장 까다로운 측면은 전통적인 품질 관념에 대한 도전이다. 최고의 전문가와 장인도 마찬가지로 품질 높은 제품을 만들려는 포부가 있는데 그것은 자부심의 핵심이다.

현대적인 생산 과정은 고품질과 고효율성에 의존한다. 고객이 생산 과정의 가장 중요한 부분이라는 미국 통계학자 윌리엄 데밍William Edwards Deming의 유명한 격언은 이 말의 의미를 잘 보여준다. 이는 고객이 가치 있다고 인지하는 결과를 내는 데 능력을 전적으로 집중해야 함을 의미한다. 엉성한 작업이 과정에 들어오면 필연적으로 과도한 변화가 야기된다. 과정에 변화가 생기면 고객 눈에는 품질이 들쭉날쭉한 제품이 나오고 잘해봐야 재작업이고, 최악의 경우에는 고객을 잃게 될 것이다. 현대적인 사업과 공학 철학은 대부분 주요 원칙으로 고객을 위한 고품질 경험을 만들어내는 데 초점을 맞춘다. 그것이 식스 시그마, 린 제조, 디자인 사고, 익스트림 프로그래밍, 소프트웨어 장인 운동의 토대다.

품질에 관한 이러한 논의는, 회사가 고객이 가치 있다고 인식할 제품 속성을 이미 안다고 미리 가정한다. 스타트업에서 이는 위험한 가정이다. 고객이 누구인지도 모를 때가 있기 때문이다. 따라서 나는 스타트업에 대해서는 다음과 같은 품질 원칙을 믿는다.

고객이 누구인지 모른다면 품질이 무엇인지도 모른다.

'품질이 낮은' MVP도 훌륭한 고품질 제품을 만드는 서비스로 작용할 수 있다. 그렇다. MVP는 고객에게 품질이 낮다고 인식되기도 한다. 그렇다면 이것을 기회로 이용해 고객이 어떤 속성에 관심이 있는지 배워야 한다. 이는 추측이나 화이트보드 전략 구상보다 훨씬 낫다. 미래 제품을 만드는 데 실증적인 토대를 제공하기 때문이다.

그런데 고객이 때로는 매우 다르게 반응하기도 한다. 많은 유명 제품이 '품질이 낮은' 상태로 출시됐는데 그 제품을 좋아하는 고객도 있다. 크레이그 뉴마크Craig Newmark가 크레이그스리스트 초창기에 디자인 품질이 떨어진다고 변변치 않은 이메일 소식지 발행을 거절했다고 상상해 보라. 그루폰 창업자가 "피자 한 판 가격에 두 판"을 창피하다고 생각했다면 어떻게 됐을까?

나도 비슷한 경험을 많이 했다. IMVU 초창기에 아바타 하나가 한곳에 갇혀서 화면에서 움직이지 못했다. 이유는? 우리는 MVP를 만드는 중이었고 아바타가 사는 가상 환경에서 걸어 다니는 기술을 만드는 어려운 작업에 아직 달려들지 않은 상태였다. 비디오 게임 산업에서 표준은 3D 아바타가 걸을 때 부드럽게 움직이고 길에서 장애물을 피하며 목적지까지 똑똑하게 길을 찾는 것이었다. EA Electronic Arts의 유명 베스트셀러인 심즈Sims는 이 원칙에 따라 돌아갔다. 우리는 이 기능의 저품질 버전을 출시하고 싶지 않아서 대신 정지된 아바타로 출시하는 것을 선택했다.

고객 피드백은 매우 일관적이었다. 고객들은 아바타가 가상 환경에서 돌아다니는 기능을 원했다. 우리에게는 나쁜 소식이었는데 심즈와 비슷한 고품질 솔루션을 만들려면 상당한 시간과 돈을 써야 함을 의미했기 때문이다. 그러나 그 길로 뛰어들기 전에 MVP를 하나 더 시도해 보기로 했다. 우리는 간단한 해킹을 사용했는데 거의 속임수나 다름없었다. 우리는 제품을 수정해서 고객이 아바타를 보내고 싶은 곳을 클릭하면 아바타가 그곳으로 즉시 순간 이동되게 했다. 걷지도 않고 장애물을 피하지도 않았다. 아바타는 사라졌다가 잠시 후 새 위치에 다시 나타났다. 우리는 화려한 순간 이동 그래픽이나 사운드 효과를 넣을 여력도 없었다. 우리는 이 기능을 출시하는 게 변변치 않다고 느꼈지만 그게 할 수 있는 전부였다.

긍정적인 고객 피드백을 받았을 때 우리가 얼마나 놀랐는지 상상하기 어려울 것이다. (부끄러웠던) 이동 기능에 대해 다시는 직접적으로 요청받지 않았다. 그러나 IMVU에서 가장 좋아하는 것을 꼽아달라고 요청하면 고객들은 한결같이 상위 세 가지에 아바타 '순간 이동'을 꼽았다(믿어지지 않겠지만 "심즈보다 앞선" 것으로 특별히 묘사되기도 한다). 이렇게 값싼 타협이 우리가 자랑스러워 한 많은 기능과 돈과 시간을 많이 들여 만든 기능을 능가했다.

고객은 무언가를 만드는 데 시간이 얼마나 드는지 관심이 없다. 고객은 그것이 자신의 필요에 맞는지에만 관심이 있다. 우리 고객들은 자신이 원하는 곳으로 최대한 빨리 움직일 수 있어서 순간 이동 기능을 더 좋아했다. 회고해 보면 이것은 말이 된다. 우리는 모두 가고 싶어 하는 장소에 바로 가는 것을 좋아하지 않았던가? 노선도 없고 비행기를 타는 시간도 걸리지 않고 활주로에서 기다릴 필요도 없고 환승하지 않아도 되고 택시나 지하철도 필요 없다. 스타 트렉Star Trek의 커크 선장이 엔터프라이즈호로 순간 이동하는 것과 같다. 현실에서 많은 자원을 투입해 아주 비싸게 구현한 기능보다 순간 이동 기능이 고객들에게 훨씬 인기가 좋았다.

그렇다면 다시 말해 제품의 어느 버전이 품질이 떨어진다는 것일까?

MVP는 가정을 테스트하는 용기가 필요하다. 고객이 우리가 기대한 대로 반응하면 그것을 가정이 맞았다는 확신으로 받아들이면 된다. 초라하게 디자인된 제품을 출시했고 고객이(게다가 초기 수용자마저) 사용 방법을 이해하지 못한다면 뛰어난 디자인에 투자할 필요가 있음을 확증하는 것이다. 그러나 항상 질문해야 한다. 고객이 우리만큼 디자인에 신경 쓰지 않는다면 어떻게 될까?

따라서 린 스타트업 방법론은 고품질 제품을 만드는 것을 반대하지 않는다. 다만 고객을 끌어들이려는 목표를 우선시하는 것이다. 전통적인 전문적 표준을 제쳐놓고 되도록 빨리 유효한 학습을 시작해야 한다. 그러나 다시 말하지만 이것이 엉성하고 규칙이 없는 방식으로 일해도 됨을 의미하지는 않는다(이것은 중요한 주의 사항이다. 만들기-측정-학습 피드백 순환을 늦추는 품질 문제도 있기 때문이다. 결함 때문에 제품이 발전하기 더욱 어려워진다. 결함은 실제로 학습하는 능력에 방해가 되고 너무 위험해서 생산 과정에서 용인되지 않는다. 3부에서 이러한 문제를 예방하는 데 언제 투자할지 알아내는 방법론을 살펴보겠다).

자신만의 MVP를 만드는 걸 고려할 때 다음과 같은 간단한 규칙이면 충분하다. 추구하는 배움에 직접 기여하지 않는 기능, 과정, 노력은 제거하라.

MVP의 과속 방지턱

MVP를 만드는 데 위험이 없지는 않다. 현실적 위험과 예상되는 위험이 있다. 둘 다 미리 이해하지 못하면 스타트업을 탈선시킬 수 있다. 가장 일반적인 과속 방지턱은 법적 문제, 경쟁자에 대한 두려움, 브랜딩 리스크, 직원 사기에 대한 영향이다.

특허 보호에 의존하는 스타트업이라면 초기 제품을 출시하는 데 특별한 대처가 필요하다. 몇몇 사법 관할 구역에서는 특허 제출 시간대가 제품이 대중에게 출시됐을 때 시작되고, MVP가 구성되는 방식에 따라 출시하면 그 시계가 가기 시작하기도 한다. 여러분의 스타트업이 그러한 사법 관할 구역에 있지 않아도 국제적인 특허 보호를 바랄지도 모르고 그러면 좀 더 엄격한 요구사항을 따라야 할 것이다(내 의견으로 이 같은 문제는 현행 특허법이 혁신을 가로막는 장애 중 하나이므로 공공 정책으로 수정되어야 한다).

많은 산업에서 특허는 주로 방어 목적으로 쓰여 경쟁자를 제지해 접근하지 못하게 하는 것이다. 그러한 경우라면 특허 위험은 MVP로 얻는 학습 혜택에 비하면 사소한 것이다. 그런데 새로운 과학적 돌파가 회사 경쟁력의 심장인 산업에서는 이러한 위험에 대해 좀 더 주의 깊게 균형을 잡아야 한다. 모든 경우에 대비해 창업가는 법적인 자문을 구해 이러한 위험을 완전히 이해하려고 한다.

법적 위험이 두려울 수도 있지만 MVP를 만드는 데 대해 내가 수년간 들어본 가장 공통적인 반대는 경쟁사에 대한 두려움, 특히 대기업이 스타트업의 구상을 훔치는 것이었다. 좋은 구상을 훔치기가 그렇게 쉽다면 좋으련만! 스타트업이 가지는 다른 어려움 중 하나는 아이디어, 회사, 제품이 경쟁사는커녕 일반에게조차 알려질 가능성이 거의 없다는 점이다. 사실 나는 이러한 문제를 두려워하는 창업가에게 다음과 같은 숙제를 주기도 했다. 구상 하나(아마도 통찰이 덜한 것)를 꺼내 그 분야에 책임이 있는 대기업에서 일하는 관련 제품 관리자의 이름을 찾아 그 회사에서 그 아이디어를 훔치도록 해보라. 전화를 걸거나 메모를 써주거나 보도 자료를 발송하라. 가서 해보라. 사실 대다수 회사의 대다수 관리자들은 이미 좋은 구상에 뒤덮여 있다. 그 사람들의 도전은 우선순위를 세우고 실행하는 것이고 그러한 과제 덕분에 스타트업은 생존 희망을 얻는다.[10]

구상이 알려져 경쟁사가 스타트업보다 더 성공적으로 해낸다면 스타트업은 불행한 결말을 맞이할 것이다. 새 팀을 꾸려 구상을 밀고 나가는 이유는 다른 누구보다 만들기-측정-학습 피드백 순환을 거쳐 더 빨리 해낼 수 있다고 믿기 때문이다. 그 믿음이 사실이라면 경쟁사가 알아도 별 차이가 없다. 사실이 아니라면 스타트업에 더 큰 문제가 있는 것이고 비밀을 유지해도 그 문제를 고칠 수 없다. 조만간 성공한 스타트업은 재빠른 추격자와의 경쟁에 직면할 것이다. 유리한 출발은 그다지 중요하지도 않고 고객과 떨어져 스텔스 모드로 긴 시간을 쓴다고 해도 유리한 출발을 할 수 있지는 않다. 이기는 방법은 오직 다른 사람보다 빨리 배우는 것이다.

많은 스타트업이 뛰어난 브랜드를 만드는 데 투자하려고 계획하므로 MVP는 브랜드에 위험한 것처럼 보인다. 비슷하게 기존 조직의 사업가들도 모기업의 안정된 브랜드에 해를 입힌다는 두려움에 제약을 받을 때가 있다. 어느 경우든 쉬운 해법이 있다. 다른 상표명으로 MVP를 출시하는 것이다. 게다가 장기적인 평판은 회사가 홍보와 광고 같은 드러나는 출시 활동에 관여할 때만 위험하다. 만약 서비스가 정식으로 발표하기 전에 없어지게 된다면, 장기적인 관점에서 기업 브랜드에 손실이 올 수도 있다. 그러나 스타트업은 잘 알려지지 않았고 애처로울 정도로 고객 수가 적고 그다지 노출되지 않았다는 이점이 있다. 슬퍼하기보다는 이러한 이점을 이용해 눈에 띄지 않게 실험해 보고 제품이 실제 고객으로 검증되면 공개적인 마케팅을 시작하라.[11]

마지막으로 MVP가 나쁜 소식을 내놓기도 한다는 사실에 대비하면 도움이 된다. 전통적인 개념 테스트나 시제품과 달리 MVP는 디자인이나 기술 문제가 아니라 전반적인 사업 문제를 다루도록 디자인됐고 필요한 현실 감각을 주기도 한다. 사실 현실 왜곡장을 꿰뚫기란 그다지 편하지 않다. 비전을 품은 사람들은 부정 오류를 특히 두려워한다. 고객이 기능이 적고 제한되어 있는 제품을 결함이 있다고 거절한다는 것이다. 사전 테스트 없이 회사에서 완전한 형태의 제품을 출시할 때 볼 수 있는 태도가 정확히 이와 같다. 그들은 완전한 제품이 아니면 차마 테스트하지 못한다. 그런데 리더의 이러한 두려움에도 근거는 있다. 전통적인 제품 개발 방법론을 사용하는 팀은 주기적으로 제품을 가져갈 것인지 포기할 것인지를 결정한다. 이것이 폭포수 waterfall 모델이나 단계별 스테이지 게이트 개발 모델의 핵심이다. 만약 MVP가 실패하면 팀은 희망을 잃고 프로젝트를 포기하기 쉽다. 하지만 이것은 해결할 수 있는 문제다.

MVP에서 혁신 회계로

이 딜레마에 대한 해법은 이터레이션에 전념하는 것이다. 당신은 MVP에서 어떤 결과가 나오든 서비스를 포기하지 않겠다는 약속을 미리 해야 한다. 성공하는 창업가는 첫 난관이 오는 신호에 포기하지도, 제자리에 주저앉지도 않는다. 대신 인내와 유연함을 독특하게 조합한다. MVP는 학습 여정의 첫 걸음일 뿐이다. 그 길을 따라가면, 즉 수많은 이터레이션을 거친 후에는 제품이나 전략의 어떤 요소에 결함이 있는지 배우고 비전을 이룰 다른 방법으로 변경해야 할 때인지 알 수 있을 것이다. 나는 이를 방향 전환pivot이라 부른다.

    스타트업은 외부 주주와 투자자(내부 사업의 경우 특히 회사 CFO)의 자신감에 위기가 찾아오면 특히 위험하다. 프로젝트가 승인을 받거나 투자를 유치하면 창업가는 신제품이 세상을 바꿀 것이라 약속한다. 고객은 기록적인 숫자로 몰려들 것이다. 그런데 실제로 그렇게 되는 사람은 왜 그렇게 적을까?

    전통적 경영에서 경영자는 무엇인가를 전달하기로 약속하고 실패하면 곤경에 처한다. 두 가지 가능한 설명만이 있다. 실행 실패이거나 적절한 계획 실패다. 둘 다 똑같이 용서받을 수 없다. 경영자는 까다로운 문제에 직면한다. 계획과 예상은 불확실성으로 가득하므로 약속한 것을 전달하는 데 불가피하게 실패했을 때 어떻게 성공을 주장할 수 있을까? 달리 말하면 우리가 실패했지만 빈둥거리거나 잘못된 방향으로 간 것이 아니라 매우 중요한 어떤 것을 배웠음을 CFO나 벤처 투자자가 어떻게 알 수 있을까?

    이 문제를 푸는 해법이 린 스타트업 모델의 핵심이다. 우리는 모두 발전하고 있는지 파악하고 유효한 학습을 실제로 하고 있는지 발견할 규칙적이고 체계적인 접근 방식이 필요하다. 나는 이 체계를 혁신 회계라 부르는데 전통적인 회계에 대한 대안으로 스타트업을 위해 특별히 디자인됐다. 바로 7장의 주제다.

7
측정

창업 초기에 스타트업은 그저 종이 한 장에 적어 놓은 모델에 불과하다. 추정 재무제표에는 고객 몇 명이 서비스를 사용할지, 매출은 얼마이고, 비용은 얼마인지 등의 내용이 들어간다. 하지만 이러한 내용은 초기 스타트업의 현실과는 거리가 먼 이상에 불과하다.

스타트업이 해야 할 일은 측정 결과가 알려주는 냉혹한 현실을 그대로 받아들이면서 현재 회사가 어느 정도에 와 있는지를 파악하는 일이고, 사업 계획서에 적어 놓은 목표 수치에 더 근접하기 위해 실험을 설계하는 일이다.

모든 제품, 실패한 제품들마저도 사용자가 아무도 없지는 않다. 대다수 제품은 많든 적든 사용자가 있고, 성장하고, 크든 작든 긍정적인 성과를 만들어 낸다. 스타트업에 가장 위험한 일은 이런 상태에서 서서히 죽어갈 수 있다는 점이다. 스타트업 창업가와 직원들은 태생적으로 낙천적인 면이 있다. 실제로 일이 좋지 않은 모양으로 돌아가는 것이 확실하게 보일 때도 자기 아이디어가 옳다고 고집을 부리고 싶어지는 것이다. 이것은 하던 일을 고수하는 것이 좋다는 믿음이 스타트업에서 위험한 이유다. 모두를 아주 힘든 상황에서도 끝까지 밀어붙여서 성공을 거둔 창업가 이야기를 한두 개쯤은 알고 있다. 하지만 안타깝게도 우리는, 힘든 상황에서 끝까지 오랫동안 밀어붙여서 결국에는 망한 무수히 많은 이름 없는 회사들 얘기는 듣지 못한다.

회계처럼 지루해 보이는 일이 어떻게 인생을 바꿀까

사람들은 회계를 재무 보고를 하고 감사에서 살아남는 데 주로 쓰는 무미건조하고 지루한 필요악이라 생각하는 경향이 있다. 어쩌면 회계가 너무나 당연히 해야 할 일로 여겨져서 그럴 수도 있다. 역사적으로 GM General Motors의 알프레드 슬론 같은 경영자 덕분에 회계는 회사를 중앙 집중적으로 관리하는 데 필수 도구가 되었다. 회계를 이용해 GM의 각 부서는 명확한 목표를 설정하고, 각 부서의 매니저들이 이러한 성과를 달성하는지 여부를 측정할 수 있었다. 현대 기업들은 대부분 이러한 방식을 사용한다. 회계는 성공하는 데 필수불가결한 요소다.

하지만 안타깝게도 일반적인 회계는 스타트업 창업가들에게 적합하지 않다. 스타트업은 예측하고 마일스톤을 세우기에는 너무 불확실성이 높다.

최근에 아주 인상적인 스타트업 팀을 만난 적이 있다. 재무는 안정적이었고, 사용자들의 반응이 좋았고, 아주 빠르게 성장하는 팀이었다. 그들이 만드는 제품은 최근에 주목받는 기업용 소프트웨어의 일종으로 소비자 마케팅 기법을 이용하여 대기업에 팔았다. 예를 들어 CIO나 IT 책임자를 대상으로 하는 전통적 영업 방식이 아니라 회사 직원들 간에 입소문을 퍼뜨리는 방식을 사용하는 식이었다. 그 결과로 자신들의 제품을 끊임없이 개선해 나가면서 최신의 실험적인 기술을 사용해 볼 수 있었다. 그들과 미팅을 하면서 나는 스타트업들을 만나면 으레 물어보는 질문을 해 보았다. "제품을 더 좋게 만들고 있나요?" 대답은 항상 "예"다. 그러면 나는 또 물어본다. "어떻게 알 수 있나요?" 이 질문에 대한 대답은 예외 없이 다음과 같다. "우리는 열심히 만들고 있고 지난달에도 몇 가지 기능 개선을 했는데 고객들이 우리가 바꾼 점들을 좋아하는 것 같고, 전체 사용자 수도 이번 달에 더 늘었습니다. 제대로 하고 있는 게 틀림없어요."

보통 스타트업 임원들과 미팅을 하면 이런 식으로 이야기가 진행된다. 마일스톤은 대부분 비슷한 방식으로 세워진다. 제품 개발 마일스톤을 잡고, 사용자 몇 명과 인터뷰해 보고, 사용자 수가 늘어나는지 보는 방식 말이다. 안타깝게도 이런 방식은 스타트업이 실제로 성과를 만들어 내고 있는지 측정하는 방법이 아니다. 우리가 만든 변화들이 우리가 지금 보고 있는 결과들과 연관된 것인지 어떻게 알 수 있을까? 우리가 만들어 내고 있는 변화들에서 우리가 제대로 된 교훈을 끄집어내고 있는 것인지를 어떻게 알 수 있을까? 그 점이 더 중요하다.

이러한 질문들에 대답하려면 스타트업은 파괴적 혁신에 맞춘 새로운 회계 방법이 필요하다. 이것이 바로 혁신 회계다.

다양한 산업에 적용할 수 있는 회계 방식

혁신 회계로 스타트업이 지속 가능한 사업을 키우는 법을 배우고 있음을 객관적으로 증명할 수 있다. 혁신 회계는 5장에서 설명한 사업상의 큰 가정을 정량화된 재무 모델로 바꾸어준다. 모든 사업 계획은 회계와 관련된 모델을 가지고 있다. 그것이 냅킨 뒷면에 휘갈겨 쓴 것이라도 말이다. 그 모델은 미래에 사업이 성공적이라고 평가받을 때 어떤 모습으로 보일지에 대한 가정을 포함하고 있다.

예를 들면 자리 잡은 제조 회사의 사업 계획서 같은 경우에는 매출액 증가에 비례해 이익률이 올라가는 것을 보여 줄 것이다. 제품 판매 후 이익이 마케팅과 판촉에 재투자되면서, 회사는 신규 고객을 확보해 나간다. 성장률은 크게 세 가지에 의지하는데, 첫 번째는 각 고객이 발생시키는 이익, 두 번째는 새 고객 확보에 드는 비용, 세 번째는 기존 고객의 재구매율이다. 이러한 수치가 좋으면 좋을수록 회사는 더 빨리 성장하고 이익은 더 커진다. 이것들이 회사의 성장 모델을 이루는 주요 3요소다.

반대로 판매자와 구매자를 연결해주는 이베이 같이 판매 시장을 제공하는 회사의 경우에는 성장 모델 형태가 다르다. 이러한 회사의 성공은 네트워크 효과를 통해 판매자와 구매자가 만나 거래가 성사되는 장소로 확고히 자리를 잡아야 가능하다. 판매자는 잠재적 고객이 최대한 많은 장소에서 물건을 팔기를 원한다. 구매자들은 판매자들이 열심히 경쟁하여 좋은 제품을 저렴한 가격에 내어 놓는 서비스를 원한다(경제학에서는 이것을 공급 측 증가 수익과 수요 측 증가 수익이라고 부른다). 이러한 종류의 서비스를 제공하는 스타트업에서는 새롭게 유입된 구매자와 판매자의 유지율 retention rate 을 측정하여 네트워크 효과가 동작하는지를 보는 것이 중요하다. 신규 고객 유지율이 아주 좋다고 하면 하면 신규 고객 유치에 큰 신경을 쓰지 않아도 서비스는 크게 성장할 것이다. 이런 회사의 성장 곡선은 이 서비스로 찾아오는 신규 고객 수를 이자율로 하는 복리複利 그래프처럼 성장할 것이다.

앞서 살펴본 두 종류 사업의 성장 요소가 전혀 다르다고 할지라도 우리는 회사 리더들이 염두에 둬야 할 공통적인 프레임워크를 쓸 수 있다. 이 프레임워크는 모델이 달라졌을 때에도 회계 원칙으로 계속 사용할 수 있다.

혁신 회계는 어떻게 작동할까: 세 가지 학습 마일스톤

혁신 회계는 3단계로 동작한다. 1단계는 MVP를 이용해 현재 회사가 있는 위치에서 실제 데이터를 수집하는 것이다. 현재 상태가 어떤지, 그곳이 여러분이 목표한 곳과 아주 멀다고 할지라도, 그것을 알지 못하고는 성과를 측정할 수 없다.

2단계에서 스타트업은 엔진을 계속해서 튜닝해 나가야 한다. 이것은 여러 번 시도해야 가능한 일이다. 스타트업은 회사가 이상향으로 생각하는 방향으로 여러 변화를 만들어 내고, 제품 최적화에 많은 시간을 쓴 뒤에 어떤 의사 결정의 순간을 맞이하게 된다. 이것이 마지막 단계인데, 방향 전환하거나 계속 같은 방향으로 추진해 나갈지를 결정해야 한다.

회사가 스스로 생각하는 이상향으로 좋은 성과를 만들어가고 있다면, 즉 적절한 학습을 해 나가고 있고, 이 학습 결과를 잘 활용하고 있다면, 이것은 계속 진행해도 된다는 말이다. 그렇지 않다면, 회사 경영진은 현재 택한 제품 전략이 본질적으로 잘못되었고, 심각한 변화를 채택해야 함을 인정해야 한다. 회사가 방향 전환을 하면, 앞서 말한 과정을 처음부터 다시 시작해야 한다. 새롭게 출발선을 잡고 거기서부터 엔진을 튜닝해 나가야 한다. 방향을 제대로 바꾸었다는 신호는 이러한 엔진 튜닝 활동이 방향 전환 이전보다 더욱 생산적으로 바뀌었을 때 알 수 있다.

출발선 설정하기

예를 들어 스타트업은 모든 기능을 갖춘 시제품을 만들고, 주 마케팅 채널로 이 제품을 진짜 고객들에게 팔기 시작할 수도 있다. 이 MVP로 회사의 사업에 대한 가정을 대부분 테스트할 수 있고, 각 가정에 대해 현재 기준 지표가 무엇인지 알 수 있다. 또 다른 방법으로는, 각각 다른 MVP를 만들어 한 번에 가정 하나씩에 대해서만 피드백을 받을 수도 있다. 시제품을 만들기 전에 팀은 마케팅 자료들을 가지고 스모크 테스트를 해 볼 수도 있다. 이것은 제품을 만들기 전에 제품을 선주문할 수 있는 기회를 고객들에게 주는 오래된 마케팅 기법이다. 스모크 테스트는 한 가지만을 측정하는데, 고객들이 우리 제품을 써 보고 싶어 할 만큼 충분히 관심 있어 하는가이다. 이것만으로는 서비스 성장 모델을 검증할 만큼 충분하지 않다. 그렇지만 제품 개발에 더 큰 돈과 자원을 투자하기 전에, 팀이 가정하고 있는 것들에 대한 피드백을 받을 수 있는 좋은 기회다.

이러한 MVP들이 학습 마일스톤의 첫 번째 예다. MVP로 스타트업은 성장 모델의 출발선으로 삼을 수 있는 실제 데이터, 이를테면 전환율, 가입률, 고객 생애 가치 등을 얻을 수 있다. 그리고 고객들과 제품에 대한 반응에 대해 알 수 있는 토대를 만들어 준다는 점에서 아주 가치 있다. 그 반응이 아주 좋지 않더라도 말이다.

사업 계획서에서 가정하고 있는 여러 가정 중 하나를 선택해 테스트해야 한다면, 그 중에서 가장 위험한 가정을 먼저 테스트하는 것이 좋다. 이러한 위험한 가정을 완화해 지속 가능한 사업의 이상향으로 향하는 방법이 없다면 다른 가정을 테스트해도 의미가 없기 때문이다. 예를 들면 광고를 팔아야 하는 미디어 사업 같은 경우에는 두 가지 기본적인 가정을 상정하는데, 첫 번째는 정의한 고객군의 관심을 불러일으킬 수 있는가 하는 것이고, 두 번째는 이러한 관심을 광고주에게 팔 수 있는가 하는 것이다. 특정 고객군을 모았을 때 얼마에 광고를 팔 수 있는가 하는 것은 많이 알려져 있으므로 더 위험한 가정은 고객들의 관심을 불러일으킬 수 있는가 하는 것이다. 따라서 첫 실험은 콘텐츠 생산과 관련된 것이어야지, 광고 영업과 관련된 것이어서는 안 된다. 따라서 스타트업은 처음에 파일럿 에피소드나 이슈를 만들어 고객들이 여기에 어떻게 반응하는지를 봐야 한다.

엔진 튜닝하기

출발선을 설정하고 나면 스타트업은 두 번째 학습 마일스톤인 엔진 튜닝을 해야 한다. 스타트업의 모든 제품 개발, 마케팅, 그 이외의 활동은 성장 모델 중 주요 요소를 향상시키는 데 집중해야 한다. 예를 들어 회사가 신규 고객을 위해 서비스 사용성을 더 높이는 디자인 개선에 시간을 쓴다고 하자. 이 말은 신규 고객 활성화율이 성장 모델의 주요 지표이고, 현재 숫자가 회사가 가정하는 것보다 낮을 때 의미가 있다. 이러한 학습이 유효하다는 것을 보여주려면 디자인 변경이 신규 고객 활성화율을 반드시 높여야 한다. 그렇지 않다면 새 디자인은 실패했다고 봐야 한다. 이것은 아주 중요한 원칙이다. 좋은 디자인은 고객 행동을 더 좋게 바꾸어야 한다.

다음 두 스타트업을 비교해 보자. 첫 번째 회사는 현재 상태의 지표가 명확하다. 그리고 이 지표를 어떻게 하면 향상시킬지 명확한 가정과 이 가정을 테스트하기 위한 실험 방법을 알고 있다. 두 번째 스타트업은 모두 모여 앉아 어떻게 하는 것이 서비스를 개선하는 것인지 토론하고, 그중 몇 가지를 한 번에 모두 구현한다. 그리고 어떤 지표라도 좋아졌다면 그것을 함께 축하한다. 둘 중 어느 스타트업이 더 효과적으로 일하고, 더 좋은 성과를 창출할까?

방향 바꾸기 또는 계속해서 밀고 나가기

시간이 지나면서 지속 가능한 사업을 향해 계속 학습해 나가는 스타트업은 MVP를 통해 얻은 끔찍한 지표로부터 사업 계획서에 적어 둔 이상적인 지표로 점점 나아가고 있음을 알게 될 것이다. 스타트업이 그렇게 하고 있지 못하다면, 사업 계획서에 적어 둔 성공의 모습에서 훨씬 더 멀어지고 있음을 느끼게 될 것이다. 이러한 일들이 제대로 수행되고 있다면, 아무리 현실을 왜곡해서 보려고 해도 이 간단한 진실을 외면할 수 없다. 사업 모델의 주요 지표를 향상시키지 않는다면 어떤 성과도 만들어내고 있지 못한 것이다. 그리고 이러한 것들은 방향을 바꾸어야 한다는 명확한 신호가 된다.

IMVU의 혁신 회계

IMVU 초창기에 혁신 회계를 어떻게 했는지 살펴보자. 처음에 만든 MVP는 결함이 아주 많았고, 출시했을 때 판매가 거의 없다시피 했다. 판매율이 자연스럽게 떨어지는 이유가 제품을 못 만들어서 그렇다고 생각했고, 몇 주간 계속 제품 개선에 시간을 썼다. 그리고 이러한 개선 노력이 의미가 있는 것이라고 생각했다. 월말마다 성과를 공유하는 임원 회의를 했다. 임원 회의 전날 밤에 우리는 그동안의 성과를 보여주려고 전환율, 가입 회원 수, 매출액을 분석했다. 몇 번의 회의를 거친 후 우리는 공황 상태였는데, 일련의 제품 개선 활동이 고객 행동에 어떠한 변화도 일으키지 못하고 있었기 때문이다. 임원 회의에서 우리는 제품 개발에서 인상적인 성과를 보여줄 수는 있었지만, 사업적으로는 좋은 결과를 보여줄 수 없었다. 그래서 임원 회의 직전에만 이런 데이터를 분석하는 습관을 버리고, 좀 더 자주 데이터를 분석하여 제품 개발과 피드백 순환을 더욱 강화하기로 했다. 그랬더니 더욱 좌절할 만한 결과를 얻었는데, 제품 개선 활동이 아무런 효과가 없음을 알게 되었다.

하루에 5달러로 제품을 개선하기

우리는 서비스 성장 엔진에 핵심적이라고 할 만한 지표들, 즉 가입 고객, 애플리케이션 다운로드 수, 시험판 사용자 수, 반복 사용 빈도, 구매율을 관리했다. 학습할 충분한 데이터를 얻으려면 각 지표에 대해 더 많은 사용자가 필요했다. 우리는 하루에 5달러의 예산을 책정해 당시에 새롭게 나온 구글 애드워즈로 광고를 시작했다. 그 당시에 한 클릭당 경매할 수 있는 최소 금액은 5센트였고, 최소 사용 금액 자체는 정해져 있지 않았다. 그래서 우리는 거의 돈이 없었지만 계정을 열어 실험을 진행할 수 있었다.[1]

매일 5달러로 100클릭을 샀다. 마케팅 관점에서 이것은 큰 의미가 없는 숫자일 수도 있었지만, 그래도 학습을 해야 하는 측면에서는 무척 소중한 숫자였다. 날마다 새로운 고객들에게 제품의 성과를 측정해 볼 수 있었다. 또 제품에 무언가 변화를 줄 때마다 그 성적표를 바로 그 다음 날 받아볼 수 있었다.

예를 들면, 어떤 날에는 신규 고객을 위한 마케팅 메시지를 실험해 보고, 그 다음 날에는 고객이 제품을 처음 실행하는 방식을 바꾸어 보기도 했다. 다른 날에는 새로운 기능을 추가하거나 버그를 수정하거나 새로운 디자인을 내보내거나 웹 사이트 레이아웃을 바꾸거나 했다. 이런 실험을 할 때마다 우리는 스스로에게 제품을 개선하고 있다고 말했지만, 이런 주관적인 확신은 실험에서 나오는 지표들로 확인되어야 했다.

날마다 우리는 무작위로 실험했다. 매일 실험하는 고객들은 그 전날 실험한 고객들과는 완전히 관련 없는 고객들이었다. 서비스 전체 사용자 수는 계속해서 증가하고 있었지만, 성장의 주요 지표로 삼은 숫자들은 전혀 바뀌지 않고 있었다는 점이 가장 중요했다.

다음은 IMVU 초창기 임원 회의에서 나왔던 그래프다.

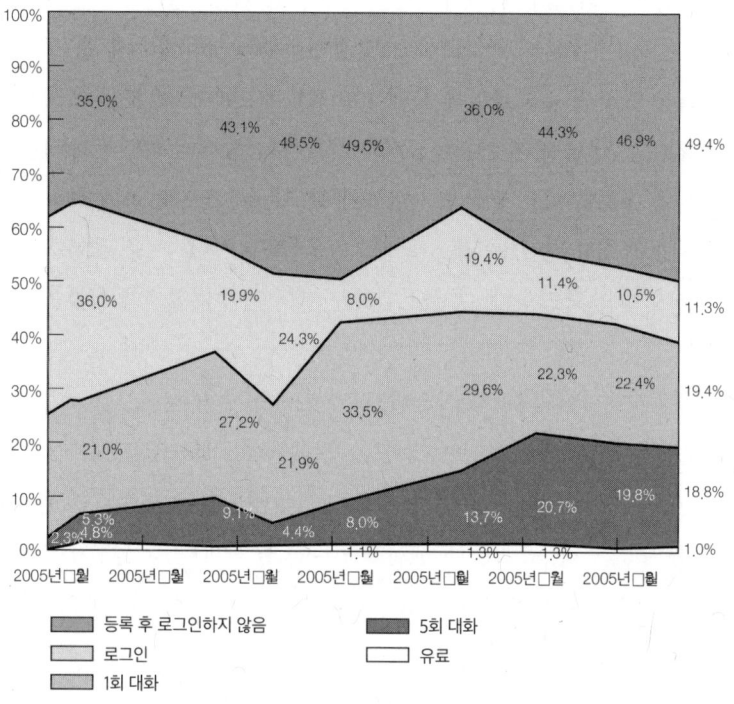

이 그래프는 약 7개월간의 결과를 나타내고 있다. 이 기간 동안 우리는 IMVU 서비스를 지속적으로 개선했다. 매일 새로운 기능을 추가하면서 말이다. 우리는 고객과 1:1 인터뷰를 정말 많이 했고, 제품 개발 팀은 굉장히 열심히 일했다.

코호트 분석

앞의 그래프를 읽으려면 코호트 분석cohort analysis이라는 것을 알아야 한다. 코호트 분석은 스타트업 분석에서 가장 중요한 도구로 여겨진다. 이름은 어렵게 들릴지 몰라도 실제로는 아주 간단하다. 전체 매출이나 전체 사용자 같은 누적 데이터를 보는 것이 아니라 특정 사용자 그룹의 결과를 보는 것이 코호트 분석이다. 각 그룹을 코호트라고 부른다. 앞의 그래프는 각 달에 신규로 가입한 IMVU 사용자의 전환율을 보여준다. 각 전환율은 그 달에 가입한 사용자 중 특정 활동을 수행한 사용자 비율을 의미한다. 예를 들면 2005년 2월에 가입한 IMVU 사용자 중에서, 약 60%의 사용자가 서비스에 최소한 한 번 로그인했음을 보여준다.

기업 영업 경력이 있는 간부의 경우에는 이러한 분석을 고객으로 전환되는 과정을 보여주는 전통적인 영업 지표로 보기도 한다. 린 스타트업도 이 지표를 제품 개발에 사용한다. 이 기법은 다양한 사업에서 모두 유용한데, '플로flow'라는 일련의 사용자 행동이 기업 생존에 아주 중요하기 때문이다. 고객 플로는 회사에서 제공하는 제품과의 인터랙션을 좌지우지한다. 이 방법으로 사업을 정량적으로 이해할 수 있고, 전통적인 누적 통계 방식이 보여주는 것보다 예측 가능성을 더욱 높일 수 있다.

이 그래프를 잘 살펴보면, 그래프가 명확한 추세를 보여준다는 것을 알게 된다. 어떤 제품 개선은 분명히 도움이 된다는 점이다. 가입 후 최소한 다섯 번 서비스를 이용한 고객 비율이 처음에는 5% 미만이었지만 20% 가까이 늘어났다. 이러한 네 배 성장도 있는 반면에, 유료 고객 비율은 계속 약 1%에 머물러 있는 것을 볼 수 있다. 잠깐 이것에 대해 생각해 보자. 몇 달간 수천 가지 개선 사항을 구현하고, 포커스 그룹 인터뷰를 하고, 디자인 세션, 사용성 테스트를 했지만 유료 고객 비율은 거의 변하지 않은 것이다. 더욱 많은 사용자가 우리 서비스를 접하고 있었는데도 말이다.

코호트 분석 덕분에 이러한 실패의 원인을 돈 내기 싫어하는 기존 사용자, 외부 시장 환경, 다른 핑계로 돌리지 않을 수 있었다. 각 코호트는 독립적인 성적표였으므로 노력했지만 성적표에서 연달아 C를 맞는 격이었다. 우리에게 큰 문제가 있음이 확실했다.

나는 작은 조직이기는 했지만 제품 개발 팀을 이끌고 있었기 때문에, 우리 팀에 문제가 있는 것 같다는 생각을 공동 창업자와 나누기 시작했다. 나는 정말 열심히 일했다. 잠을 정말 적게 자면서 더욱 고품질 기능을 만들어내려고 노력했다. 좌절감은 더욱 커져만 갔다. 더는 해 볼 것이 없다고 느껴졌을 때 나는 고객들을 만나기 시작했다. 성장 엔진을 튜닝하는 데 실질적인 성과를 거두지 못하고 있음을 자각하니 고객들에게 올바른 질문을 할 수 있었다.

이런 실패를 경험하기 전, 즉 회사를 갓 시작했을 때, 잠재 고객과 대화를 나누면 우리가 맞는 길을 가고 있다는 확신이 쉽게 들었다. 사실 고객들을 회사로 초대해 1:1 인터뷰와 사용성 테스트를 한 후 부정적인 피드백은 무시했다. 어떤 고객이 우리 서비스를 사용하고 싶어 하지 않으면, 단순히 우리의 대상 고객이 아니라고 생각했다. "그 고객은 테스트에서 빼버려"라고 테스트를 진행하는 직원에게 말했다. "대상 고객이 될 만한 사람을 찾아." 다음 고객이 좀 더 긍정적인 피드백을 주면 나는 타기팅targeting이 맞았다고 생각했다. 부정적인 피드백을 주면 대상 고객이 아니라고 생각하고 또 다른 고객을 찾았다.

반대로 데이터를 손에 쥐고 나서부터는 고객과의 인터랙션이 바뀌었다. 대답을 들어야만 하는 중요한 질문이 너무 많았다. 왜 우리가 만들어내는 제품 '개선'에 고객들이 반응하지 않는 것일까? 왜 노력이 성과로 돌아오지 않는 것일까? 예를 들면 우리는 고객들이 원래 자신들의 친구들과 IMVU를 더욱 쉽게 사용할 수 있도록 많이 노력했다. 안타깝게도 고객들은 이러한 노력에 응답하지 않았다. 더욱 쉽게 사용하도록 개선하는 것은 완전히 잘못 짚은 것이었다. 무엇을 봐야 하는지 알게 되자 상황을 훨씬 빨리 이해하게 되었다. 3장에서 이야기했던 것처럼 이것을 통해 아주 중요한 방향 전환을 하게 되는데, 기존 친구들과 함께 사용하는 메신저 부가 기능 전략에서 새로운 친구들을 만나는 데 사용하는 독립적인 메신저로 방향을 바꾼 것이다. 그러자 생산성에 대한 고민이 갑자기 사라져 버렸다. 우리가 들이는 노력을 고객이 정말 원하는 것에 맞추자, 수행하던 실험들이 고객들의 행동을 더 낫게 바꾸는 데 실질적으로 기여하기 시작했다.

한 달에 1000달러도 안 되는 매출이 나던 때로부터 수백만 달러 매출을 올릴 때까지 이런 패턴을 계속 반복했다. 사실 이것이 성공적인 방향 전환의 신호다. 새로운 실험이 그 전에 했던 실험들보다 훨씬 생산적으로 바뀌는 것이다.

정량적으로 나쁜 성과로부터 실패를 인정하고, 정성적인 연구를 위한 동기, 상황, 여지를 만드는 것이다. 이러한 활동에서 새로운 아이디어, 즉 새로운 가설을 만들어 내고, 실험을 하고 이를 통해 방향을 바꾸어낸다. 이 패턴을 반복해 가는 것이다. 방향 전환을 할 때마다 추가로 수행해야 하는 새로운 실험을 만들고, 이러한 과정이 계속 반복된다. 출발점을 정하고, 엔진을 튜닝하고, 방향을 바꿀 것인지 계속해서 밀고 나갈 것인지를 결정하는 이러한 단순한 리듬을 매번 반복하는 것이다.

최적화 대 학습

엔지니어, 디자이너, 마케터는 모두 최적화에 능숙한 사람들이다. 예를 들어 마케터는 비슷한 고객을 두 개 그룹으로 나눠 각기 다른 메시지를 실험해 봄으로써 두 개 그룹의 응답률을 확인하는 방법을 잘 알고 있다. 엔지니어들은 제품 성능을 향상시키는 방법을, 디자이너는 제품 사용성을 올리는 방법을 잘 안다. 전통적이고 안정된 조직에서는 이러한 제품 개선 노력이 점진적 성과로 돌아온다. 계획을 잘 실행하기만 한다면 이런 노력이 보상을 받게 되는 것이다.

하지만 이런 방식들은 스타트업에서 똑같이 동작하지 않는다. 잘못된 것을 만들고 있다면, 제품 최적화 노력이나 마케팅으로 어떠한 성과도 맺을 수 없을 것이다. 스타트업은 높은 기준을 가지고 성과를 측정해야 하는데, 만든 서비스나 제품을 바탕으로 지속 가능한 사업을 영위할 수 있다는 증거를 찾아야만 한다. 그러한 지표는 스타트업이 명확하고 구체적인 예측을 미리 만들어야만 측정될 수 있다.

이런 예측 없이는, 제품과 전략에 대한 모든 결정이 아주 어려울 뿐 아니라 시간을 많이 잡아먹는다. 자문을 하면서 이런 것들을 몇 번 목격했다. 나는 자기 회사의 엔지니어링 팀이 그다지 열심히 일하지 않는다고 생각하는 스타트업을 방문한 적이 여러 번 있다. 이런 회사들의 특징은 늘 무엇인가 개선 사항이 개발되고 있지만, 사실 더 본질적인 문제는 개발 역량이나 에너지, 노력 부족이 문제가 아니라는 데 있다. 개발 주기를 거듭하면서 회사는 계속해서 열심히 일하는데 사업은 성과를 내지 못하면 전통적인 경영학으로 훈련된 경영자들은 여기에서 당연한 결론을 내는데, 우리 회사가 열심히 일하지 않고 있거나, 일을 잘못하고 있거나, 일을 비효율적으로 하고 있다는 것이다.

그러면 내리막길이 시작된다. 제품 개발 팀은 기획 팀이나 경영 팀에서 받은 스펙대로 열심히 제품을 만들려고 한다. 성과가 좋지 못하면 리더는 기획한 대로 제품이 구현되지 않아 그렇다고 생각하고, 다음 주기에서는 더욱 세밀하게 제품을 기획한다. 기획이 더욱 구체적으로 되면 될수록 기획 과정은 느려지고, 결과를 보기까지 기간은 길어진다. 그리고 피드백은 늦게 돌아온다. 임원이나 CFO가 이 과정에 관련되어 있다면, 이들은 곧 해고될지도 모른다.

몇 년 전 큰 미디어 회사에 제품을 판매하는 어떤 스타트업이 자기네 엔지니어들이 별로 열심히 일하지 않는 것 같다고 자문을 요청한 적이 있다. 하지만 문제는 엔지니어링 팀에 있지 않았다. 문제는 의사 결정을 하는 회사의 프로세스에 있었다. 고객은 있었지만 고객을 잘 이해하지 못하고 있었다. 고객, 영업 팀, 경영진이 요청하는 기능 추가 요구가 넘쳐나고 있었다. 새롭게 추가되는 기능들은 항상 제일 높은 우선순위로 긴급하게 추가되는 기능인 형태였다. 그 결과로 장기 프로젝트는 방해를 받아 지속적으로 중단되고 있었다. 더욱 문제인 것은 여러 기능을 동시에 추가하면서 어떤 것이 고객에게 중요한지 전혀 모른다는 점이었다. 끊임없이 조율하고 개선해 나가고 있었지만 사업 성적표는 늘 지지부진했다.

학습 마일스톤으로 이런 악순환을 방지할 수 있다. 앞서 말한 회사는 아무 의미도 없는 계획을 실현하느라 고생을 하고 있었던 격이다. 혁신 회계 시스템은 회사가 어려움에 처해 있고, 방향 전환을 이뤄 내야 할 때 큰 도움이 된다.

앞의 예에서 제품 개발 팀은 초기에 믿기지 않을 만큼 생산성이 높았는데, 창업자가 목표 시장의 요구를 제대로 읽어냈기 때문이었다. 초기 제품은 버그가 많기는 했지만, 초기 수용자에게 큰 호응을 얻어냈다. 고객들이 요청한 주요 기능들을 서비스에 추가해 나가는 것은 아주 멋진 일로 보였다. 초기 고객들이 제품에 대한 좋은 이야기를 계속해서 소문내 주었기 때문이다. 하지만 아무도 신경 쓰지 않고 있던 질문들이 있었는데 바로 "회사가 제대로 된 성장 엔진을 찾았는가?", "초기 성공이 제품 개발 팀이 실제로 들였던 노력의 결과물이라고 볼 수 있는가?"였다. 대부분의 경우에 대답은 "아니오"였다. 성공은 팀이 과거에 내렸던 결정들 때문이었다. 현재 진행하는 업무들은 모두 아무런 효과가 없는 것들이었다. 그런데 이런 부분들은 알기 어려웠는데, 회사의 모든 측정 지표가 '성장'하고 있었기 때문이다.

이것이 주의해야 하는 위험이다. 큰 회사든 작은 회사든 잘못된 행동을 유도하는 잘못된 측정 지표를 가지고 있을 수 있다. 경영자들은 자신의 회사가 성공적이라는 것을 보여주고 싶어서 광고를 사거나, 과도한 혜택을 제공하고 억지 매출을 올리거나, 화려한 발표에 신경을 많이 쓰는 등 누적 지표가 좀 더 좋게 보이게 하는데 많은 노력을 들인다. 이렇게 성공한 것 같은 착각을 불러일으키는 데 들어가는 노력은 당연히 지속 가능한 사업 구조를 만드는 데 들어가야 옳다. 나는 스타트업의 성공을 측정하는 과거의 전통적인 지표들을 '허무 지표'라고 부른다. 혁신 회계는 이런 허무 지표를 사용하고 싶은 유혹에서 우리를 보호한다.

허무 지표: 주의 사항

허무 지표의 위험성을 제대로 보기 위해 다시 IMVU 초창기를 같이 살펴보자. 이 장의 앞부분에서 설명한 IMVU 그래프를 다시 살펴보자. 이 그래프는 앞의 코호트 스타일 그래프와 같은 시기를 나타내고 있다. 사실 같은 임원 회의에서 사용한 그래프다.

이 그래프는 전통적인 누적 지표의 그래프다. 전체 회원 수와 전체 유료 회원 수를 나타낸다. 전체 매출 그래프 역시 비슷하다. 이렇게 살펴보면 전부 다 잘 되어가고 있는 것 같다. 그래서 이것을 허무 지표라고 부른다. 이 그래프만 보면 앞으로 다 잘될 것만 같기 때문이다. 급성장하는 회사들이 공통으로 보여주는 하키 채 형태의 성장

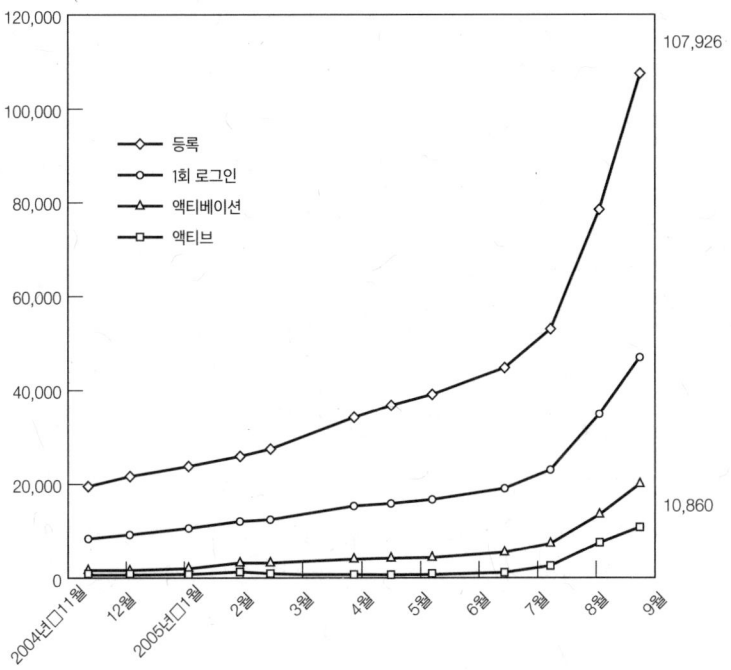

그래프를 보게 되는 것이다. 이런 숫자들에 집중하는 한(가입 고객과 전체 수익 증가), 제품 개발 팀이 엄청난 성과를 내고 있다고 믿게 될 것이다. 회사 성장 엔진은 제대로 작동되고 있다고 생각할 것이다. 매달 새로운 고객이 유입되고 투자에 대한 이익이 발생한다. 이 추가 이익으로 다음 달에 새로운 고객을 유치하고 이렇게 성장이 시작된다고 믿게 된다.

하지만 코호트 스타일로 그린 그래프를 다시 살펴보자. IMVU에 새로운 고객은 계속 들어오고 있지만 코호트 그룹에서 성과는 없었다. 엔진은 켜져 있었지만, 엔진 튜닝 성과는 없다고도 볼 수 있었다. 전통적인 그래프만으로는 IMVU가 지속 가능한 사업 구조를 만들어내고 있는지 알 수 있는 방법이 없었다. 그리고 제품 뒤에 있는, 스타트업이 실제로 가져야 하는 결과를 얻고 있는지 여부도 알 수 없었다.

스타트업이 총 고객 수 같은 허무 지표를 사용하면 혁신 회계는 동작하지 않는다. 유일한 대안은 사업성과를 판단하고 학습 마일스톤을 평가하는 실행 지표다.

실행 지표 대 허무 지표

좋은 지표의 중요성에 대해 알기 위해 그로킷Grockit이라는 회사의 예를 살펴보자. 이 회사 창업자 파브 니비Farbood Nivi는 GMAT경영대학원 입학시험, LSAT법과대학원 입학시험, SAT 등을 준비하는 입시생을 돕는 프린스턴 리뷰Princeton Review와 캐플런Kaplan이란 영리 교육 회사에서 교사로 10년간 일했다. 그는 학생 참여도를 상당히 높이는 방식으로 수업을 진행해 학생들의 환영을 받았고 승진도 했다. 또 회사에서 올해의 교사상을 수상하기도 했다. 그런데 파브는 회사에서 사용하는 전통적인 수업 방식에 불만이 많았다. 매일 6~9시간씩 학생 수천 명을 대상으로 가르치다 보니 새로운 접근 방식을 실험할 기회가 많았다.[2]

시간이 지나면서 파브는 일대다 교습 방식의 전통적인 수업 모델이 학생들과 맞지 않다고 생각하게 되었다. 그래서 선생이 주관하는 수업, 개인 숙제, 그룹 공부를 결합한 새로운 방식의 수업을 고안했다. 특히 파브는 학생들이 서로에게 영향을 주면서 학습해 나가는 방식이 매우 효과적이라는 사실에 매료되었다. 학생들은 서로 도울 수 있을 때 두 가지 혜택을 받는다. 첫째, 선생이 알려주는 것보다 더 쉬운 방식으로 설명을 들을 수 있고, 둘째 다른 사람에게 설명해 주면서 아는 것을 더욱 잘 알게 된다. 시간이 지나면서 파브의 강의는 더욱 유명해졌다.

수업을 이렇게 진행하면서 파브는 자신이 교실에 있는 것이 별로 중요하지 않음을 알게 되었다. 파브는 여기에서 중요한 통찰을 얻게 된다. "내가 수업에서 진행하는 소셜 학습 모델이 잘 된단 말이지. 그렇다면 이걸 그대로 웹에 올려서 해 볼 수 있지 않을까?" 파브의 아이디어는 수업료가 비싸서 캐플런이나 프린스턴 리뷰에 다닐 수 없는 학생들에게도 수업 기회를 제공하는 것은 물론 더욱 비싼 개인 교습 시장까지 통째로 바꿀 수 있겠다는 것이었다. 이런 통찰에서 그로킷이 탄생했다.

"SAT이든 대수학이든 공부하는 방법은 크게 세 가지밖에 없습니다. 선생들에게서 배우거나 혼자서 하거나 친구들과 함께 공부하거나죠. 그로킷은 세 가지 방법을 모두 제공합니다. 기술을 잘 사용해 이 세 가지 방법을 최적으로 조합해 제공하는 것입니다." 파브가 그로킷에 대해 설명했다.

파브는 전형적인 창업가이자 비전가였다. 파브는 자신의 통찰을 이렇게 풀어서 설명했다. "기존에 수업을 어떤 방식으로 했는지는 이제 잊어버립시다. 무엇이 가능한지는 잊어버리고, 지금의 학생들과 기술만을 염두에 두고 교육을 다시 설계해야 합니다. 교육 시장에는 수십억 달러 규모의 회사가 많아요. 하지만 그 회사들은 우리가 필요로 하는 방식대로 혁신을 이뤄내고 있지 못해요. 그래서 우리는 그들이 필요 없습니다. 제게 가장 중요한 것은 학생들이고, 저는 학생들이 자신들이 제대로 받아야 할 교육적 권리를 제대로 누리고 있다고 생각하지 않습니다."

오늘날 그로킷은 교육 프로그램을 아주 다양하게 제공하고, 초창기부터 린 스타트업 방법론을 따랐다. 그로킷은 MVP를 만들었는데, 웹엑스WebEx라는 유명한 웹 비디오 컨퍼런스 도구를 사용해 수업을 진행하는 방식이었다. 새롭게 만든 소프트웨어나 기술은 전혀 없었다. 그가 하고 싶었던 것은 새로운 교육 방법을 인터넷에서 실험해 보고 싶은 것뿐이었다. 새로운 교육 방식은 빨리 소문이 났고, 몇 달 만에 파브는 괜찮은 온라인 교육 사이트로 인정받아 월 매출이 1만 달러에서 1만 5000달러에 이르렀다. 하지만 야심이 있는 다른 사업가와 마찬가지로 파브는 먹고 살려고 MVP를 만든 것이 아니었다. 그는 이 세상 모든 학생이 더욱 협력적이고 효과적인 방법으로 교육을 받기를 원했다. 초기에 이룬 이런 성과 덕분에 파브는 실리콘밸리에 있는 가장 명성이 높은 투자자의 투자를 받을 수 있었다.

처음 파브를 만났을 때 그의 회사는 이미 성공 가도를 달리고 있었다. 이미 벤처 투자자에게서 투자를 유치했고, 멋진 팀을 만들었고, 실리콘밸리의 유명한 스타트업 경연 대회에서 멋지게 데뷔한 상태였다.

그들은 프로세스 중심으로 일을 진행하고, 모든 것에 원칙이 있었다. 샌프란시스코에 있는 피보털 랩Pivotal Lab이라는 회사와 협력 관계를 맺고, 제품 개발에 익스트림 프로그래밍Extreme Programming으로 알려진 애자일 방법론을 철저하게 지키고 있었다. 그들의 초기 제품은 여러 미디어에서 많은 주목을 끌었다.

그런데 문제가 하나 있었다. 서비스 사용자 수가 별로 늘지 못하고 있었다. 문제가 실행이나 원칙의 실패가 아니라는 점에서 그로킷은 좋은 사례 연구가 될 수 있다.

그로킷에서는 일반적인 애자일 방법론을 따르면서 스프린트sprint라는 한 달 반복 주기로 개발을 진행했다. 스프린트마다 파브는 사용자 스토리user story: 애자일 개발 기법 중 하나를 쓰면서 그달에 해야 하는 일의 우선순위를 정했다. 기술적 관점에서 신기능 명세를 적는 것이 아니라 고객 관점에서 중요한 시나리오를 적는 것이다. 이런 사용자 스토리는 엔지니어들이 개발 과정 전반에 걸쳐 고객들이 중요하게 생각하는 문제에 집중하는 데 도움이 된다.

각 기능은 쉬운 언어로 표현하기 때문에 기술적인 배경이 있든 없든 누구나 쉽게 이해할 수 있다. 애자일 방법론을 충실히 실행하는 까닭에 파브는 사용자 스토리의 우선순위를 필요할 때마다 바꾸었다. 고객이 무엇을 중요하게 생각하는지 알게 될 때마다, 파브는 앞으로 개발해야 할 사용자 스토리를 모아둔 제품 백로그product backlog에 그것을 적어 두었다. 우선순위를 조정하는 데서 단 한 가지 제약은 지금 진행 중인 작업을 방해하지 않는다는 것이었다. 사용자 스토리는 보통 하루나 이틀 정도에 모두 구현이 끝나는 정도의 크기로 작성했다(여기에 대해서는 9장에서 더 자세히 설명하겠다).

이런 애자일 개발 방법론은 몇 가지 명확한 장점이 있다. 방향을 기민하게 바꿔 개발을 잘 해낼 수 있고 제품을 관리하는 총책임자의 사업적 요구를 빠른 시간 안에 반영할 수 있었다(여기에서 제품을 관리하는 총책임자는 파브였다).

스프린트가 끝날 때마다 팀은 어떤 느낌이었을까? 그들은 새로운 기능을 꾸준히 추가했다. 그리고 고객들로부터 꾸준히 피드백을 수집했는데, 그중 몇 명은 새로운 기능이 좋다고 표현했다. 그리고 개선되었음을 증명하는 데이터가 항상 어느 정도는 있었다. 총 고객 수, 학생들이 답하는 질문 수, 반복해서 서비스를 사용하는 사용자 수가 증가했다.

하지만 파브와 그 팀은 회사 성장에 대해 본질적인 의문을 느꼈다. 사용자 수가 늘어난 것이 정말로 개발한 것들 때문에 일어난 것일까? 아니면 혹시 신문에 그로킷에 대한 기사가 실려 사용자 수가 늘어나지는 않았을까? 나는 그로킷 팀을 만나 이런 질문을 했다. "파브가 내린 우선순위 조정의 결정들이 맞았다는 것을 어떻게 알 수 있었나요?"

그들의 대답은 다음과 같았다. "글쎄요 그건 우리가 신경 쓸 부분이 아니에요. 파브는 결정하고, 우리는 실행하거든요."

그 당시에 그로킷은 MBA 입학을 위해 GMAT 준비를 하는 학생들을 제1 목표로 서비스를 하고 있었다. 서비스에 가입한 고객들은 같은 시험을 준비하는 동료 학생들로부터 도움을 받을 수 있었다. 서비스는 잘 되었다. 그로킷에서 GMAT을 공부한 학생들은 예전에 비해 더 높은 점수를 받았다. 하지만 그로킷에도 중견 스타트업의 문제점이 똑같이 있었다. 어떤 기능에 가장 높은 우선순위를 두고 진행해야 할지, 더 많은 고객이 가입하고 유료 고객으로 전환되게 하려면 어떻게 해야 할지, 서비스가 더 많이 소문이 나려면 어떻게 해야 할지 여러 고민이 있었다.

"우선순위를 정할 때 맞게 하고 있다는 것에 얼마나 확신이 있나요?"하고 파브에게 물어보았다. 다른 창업자들과 마찬가지로 그 역시 몇 가지 근거 데이터와 추론에 기반을 두고 그렇다고 대답을 했다. 하지만 그 대답에도 많은 모호함과 논쟁거리가 포함되어 있었다.

파브는 자신이 하는 사업에 확고한 비전이 있었다. 하지만 그로킷이 그 비전을 충분히 잘 실행하고 있는지에 대해서는 의문이 있었다. 제품은 날마다 개선되고 있었지만 이 개선이 고객에게 실제로 유의미한지 알고 싶어 했다. 이 문제를 해결하는 데 파브가 열쇠를 쥐고 있었다. 처음 정한 비전을 고집하기만 하는 다른 비전가들과는 달리 파브는 필요하다면 자신의 비전을 테스트해 볼 용의가 충분히 있었다.

파브는 그로킷이 성공할 수밖에 없다는 팀의 믿음을 굳건히 유지하려고 열심히 일했다. 그는 배를 운전하는 사람의 확신이 떨어지면 팀원들의 사기가 다 떨어질 거라고 우려했다. 파브는 그로킷 팀이 진정으로 학습하는 문화를 받아들일 수 있을지 확신할 수 없었다. 결국 이것은 애자일 개발의 득실인데, 개발자들은 끊임없이 변화하는 사업 결정에 잘 따르기는 하지만, 사업 결정 자체의 질에 대해서는 책임을 지지 않는다.

애자일 방법론은 개발자 관점에서는 효율적인 개발 시스템이다. 이것을 통해 개발자들은 기능 개발과 기술적 설계에 집중할 수 있다. 그런데 그 프로세스를 배워야 하므로 기존 생산성이 떨어질 가능성도 있다.

린 생산 기법 역시 공장에 도입될 때 비슷한 문제를 겪었다. 간부들은 각 기계 운용률에 집중했다. 공장은 모든 기계의 운용률을 최대한 높이도록 설계되어 있다. 기계 관점에서 봤을 때 이것은 효율적이지만, 전체 공장의 생산성 관점에서 봤을 때는 가끔씩 심하게 비효율적이기도 하다. 시스템 이론에서 말하듯이 시스템 부분 최적화가 전체 시스템을 약화시키기도 한다.

파브와 그로킷 팀이 알지 못하고 있었던 것은 그동안의 성과 측정이 허무 지표에 기반을 두고 있었다는 사실이다. 전체 고객 수와 서비스된 전체 질의응답 수를 핵심 지표로 삼고 있었던 것이다. 이 지표를 핵심으로 해서 그로킷 팀은 일을 진행하고 있었다. 그래서 실제로는 큰 성과를 거두고 있지 못할 때에도 회사가 앞으로 나아가고 있다고 착각하였다. 흥미로운 점은 파브의 방법이 린 스타트업 학습 기법을 아주 피상적으로 따라한 것이었다는 점이다. 초기 제품을 시장에 빨리 출시했고 이때부터 기본이 되는 측정 지표를 가지고 있었다. 반복 주기가 짧았고 매 반복 주기는 고객 지표를 개선한 정도에 따라 평가되었다.

하지만 그로킷은 허무 지표를 사용하고 있었으므로 회사가 정말 개선되고 있다고 보기는 어려웠다. 파브는 고객 피드백을 받을 때마다 좌절했다. 고객과 관련한 측정 지표는 매번 바뀌었는데, 어떨 때는 총 사용량을 보기도 했고, 어떨 때는 가입자 수를 보기도 했다. 무엇을 보는가에 따라 지표는 오르락내리락했다. 그래서 어떤 것이 좋은 결과를 가져왔고 어떤 것이 나쁜 결과를 가져왔는지 원인과 결과를 정확하게 분석하기 어려웠다. 이런 상황에서 일의 우선순위를 조정하는 일은 너무 어렵다.

파브는 회사 안의 데이터 분석가에게 이런 질문을 던지기 시작했다. 예를 들어 기능 X를 개발했을 때, 이것이 고객 행동에 어떤 영향을 미쳤는가? 하지만 이 질문에 대답하려면 너무 많은 노력이 필요했다. 정확히 언제 기능 X를 고객들이 사용하기 시작했는가? 어떤 고객들이 그 기능을 사용하기 시작했는가? 그 당시에 같이 추가된 다른 기능은 없는가? 혹시 크리스마스 같은 시기적인 요소들이 영향을 미치지는 않았는가? 이런 질문들에 대답하려면 데이터를 분석하고 또 분석해야 했다. 그래서 보통 이런 질문들에 대답하는 데 몇 주가 걸렸다. 그러는 동안 팀은 새롭게 조정된 우선순위에 따라 일을 하고 급한 일들을 먼저 처리했다.

다른 수많은 스타트업과 비교해서 그로킷 팀은 큰 장점이 있었다. 그들은 원칙이 있었고 그에 따라 움직이고 있었다. 원칙에 따라 움직이는 팀도 잘못된 길로 들어설 수 있지만, 한 번 잘못된 것을 알고 나면 곧바로 방향을 수정할 수 있다. 더 중요한 것은 원칙이 있는 팀은 그들만의 일하는 방식을 계속해서 실험하고, 이를 통해 의미 있는 결론을 이끌어낸다는 점이다.

코호트와 스플릿 테스트

그로킷은 사용하던 지표를 두 가지 방식으로 바꾸었다. 누적 지표를 보는 대신 코호트 방식으로 지표를 보기 시작했다. 어떤 일이 일어나고 그 원인이 무엇이었는지 생각하는 대신 새로운 기능을 내놓을 때마다 스플릿 테스트split test 실험을 시행했다.

스플릿 테스트 실험은 고객들에게 두 가지 다른 버전의 서비스를 동시에 제공하는 것을 말한다. 이 두 그룹 간에 고객 행동 차이를 살펴봄으로써 새로운 기능의 의미에 대해 알 수 있게 된다. 이 기술은 광고 우편 업자들이 처음 개발한 기술이다. 예를 들어 제품 카탈로그를 보내는데, 새 카탈로그 디자인을 테스트해보고 싶다면 새 디자인의 카탈로그를 고객의 절반에게, 옛 카탈로그를 나머지 절반에게 보내는 것이다. 좀 더 정확한 결과를 보장하려면 두 가지 카탈로그는 디자인 이외에는 완벽하게 똑같아야 한다. 새 디자인이 효과적인지를 알아보기 위해 할 일은 두 개 그룹에서 매출이 얼마나 일어나는지를 살펴보는 것이다(이 방법은 두 개 그룹에 A, B 이름을 붙인 데서 A/B 테스트라고도 부른다). 보통 스플릿 테스트는 마케팅에서 많이 쓰는 방법인데, 린 스타트업 방법론에서는 이것을 제품 개발에 활용한다.

이러한 변화는 파브가 사업을 이해하는 데 큰 변화를 가져왔다. 스플릿 테스트는 종종 깜짝 놀랄 만한 결과를 가져온다. 예를 들어 엔지니어와 디자이너가 볼 때 무척 뛰어난 기능이 고객들에게는 아무런 행동 변화도 일으키지 못하는 경우가 있다. 그로킷에서도 똑같은 일이 일어났다. 스플릿 테스트는 두 가지 다른 버전을 개발해야 하므로 더 많은 시간과 에너지를 소비하는 것처럼 보이지만, 장기적으로 볼 때는 고객에게 필요 없는 기능을 만드는 시간을 아껴준다는 점에서 더 이익이다.

스플릿 테스트는 고객들이 무엇을 원하고 무엇을 원하지 않는지에 대해 팀이 더 잘 이해하는 데 도움이 된다. 그로킷 팀은 고객들이 서로 상호 작용할 수 있는 방법을 계속 늘려 나갔는데, 이런 소셜 인터랙션이 제품 가치를 더욱 높여준다고 믿었기 때문이다. 그런 노력의 기저에는 고객들이 공부하는 중에 더 많은 의사소통이 필요하리라는 믿음이 있었다. 스플릿 테스트를 통해 이런 부가적인 의사소통 기능이 고객 행동에 아무런 변화를 가져오지 않는다는 점을 알았을 때 팀의 믿음은 질문으로 바뀌기 시작했다.

이런 질문은 그로킷 팀이 고객에 대해 더 잘 이해하는 데 도움이 되었다. 그들은 고객 행동에 더 큰 영향을 주는 기능이 무엇이 있을지 브레인스토밍을 했다. 사실 이런 아이디어가 새로운 것은 아니었다. 그동안에는 소셜 커뮤니케이션 기능을 만드느라 이런 부분들을 무시했던 것이었다. 그 결과로 그로킷은 개인 집중 공부 모드를 만들었다. 개인 집중 모드에서는 게임 같은 레벨 제도와 모험quest 수행이 있었는데, 고객들은 혼자 공부할지 동료와 함께 공부할지 선택할 수 있었다. 파브의 원래 강의실에서처럼 이것은 아주 효과적인 방법이었다. 스플릿 테스트를 해보지 않았다면 그로킷 팀은 이런 것을 깨닫지 못했을 것이다. 여러 차례 실험을 통해 그로킷 팀이 확신하게 된 것은 학생들이 더욱 열심히 서비스를 사용하게 하는 열쇠는 개인 집중 공부 모드와 동료와 함께 공부하는 소셜 모드를 잘 결합하는 데 있었다. 학생들은 어떻게 공부할지를 스스로 선택하고 싶어 했다.

칸반

린 제조 기법 중 하나인 칸반Kanban을 사용하면서 그로킷은 제품 개발 중 우선순위 조정 과정을 바꾸게 되었다. 새로운 시스템에서는 사용자 스토리가 유효한 학습으로 이어지지 않으면 완전하지 않은 것으로 본다. 그래서 사용자 스토리는 제품 백로그에서 대기 중, 개발 중, 완료(기술적 관점에서 구현이 끝난 기능), 유효화 작업이 진행 중, 이 네 가지 상태로 분류된다. 유효하다는 것은 '사용자 스토리가 그대로 실행하기에 좋은 생각인지 아는 것'이다. 대부분의 경우 이 유효화는 고객 행동 변화를 보여주는 스플릿 테스트 결과를 통해 알게 되지만 사용자 인터뷰나 조사를 통해 알기도 한다.

칸반 규칙은 앞의 네 가지 상태에 있는 사용자 스토리를 관리하는 역할을 한다. 사용자 스토리가 한 상태에서 다른 상태로 이동하다 보면 한 상태의 바구니가 다 찬다. 이 상태가 되면 더는 스토리를 받을 수 없다. 사용자 스토리가 유효하다고 결론이 났을 때만 칸반 보드에서 스토리를 없앨 수 있다. 유효화 결과 사용자 스토리가 고객에게 좋지 않은 영향을 미쳤다고 결론이 나면 관련 기능은 제품에서 전부 빠진다(다음 도표 참고).

사용자 스토리가 상태가 이동함에 따라 변하는 칸반 다이어그램

(한 상태는 동시에 스토리를 세 개 이상 가질 수 없다)

백로그	진행 중	개발 완료	유효화 작업 중
A	D	F	
B	E		
C			

A 관련 작업은 백로그에 올라 개발을 기다리고 있고, D와 E는 개발이 진행 중이고, F는 유효화 작업을 기다리고 있다.

백로그	진행 중	개발 완료	유효화 작업 중
G		D	F
H	B	E	
I	C	A	

F는 유효화 작업이 완료되었고, D와 E는 유효화 작업을 기다리고 있다. G, H, I는 새롭게 진행되어야 하는 기능들이다. B와 C는 개발이 진행 중이다.

백로그	진행 중	개발 완료	유효화 작업 중
	G	D	F
H→	B→	E	
I→	C→	A	

B와 C는 개발이 완료되었더라도 칸반 시스템에서는 A, D, E가 유효화 작업이 완료되기 전까지는 다음 바구니로 이동할 수 없다. H, I도 마찬가지로 다음 바구니가 비기 전까지는 일을 시작할 수 없다.

나는 이 시스템을 여러 팀에 적용해 보았다. 그랬을 때 초기 결과는 항상 불만족스러웠다. 각 바구니는 금방 가득 찼으며, 새로운 일을 시작할 수 없는 상태에 금방 이르고는 했다. 완성한 사용자 스토리를 바탕으로 주의 깊게 생산성을 측정해오던 팀들은 막힌 느낌을 받았다. 개발은 끝났으나 아직 유효화 작업이 끝나지 않은 기능을 조사해야 신기능 개발을 시작할 수 있었다. 이런 일들은 엔지니어링과는 상관없는 일들이 많은데, 고객 인터뷰를 하거나 스플릿 테스트 데이터를 들여다보는 것 같은 일들이다.

하지만 이런 프로세스에 사람들은 금방 적응했다. 엔지니어들이 테스트와 유효화 작업까지 관여하고 있어서 한 번에 수행하는 일의 단위가 커졌다. 엔지니어들이 자기 생산성을 높이기 위한 방법을 고민하기 시작하면서 일을 시작할 때부터 유효화 작업을 포함하면 팀 전체가 훨씬 더 생산성이 높아지리라 생각하기 시작했다.

예를 들어 스플릿 테스트 실험의 일부가 아닌 신기능을 왜 개발하는가? 단기적으로는 생산성이 올라갈 수 있지만 후에 테스트하고 유효화하는 부분까지 생각해 보면 결국 더 많은 시간을 쓰게 된다. 엔지니어들이 이해할 수 없는 사용자 스토리에도 똑같은 논리가 적용된다. 과거 시스템 아래에서 엔지니어들은 그냥 기능을 개발하기만 하고, 나중에 그것이 무엇을 위한 것이었는지 알게 된다. 새로운 시스템 아래에서 이것은 아주 반생산적인 행동이다. 명확한 가정 없이 어떻게 사용자 스토리를 검증할 수 있겠는가? 비슷한 예를 IMVU에서도 보았다. 신입 엔지니어가 상대적으로 사소한 수정 사항에 대해 임원과 의견 대립하는 것을 본 적이 있다. 그 엔지니어는 새로운 기능은 무조건 스플릿 테스트를 거쳐야 한다고 주장했고, 그의 동료가 옆에서 편들어 주었다. 누가 그 기능을 넣으라고 말했는지 상관없이 모든 기능은 일상적으로 스플릿 테스트를 거쳐야 하는 게 당연한 것이었다(부끄럽게도 스플릿 테스트 없이 넘어가자고 주장하는 임원이 나인 경우가 많았다). 조직 문화에 이런 확고한 원칙이 서 있으면 직위에 따라서가 아니라 아이디어 자체로 평가받게 된다.

가장 중요한 것은 이러한 문화에 적응한 팀은 유효화 결과를 대상으로 해서 해당 팀의 성과를 측정하지, 만들어 낸 기능을 중심으로 팀 성과를 측정하지 않는다.

그로킷의 가설 테스트

그로킷이 이런 변화를 겪은 후 그 결과는 아주 놀라웠다. 그로킷은 주요 기능인 나중에 등록하기라는 기능을 테스트해 보고 지속적으로 지원할 만한 투자 가치가 있는지 알아보기로 했다. 그들은 이 기능에 대해 아주 확신하고 있었는데, 이 기능을 온라인 서비스의 모범 사례라 여겼기 때문이다. 이것은 사용자가 온라인 서비스를 사용하면서 처음부터 등록할 필요 없이 서비스의 장점을 다 경험해 본 후 필요한 때 등록하는 기능이었다.

학생들에게 나중에 등록하기 기능은 다음과 같이 동작했다. 그로킷 웹 사이트에 처음 방문하면 같은 시험을 공부하고 있는 다른 학생들의 공부 모임에 참여하게 된다. 이름이나, 이메일 주소, 신용카드 번호 등을 전혀 넣지 않고도 서비스를 이용할 수 있다. 서비스를 당장 사용하는 데 방해 요소가 전혀 없는 것이다. 학생들이 이런 새로운 공부 방식을 경험해 보기만 한다면 모두가 받아들이리라는 가정을 그로킷에서는 꼭 테스트해야 했다.

이 가설 때문에 그로킷은 세 종류로 전체 사용자를 구분해서 관리해야 했는데, 미등록 사용자, 등록 사용자, 고급 서비스를 사용하는 유료 사용자 그 세 그룹이었다. 이렇게 사용자를 세 그룹으로 나눈 것 때문에 부가적인 일이 참 많았는데, 수업 종류가 많아질수록 개별 수업에서 각 그룹의 사용자를 관리해야 했고, 각 그룹의 사용자를 다음 그룹으로 옮기려고 마케팅을 많이 해야 했다. 그로킷은 나중에 등록하기 기능을 꼭 넣어야 하는 기능으로 생각했는데, 왜냐하면 그것이

이 업계에서는 표준처럼 인식되고 있었기 때문이었다.

　나는 간단한 스플릿 테스트를 시도해 보라고 권했다. 고객 중 한 그룹을 그로킷의 기본 마케팅 자료만 보여주고 바로 가입하게 한 후에, 이 그룹을 기존 그로킷 사용자 그룹과 비교해 보았다. 놀랍게도 바로 가입한 사용자 그룹의 행동은 나중에 등록하기 기능을 사용하는 일반 사용자 그룹과 아무런 차이도 보이지 않았다. 등록, 활성화, 이어지는 유지율까지 모든 측면에서 비슷한 지표를 보여주었다. 바꿔 말하면 모두가 나중에 등록하기 기능이 업계 모범 사례라고 인식했지만, 이와 관련된 수많은 일은 실은 낭비였던 셈이다.

　이 실험으로 낭비를 줄인 것 외에 알게 된 더욱 중요한 사실은 고객들이 그로킷에 관해 어떤 판단을 내릴 때 직접 해 보는 경험 이외의 다른 점이 작용한다는 사실이었다.

　다른 학생들과 공부 모임을 하기 전에 등록하게 한 사용자 그룹을 좀 더 주의 깊게 살펴보자. 이들은 가입 페이지에 적혀 있는 기본 정보만 보고 가입해서 그로킷 서비스에 대해 아는 점이 아주 적었다. 반대로 나중에 등록하기 기능을 사용한 사용자 그룹은 실제로 공부 모임을 한 후 등록했기 때문에 제품에 대해 아주 많은 정보를 갖고 있었다. 이렇게 서로 정보량이 엄청나게 다른데도 이 두 그룹의 행동에는 차이가 없었다.

　이는 그로킷의 포지셔닝 및 마케팅 방법을 바꾸는 것이 새로운 기능을 만들어 넣는 것보다 고객에게 더 큰 영향을 끼친다는 점을 의미했다. 이것은 그로킷이 실험했던 여러 중요한 실험 중 단지 초기의 몇 가지에 불과했다. 서비스 초기 동안 그로킷은 사용자층을 아주 빨리 확대해 나갔다. 그로킷은 현재 GMAT, SAT, ACT, GRE 등의 다양한 시험 준비 과정을 비롯해 온라인 수학·영어 과정까지 다양한 수업을 제공한다.

그로킷은 계속 개선점을 찾아가면서 프로세스를 발전시켜 나가고 있다. 샌프란시스코 사무실에서 20명 약간 넘는 직원들로, 내내 회사의 특징이 된 신중하고 계획적인 접근 방식을 똑같이 운영해 나가고 있다. 100만 명에 가까운 학생들의 공부를 도왔으며, 앞으로 사용자는 더 많이 늘어날 것으로 전망된다.

3A의 가치

그로킷이 보여준 이러한 예들은 A로 시작하는 3개 지표, 행동하기 얼마나 좋은가actionable, 접근할 수 있는가accessible, 현실을 반영하는가auditable의 중요함에 대해 말해준다.

행동하기 얼마나 좋은가

행동에 옮기기 좋다는 것은 원인과 결과가 명확하다는 말과 같다. 그렇지 않다면 이것은 허무 지표가 된다. 그로킷 팀이 팀 학습 결과물의 성과를 측정하는 데 사용한 보고서는 같은 결과를 얻기 위해 어떤 행동을 하면 되는지를 명확하게 알려주었다.

반대로 허무 지표는 이렇게 할 수 없다. 회사 웹 페이지 PVpage view에 대해 생각해 보자. 이달에 PV가 4만이라고 해 보자. 더 높은 PV를 얻기 위해 무엇을 하면 될까? 이것은 새로운 페이지 방문이 어디에서 오는가에 따라 다르다. 이것은 새로운 방문자 4만 명일 수도 있고, 아주 여러 페이지를 방문하는 소수의 적극적인 고객일 수도 있다. 이 결과가 새로운 마케팅이나 홍보의 결과물은 아닌가? 그리고 그 이전에 PV를 어떻게 정의하는 것이 정확할까? 한 페이지를 세야 할까? 페이지 안에 포함되어 있는 이미지나 멀티미디어 콘텐츠는 하나하나 세면 안 되는 것인가? 측정 단위에 대해 회의에서 토론해 본 사람이라면 이 문제를 잘 알 것이다.

허무 지표는 사람들에게 좌절감을 주는데, 사람 마음의 연약함에 기대기 때문이다. 내 경험상 숫자들이 좋게 나오면 사람들은 그 당시에 자신이 무슨 일을 하고 있었는지에 상관없이 그것 때문에 숫자가 올랐다고 생각한다. 그래서 좋은 결과가 나면 마케팅 사람들은 홍보나 마케팅 노력 때문이라고 생각하고, 엔지니어들은 신기능을 만들어 붙였기 때문이라고 생각하는 것이 일반적이다. 정확하게 무엇 때문에 좋은 실적이 나왔는지 알기는 아주 어렵다. 그래서 대부분의 경우에 경영자들은 자기 경험에다 회의 참석자들의 의견을 잘 조합해 적당히 결론을 낸다.

안타깝게도, 숫자가 좋지 않게 나오면 사람들의 반응은 아주 다르게 나타난다. 다른 누군가가 잘못해서 실적이 좋지 않다고 생각하는 것이다. 사람들은 대부분 자기 부서는 제품을 더 좋게 만드는데, 다른 부서들이 무언가를 잘못해서 결과가 나쁘다고 생각한다. 다른 부서의 멍청이들 때문에 자기들끼리만 통하는 말이나 은어, 문화, 방어 메커니즘을 만든 적은 없는가?

실행 지표는 이런 문제의 특효약이 된다. 원인과 결과가 명확히 이해될 때 사람들은 더 잘 배울 수 있다. 사람들은 보통 명확하고 객관적인 측정 지표가 있을 때 훨씬 더 잘 배운다.

접근하기 얼마나 좋은가

너무도 많은 보고서가 실무자와 경영자가 의사 결정을 하는 데 참고하기 어렵게 되어 있다. 안타깝게도 경영자들은 대부분 데이터 분석팀이 만들어내는 결과물을 더 알기 쉽게 바꾸는 것에 별로 신경을 쓰지 않는다. 실무자들은 미래에 자신들이 내려야 하는 의사 결정의 지침으로 데이터를 활용하기보다는 자신들이 원하는 것이 무엇인지 알기 원할 때에만 데이터를 사용한다.

데이터를 이렇게 잘못 활용하는 데 필요한 처방이 있기는 하다. 첫째, 보고서를 아주 쉽게 만들어 모든 사람들이 이해할 수 있게 해야 한다. '측정 지표 역시 사람이다'라는 격언을 잘 생각해야 한다. 보고서를 이해하기 쉽게 만드는 좋은 방법은 사람들이 쉽게 이해하는 단위를 사용하는 것이다. 웹 사이트 접속 수는 정확히 무엇을 의미하는가? 이 단어에 대한 정의는 사람마다 다를 수 있다. 웹 사이트를 방문한 사람 수라고 해 보면 어떨까? 이렇게 하면 누구라도 컴퓨터 앞에 사람이 앉아 웹 사이트에 접속하는 모습을 상상할 수 있다.

이것이 코호트 기반 보고서가 학습 지표의 기준인 이유다. 코호트 기반 분석을 통해 복잡한 행동을 사람 중심 보고서로 바꿀 수 있다. 각 코호트 분석을 통해 정해진 기간에 서비스를 사용한 사람들이 우리가 중요하게 생각하는 행동을 얼마나 했는지를 알 수 있다. IMVU 예에서는 네 가지 행동을 살펴보았는데, 제품을 다운로드한 사람, 컴퓨터에서 IMVU에 로그인한 사람, 다른 고객과 채팅을 한 사람, 유료 고객으로 전환한 사람들을 볼 수 있었다. 달리 말하면 이렇게 분석된 보고서에서는 데이터들만 나열한 것보다 훨씬 유용하게 사람들과 그 행동을 볼 수 있다는 말이다. 예를 들어 고객 간에 일어난 총 대화 수만을 살펴보고 있었다면 IMVU가 왜 성공적이었는지 알아내기가 얼마나 어려웠겠는지 생각해보라. 어떤 기간 동안에 1만 개 대화가 일어났다고 한다면 이건 좋은 수치인가? 아주 활발한 사용자 한 명이 1만 개 대화를 한 건지, 1만 명이 각자 한 번씩 대화를 하고 그 뒤에 서비스를 쓰지 않는 것인지 어떻게 알 수 있는가? 더 구체적인 보고서를 만들지 않고서 이에 대해 알 수 있는 방법은 없다.

누적 수치가 증가할수록 자세한 보고서의 중요성은 더욱 증가한다. 웹 사이트 방문 수가 25만에서 그 다음 달에 20만으로 떨어졌다고 하면 그 의미를 정확히 알기 어렵지만, 고객 5만 명이 빠져나갔다고 하면 그 의미는 명확하다. 우리 서비스를 그만 사용하겠다고 선언한 사용자 수가 그만큼 된다면 말이다.

접근성은 보고서에 대한 접근 권한이 전사에 얼마나 넓게 퍼져 있는지 의미하기도 한다. 그로킷은 이 부분을 아주 훌륭하게 잘 해냈다. 시스템이 날마다 최근에 수행한 스플릿 테스트 실험 결과와 회사 사업 관련 주요 지표에 대해 보고서를 자동으로 만들어 전사 구성원에게 자동 이메일로 발송했다. 직원들은 갓 나온 보고서를 받은 편지함에서 늘 읽을 수 있었다. 보고서는 레이아웃이 잘 되어 있었고 읽기 편한 형태였다. 그리고 각 실험과 그 결과를 알기 쉬운 단어를 사용해 충분히 설명했다.

IMVU에서 우리가 개발한 다른 기법 역시 보고서를 더 많은 사람에게 퍼뜨리는 데 유용하다. 분석이나 데이터 처리 결과를 별도 시스템에서 따로 관리하기보다 우리는 보고 데이터와 그 기반을 제품의 일부로 여겼고, 그래서 제품 개발 팀이 그것을 직접 관리하도록 했다. 보고서는 웹 사이트에서 접근할 수 있었고, 직원 계정으로 모두 열어 볼 수 있도록 했다.

모든 직원은 아무 때나 시스템에 로그인해 예전, 현재 스플릿 테스트 목록에서 선택해 한 쪽으로 정리된 형태의 보고서로 볼 수 있었다. 시간이 지나면서 이 한 쪽 보고서는 조직 내부에서 의견 대립이 있을 때 그것을 잠재우는 일종의 표준 문서로 작동하기 시작했다. 사람들은 어떤 증거가 필요할 때 이 보고서를 인쇄해 와서 같이 회의에 참석한 다른 사람들도 이 데이터의 의미를 충분히 이해할 때까지 설명하고는 했다.

현실을 반영하는가

펫 프로젝트가 실패로 끝났다고 팀원에게 말하면, 사람들은 이 소식을 전한 사람, 데이터, 매니저, 신, 생각할 수 있는 모든 원인을 비난한다. 이것이 3A 지표 중 가장 마지막인 '현실을 반영하는가_{auditable}'가 왜 중요한지를 말해준다. 데이터가 직원들에게 충분히 이해되었음을 잘 확인해야 한다.

IMVU 직원들은 한 쪽 보고서를 구성원 간 의견 대립을 잠재우는 데 공격적으로 활용하고는 했는데, 그 과정이 그리 순탄하지는 않았다. 펫 프로젝트를 없애야 한다는 결론이 회의에 나오면 임원, 개발자, 팀원들이 서로 대립했는데 논쟁에서 지는 쪽은 그 데이터가 정확하지 않다고 공격했다.

데이터 정확성에 대한 도전은 대다수 경영자가 생각하는 것보다 훨씬 흔한데, 대다수 데이터 보고 시스템은 이런 어려움의 해결책이 못된다. 이것은 대부분 고객 프라이버시 보호 때문에 그러하다. 고객 프라이버시 보호는 당연히 해야 하는 것이지만, 과대 해석되어서 데이터 보고 시스템의 정확도를 해치기도 한다. 하지만 더 일반적으로는 이런 상황에 대해 세심하게 주의를 기울인 문서를 만들지 못했기 때문이기도 했다. 일반적으로 데이터 보고 시스템은 대부분 제품 개발 부서가 만들지 않는다. 제품 개발 팀은 제품 기능 우선순위를 정하고 만드는 것이 일이다. 시스템은 경영자와 분석가들이 만든다. 이 시스템을 쓰는 경영자들은 데이터가 서로 모순되지 않는지만 확인하고 데이터가 실제 현실을 반영하는지 테스트할 방법이 부족할 때가 많다.

그렇다면 해법은 뭘까? '측정 지표 역시 사람이다.' 이 말을 다시 떠올려 보자. 데이터를 실제 현실에서 고객과 대화해 보면서 테스트해 볼 수 있어야 한다. 이것이 보고서가 현실을 반영하는지 확인할 수 있는 유일한 방법이다. 경영자들은 이 데이터를 실제 고객과 함께 확인할 수 있는 역량이 있어야 한다. 이것의 또 다른 장점은 이 정도로 현실에서 검증할 수 있다면 고객들이 왜 그렇게 행동했는지를 데이터와 연결해 통찰을 얻을 기회를 매니저와 경영진에게 줄 수 있다는 점이다.

둘째, 이런 보고를 생성해 내는 방법이 복잡하지 않아야 한다는 점이다. 가능하면 중간 서버 등을 통하지 말고 마스터 데이터가 있는 서버에서 바로 만들어져야 한다. 중간 서버를 통하거나 했을 때 에러 발생 가능성이 높아지기 때문이다. 데이터와 관련된 기술적인 문제들 때문에 검증 결과가 잘못 나오거나 한 경우에 팀의 자신감, 사기, 원칙이 흐트러지는 경우가 많다.

성공한 창업가들의 이야기를 책이나 잡지, 영화에서 볼 때면 그 성공담은 구조가 늘 비슷하다. 어떤 어려움에도 이를 이겨내는 불굴의 주인공이 대단한 아이디어를 만들어낸다. 이런 이야기에서 성공한 창업가들의 개인적인 성격이나 흐름을 읽고 창업한 방법, 창업과 관련한 극적인 여러 이야기를 본다.

영화에서는 이런 부분을 흔히 사진 몽타주처럼 짧게 만든다. 주인공이 과거를 회상하는데, 팀을 꾸리고, 연구하고, 화이트보드에 무언가를 열심히 쓰기 시작하고, 키보드를 두드리고 영업을 시작한다. 몽타주 끝에 있는 창업가는 이미 성공한 모습을 하고 있다. 그리고 이야기는 좀 더 대중이 관심을 끌 만한 부분으로 옮겨가는데, 잡지 표지에 등장할 만큼 성공한 주인공이 다른 누군가에게서 고소를 당하고 미래에 대한 암시를 남긴 채 영화는 끝이 난다.

안타깝게도 실제로 스타트업 성공을 결정짓는 일은 모두 사진 몽타주 부분에서 일어난다. 영화에서는 이런 부분을 중점적으로 다룰 수가 없는데 이런 부분은 너무 지루하기 때문이다. 창업가 정신을 구성하는 것 중 오직 5%만이 대단한 아이디어나 사업 전략, 사업 모델에 관한 것이다. 나머지 95%는 혁신 회계에 의해 측정되는 아주 지루한 일들이다. 제품과 관련한 우선순위를 결정하고, 어떤 고객의 이야기를 주의 깊게 들어야 하고, 끊임없이 테스트하고 피드백을 받기 위해 어떤 비전을 세팅하는가에 관한 일 말이다.

여러 의사 결정 중 가장 어렵고, 가장 시간을 많이 잡아먹고, 스타트업의 시간과 에너지를 낭비하는 가장 큰 원인이 되기도 하는 바로 그 한 가지 의사 결정이 있다. 그것은 언제 방향을 바꾸고, 언제까지 지금 하는 방향대로 밀고 나가야 하는지를 결정하는 문제다. 사진 몽타주 기간 동안 어떤 일이 일어나는지를 더 정확하게 알려면 어떻게 방향 전환을 이뤄내는지를 봐야 한다. 여기에 대해서는 8장에서 살펴볼 것이다.

8
방향 전환(또는 고수)

모든 창업가가 제품을 개발 과정에서 겪게 되는 큰 어려움이 있다. 바로 방향 전환할 때와 고수할 때를 결정하는 것이다. 지금까지 이야기한 것은 전부 겉보기에는 단순한 질문에 대한 전주곡이다. 원래 전략적 가설이 정확하다고 믿을 만큼 충분히 천진하고 있을까? 아니면 주요한 변경을 해야 할까? 그러한 변화를 방향 전환이라 부른다. 제품, 전략, 성장 엔진에 대한 새롭고 근본적인 가설을 테스트하려고 경로를 구조적으로 수정하는 것이다.

린 스타트업은 과학적 방법론을 바탕으로 하므로 방향 전환하거나 결정을 고수하는 데 필요한 엄격하고 분석적인 공식을 제공한다고 오해하기도 한다. 이는 사실이 아니다. 창업가 정신의 실천에서 비전, 직관, 판단 같은 인간적 요소를 제거할 방법도 없고 그것은 바람직하지도 않다.

스타트업을 운영하는 데 과학적 접근 방식이 중요하다고 주장하는 이유는 그렇게 해야 인간 창의성을 가장 생산적으로 만들 수 있기 때문이다. 또 잘못 판단해서 기존 방향을 고수하기로 결정하는 것이 창의성을 파괴하는 주범이 될 수 있기 때문이다. 시장 피드백에 기초를 두고 새 방향으로 스스로 방향 전환하지 못하는 회사는 좀비의 땅에 갇힌 것처럼 성장하지도, 죽지도 못하고 직원과 기타 주주의 자원과 헌신을 소비하지만 앞으로 나아가지 못한다.

하지만 우리의 판단을 신뢰해도 좋다는 근거가 있다. 우리는 학습 능력이 있고 창조적인 존재로 타고났으며 소음 속에서 신호를 잡아내는 놀라운 능력이 있다. 사실 사람은 이에 무척 능해서 없는 데서 신호를 보기도 한다. 과학적 방법의 핵심은, 인간의 판단은 불완전하지만 우리 이론의 문제는 반복되는 테스트에 맡겨 판단을 개선할 수 있다는 깨달음에 있다.

스타트업의 생산성은 장치나 기능을 척척 만들어 내는 데 있지 않다. 가치를 만들고 성장을 이끄는 제품과 서비스를 만드는 데 우리의 노력을 맞춰나가는 데 있는 것이다. 달리 말하면 방향 전환에 성공해야 지속 가능한 사업으로 향하는 길에 들어설 수 있다.

혁신 회계가 더 빠른 방향 전환을 이끈다

이 과정이 어떻게 되는지 알고 싶다면 보티즌Votizen CEO 데이비드 비네티David Binetti를 만나보자. 비네티는 미국인의 정치 과정political process을 21세기로 이끄는 일을 돕는 데 오랜 경력을 쌓아 왔다. 1990년대 초반 그는 미국 연방 정부의 첫 번째 포털인 USA.gov 제작을 도왔다. 비네티는 전형적인 스타트업 실패도 경험했다. 보티즌을 만들 때가 되자 비네티는 무턱대고 자기 비전을 시도해보는 일은 피하기로 결심했다.

비네티는 정치 과정에서 시민 참여 문제를 해결하고 싶었다. 그의 첫 제품 개념은 등록된 투표권자미국에서는 유권자로 등록해야 투표할 수 있다의 소셜 네트워크로, 시민운동에 열정적인 사람들이 모여 아이디어를 나누고 친구들을 모집하는 곳이었다. 비네티는 첫 MVP를 1200달러 약간 넘는 돈으로 약 석 달 만에 만들어 발표했다.

비네티는 아무도 바라지 않는 것을 만들지는 않았다. 사실 초창기에 보티즌은 그 핵심 개념을 좋아한 초기 수용자를 끌어들일 수 있었다. 모든 창업가들처럼 비네티는 그의 제품과 사업 모델을 개선해야 했다. 비네티의 도전이 특히 어려웠던 것은 적당한 성공을 마주한 상태에서 그러한 방향 전환을 해야 해서였다.

비네티의 최초 구상에는 다음과 같은 네 가지 가정이 들어 있었다.

1. 고객이 소셜 네트워크에 관심이 많아서 가입할 것이다(등록).
2. 보티즌에서 가입자들이 등록된 유권자인지 검증할 수 있다(액티베이션).
3. 등록된 투표권자인 고객은 시간이 지나면 사이트의 활동 도구를 사용할 것이다(유지).
4. 열성적인 고객은 친구들에게 서비스에 대해 알려주고 시민운동에 끌어들일 것이다(추천).

3개월과 1200달러를 들여 비네티의 첫 MVP가 고객 손에 들어갔다. 첫 코호트에서 5%가 서비스에 가입했고 17%가 등록된 유권자 상태임을 인증했다(다음 표를 보라). 수치가 너무 낮아서 어떤 참여나 추천이 일어났는지 알기에는 데이터가 충분하지 않았다. 그때가 이터레이션을 시작할 시점이었다.

	최초 MVP
등록	5%
액티베이션	17%
유지	너무 낮음
추천	너무 낮음

비네티는 그 다음 두 달간 5000달러를 더 들여 서비스 신기능과 메

시지를 스플릿 테스트하고 디자인을 개선해 더 쓰기 쉽게 만들었다. 이 테스트는 극적인 개선을 보여주어 등록률이 5%에서 17%로, 액티베이션률이 17%에서 90%로 올랐다. 스플릿 테스트의 힘이었다. 이 최적화로 비네티는 그 다음 두 가정을 테스트하는 데 필요한 고객 수를 얻었다. 그런데 다음 표에서 보듯이 그 수치도 한층 더 맥 빠지는 것으로 밝혀졌다. 겨우 추천율 4%, 유지율 5%를 얻은 것이다.

	최초 MVP	최적화 후
등록	5%	17%
액티베이션	17%	90%
유지	너무 낮음	5%
추천	너무 낮음	4%

비네티는 개발과 테스트를 더 해야 함을 알았다. 그 다음 석 달간 그는 최적화, 스플릿 테스트를 계속했고 계획을 개선했다. 고객과 대화를 나누고 포커스 그룹을 유지하고 A/B 실험(스플릿 테스트)를 셀 수 없이 했다. 7장에서 설명한 것처럼 스플릿 테스트에서 제품의 서로 다른 버전을 서로 다른 고객에게 동시에 제공했다. 두 그룹 사이의 행동 변화를 관찰해서 서로 다른 변형의 영향을 추론할 수 있었다. 다음 표에서 보듯이 추천율이 6%로, 유지율이 8%로 올랐다. 비네티는 8개월과 2만 달러를 썼지만 그가 바란 성장 모델에 이르지 못하는 제품을 만들어서 실망했다.

비네티는 방향 전환할지, 고수할지 결정해야 하는 까다로운 도전에 직면했다. 이것은 창업가가 맞이하는 매우 어려운 결정이다. 학습 마일스톤을 만드는 목적은 결정을 쉽게 하기 위해서가 아니라 결정을 해야 할 때 관련된 데이터가 있게 하기 위해서다.

	최적화 전	최적화 후
등록	17%	17%
액티베이션	90%	90%
유지	5%	8%
추천	4%	6%

이 시점에 비네티가 고객과 많은 대화를 나눴음을 기억하라. 그는 현 제품에서 경험한 실패를 합리화하는 데 쓸 수 있는 공부를 엄청 많이 했다. 많은 창업가가 그렇게 한다. 실리콘밸리에서는 이러한 경험을 좀비의 땅에 갇히는 것이라 부른다. 이런 일은 회사가 생존할 정도로 약간 성공을 거두었지만 창업자와 투자자의 기대만큼 성장하지 못할 때 일어난다. 그런 회사는 사람의 활력을 끔찍하게 소모시킨다. 회사를 아끼는 마음 때문에 직원과 투자자들은 포기하고 싶어 하지 않고 성공이 가까이 다가왔다고 느낀다.

비네티에게는 이러한 파멸을 피하는 데 도움이 될 두 가지 이점이 있었다.

1. 거창한 그의 비전에도 불구하고, 그는 제품을 일찍 출시했다. 그리고 이터레이션을 돌렸다. 그리하여 8개월 만에 방향 전환이냐 고수 하느냐의 순간을 맞이하게 됐다. 돈, 시간, 창조력이 아이디어에 더 많이 투입될수록 방향 전환하기는 더 어려워진다. 비네티는 그 함정을 잘 피했다.
2. 비네티는 시작부터 가장 위험한 가정에 대한 질문을 명확하게 정

의했고 더욱 중요한 점은 각 질문을 정량적으로 예측했다는 것이다. 초기 사업 결과를 보고, 사업을 시작했을 때부터 이미 성공한 것이라고 선언하기는 어렵지 않았다. 액티베이션 같은 지표는 꽤 좋았다. 전체 사용량 같은 종합 측정 지표에서 회사는 긍정적으로 성장하고 있었다. 비네티는 질문에 대한 실행 지표에 초점을 두었기 때문에 회사가 실패하고 있음을 받아들일 수 있었다. 게다가 그는 서둘러 홍보하는 데 힘을 쏟지도 않아서 공개적인 곤란이나 혼란을 겪지 않고 이 결정을 할 수 있었다.

실패는 학습의 전제 조건이다. 제품을 출시하고 나서 어떻게 되는지 보겠다는 생각이 갖는 문제는 (어떻게 되는지 본다는 면에서) 성공이 보장되어 있어야 한다는 것이다. 그런데 그런 다음에는 뭘 해야 하나? 소수의 고객이 생기면 다음에 무엇을 해야 할지 다섯 가지 정도 의견을 얻을 것이다. 무엇을 들어야 하나?

보티즌의 결과는 좋았지만 충분하지 않았다. 비네티는 최적화가 측정 지표를 개선했지만 전반적인 사업을 지속할 모델로 이끌지는 못하리라 생각했다. 그러나 좋은 창업가들처럼 비네티는 조급하게 포기하지 않았다. 비네티는 방향 전환하기로 하고 새 가설을 테스트했다. 방향 전환하려면 지금까지 배운 것에 한쪽 발을 단단히 디딘 채로 전략에 근본적인 변화를 가해 좀 더 검증된 배움을 찾아야 한다. 이 경우 비네티가 고객과 직접 접촉하는 것이 꼭 필요했다.

그는 테스트에서 세 가지 되풀이되는 피드백을 받았다.

1. "늘 더 참여하고 싶었는데 보티즌 때문에 더 쉬워졌습니다."
2. "내가 유권자임을 증명해 준 사실이 중요합니다."

3. "아무도 없군요. 다시 돌아와야 할 이유는 뭘까요?"[1]

비네티는 내가 줌인 전환zoom-in pivot이라 부르는 것에 착수했다. 줌인 전환은 전에는 전체 중 그저 한 기능이라고 여겼던 것에 제품의 초점을 다시 맞추는 것이다. 앞서 나온 고객 평을 생각해 보자. 고객은 개념을 마음에 들어 하고 유권자 등록 기술을 좋아하지만 제품의 소셜 네트워크 부분에서 가치를 얻지 못하고 있었다.

비네티는 보티즌을 @2gov라는 '소셜 로비 플랫폼'으로 바꾸기로 결정했다. 고객을 시민운동 소셜 네트워크에 통합하기보다는 @2gov를 이용해 고객은 트위터 같은 기존 소셜 네트워크를 통해 선출된 대표자와 빠르고 쉽게 연락할 수 있었다. 고객은 디지털 형식으로 참여하지만 @2gov는 디지털 연락을 서류 형식으로 변환한다. 그 결과로 국회의원은 구식으로 인쇄된 청원서를 받는다. 다시 말하면 @2gov는 고객이 사는 첨단 기술 세상을 기술 수준이 낮은 정치 세계에 맞게 번역하는 것이다.

@2gov는 답을 구해야 할 가장 위험한 가정이 약간 달랐다. 여전히 고객 가입, 투표자 상태 인증, 친구 추천에 의존했지만 성장 모델이 바뀌었다. @2gov 모델은 사용자가 많이 참여해야 성장하는 사업 모델이라기보다는 쇼핑몰처럼 구매 건수가 중요한 사업 모델이었다. 비네티의 가설은, 열정적인 활동가는 기꺼이 돈을 내서 @2gov가 그들의 문제에 관심을 쏟는 투표자들을 대신해 대표자들과 접촉을 촉진하리라는 것이었다.

비네티는 새 MVP를 만드는 데 추가로 4개월과 3만 달러를 더 들였다. 이제 도합 5만 달러를 쓰고 12개월간 작업한 것이다. 그러나 그 다음 테스트 결과는 극적이었다. 등록률 42%, 액티베이션 83%, 유지율

21%를 기록했고, 추천은 엄청나게 올라 54%가 됐다. 그런데 돈을 내려는 활동가 수는 1%도 되지 않았다. 투자 대비 가치가 너무 낮아서 비네티가 온 힘을 다해 최적화한 후에도 수익성 있는 사업을 유지하기 어려웠다.

비네티의 다음 방향 전환을 보기 전에 그가 얼마나 설득력 있게 유효한 학습을 했는지 눈여겨보자. 그는 이 새 서비스로 지표를 극적으로 개선할 수 있기를 바랐고 그렇게 했다(다음 표를 보라).

	방향 전환 전	방향 전환 후
성장 엔진	재방문	유료
등록률	17%	42%
액티베이션	90%	83%
유지	8%	21%
추천	6%	54%
매출	없음	1%
LTV	없음	최저

* LTV: lifetime value, 고객 생애 가치

비네티는 더 열심히 일해서가 아니라 더 똑똑하게 일해서 이것을 해냈는데 제품 개발 자원을 가지고 다른 신제품에 적용한 것이다. 이전 4개월간 최적화와 비교하면 방향 전환 후 4개월 만에 지표들이 극적으로 성장하기는 했지만 비네티는 예로부터 내려오는 창업가의 덫에서 아직 헤어나지 못하고 있었다. 측정 지표와 제품은 개선되고 있었지만 그 속도는 별로 빠르지 않았다.

비네티는 다시 방향 전환했다. 이번에는 돈을 내고 접촉을 주도하는 활동가에 의지하기보다 큰 조직, 대기업, 전문 기금 모금자를 찾아

갔는데 이러한 조직은 정치 캠페인에 전문적이거나 사업적인 관심이 있는 곳이었다. 그 회사들은 비네티의 서비스를 사용하고 돈을 내는 데 매우 적극적이어서 비네티는 가계약서에 서명하고 그 회사들에서 필요로 하는 기능을 만들었다. 이 방향 전환에서 비네티는 내가 고객군 전환customer segment pivot이라 부르는 일을 했다. 제품 기능은 그대로 두되 대상 고객을 바꾸는 것이었다. 그는 누가 돈을 내는지에 집중했고 소비자에서 기업과 비영리 조직으로 대상을 옮겼다. 다시 말하면 비네티는 B2C 회사에서 B2B 회사로 바꾸는 일을 한 것이다. 계획한 성장 모델을 바꾸는 과정에서 B2B 판매에서 생긴 수익으로 재정을 늘릴 수도 있을 것 같았다.

석 달 후 비네티는 가계약서에 바탕을 두고 약속한 기능을 만들어 냈다. 그런데 돈을 받으러 회사에 갔을 때 그는 더 많은 문제를 발견했다. 가는 회사마다 질질 끌고 연기하고 결국은 거절했다. 가계약서에 서명할 때는 흥분했지만 실제 판매를 마무리하는 것은 더욱 어려웠다. 그 회사들은 초기 수용자가 아님이 밝혀졌다.

가계약서에 바탕을 두고 비네티는 고이윤 B2B 고객에게 서비스해야 한다는 예측으로 영업 직원과 엔지니어를 더 뽑아서 인원수를 늘렸다. 판매가 구체화되지 못하자 전체 팀은 더 열심히 일해 다른 곳에서 수익을 찾으려 했다. 수많은 판매 전화를 계속 하고 제품에 수많은 최적화를 해도 그 모델은 효과가 없었다. 가장 위험한 가정 질문으로 돌아가 비네티는 결과적으로 그의 B2B 가설이 잘못됐다고 결론 내리고 한 번 더 방향 전환하기로 결정했다.

이 모든 기간에 비네티는 잠재적인 고객으로부터 배우고 피드백을 얻었지만 사업을 지속할 수 없는 상황에 있었다. 배운 것으로는 직원에게 월급을 줄 수 없었고 그 시점에 돈을 끌어들이는 것은 문제를 확대할 것이었다. 앞에서 사업을 이끌어주는 동력 없이 투자를 받는 것은 안정적이지 않다. 돈을 마련할 수 있었다면 회사는 유지할 수 있어도 가치가 파괴된 성장 엔진에 돈을 쏟아 붓는 것이었다. 그는 강한 압력을 받는 상황에 처했다. 투자자의 돈으로 성장 엔진이 돌아가게 하거나 회사를 닫아야 하는(아니면 교체되는) 위험에 직면해야 했다.

비네티는 직원을 줄이고 다시 방향 전환하기로 결정했다. 이번에는 내가 플랫폼 전환platform pivot이라 부르는 걸 시도했다. 한 번에 한 고객에게 파는 대신 비네티는 구글 애드워즈 플랫폼에서 영감을 받은 성장 모델을 계획했다. 그는 셀프 서비스식 판매 플랫폼을 구축해 신용카드만 있으면 누구든지 고객이 될 수 있게 했다. 무슨 운동에 열정이 있든 상관없이 @2gov 웹 사이트에 가면 @2gov에서 함께 참여할 새로운 사람들을 찾는 것을 돕는다. 늘 그렇듯이 새로운 사람들은 인증된 등록 유권자이므로 그들의 의견은 선출된 공무원에게 무게감 있게 전달된다.

새 제품은 만드는 데 겨우 한 달 더 걸렸고 결과는 즉시 나왔다. 가입률 51%, 액티베이션률 92%, 유지율 28%, 추천율 64%가 됐다(다음

	방향 전환 전	방향 전환 후
성장 엔진	유료	입소문
등록률	42%	51%
액티베이션	83%	92%
유지	21%	28%
추천	54%	64%
매출	1%	11%
LTV	최저	메시지당 20센트

표를 보라). 가장 중요한 것은 이 고객 중 11%가 메시지당 20센트를 기꺼이 내려 했고 이것이 돌아가는 실제 성장 모델의 시작이었다는 점이다. 메시지당 20센트를 받는다는 것이 대단하게 들리지는 않지만 높은 추천율은 @2gov가 마케팅 비용을 엄청나게 쓰지 않고도 트래픽을 키울 수 있음을 의미했다(이것이 바이럴viral에 의한 성장 엔진이다).

보티즌 이야기는 몇 가지 일반적인 패턴을 보여준다. 주목해야 할 중요한 하나는 MVP의 가속이다. 첫 MVP는 여덟 달, 그 다음은 넉 달, 그 다음은 석 달, 그 다음은 한 달 걸렸다. 매번 비네티는 그 전보다 더 빨리 그의 다음 가설을 입증하거나 잘못을 찾아냈다.

이러한 가속을 어떻게 설명할 수 있을까? 지금까지 해온 제품 개발 작업에 그 공을 돌리기 쉽다. 많은 기능이 만들어졌고 그 기능과 함께 상당한 기반 구조도 만들어졌다. 그래서 회사가 방향 전환할 때마다 처음부터 새로 시작할 필요가 없었다. 그러나 이것이 이야기의 전부는 아니다. 우선 한 가지는 서비스의 상당 부분이 방향 전환 사이사이에 폐기됐다. 더욱 심한 경우 살아남은 서비스는 회사의 목표에 더는 적합하지 않은 레거시 서비스로 분류됐다. 보통의 경우처럼 레거시 서비스를 개선하는 데는 추가 작업이 필요하다. 레거시 서비스를 살려보려는 힘을 거스른 것이 비네티가 각 마일스톤을 거치며 어렵게 얻은 교훈이었다. 보티즌은 고객, 시장, 전략에 대해 매우 중요한 것을 배웠기 때문에 MVP 과정을 가속할 수 있었다.

시작 후 2년이 지난 오늘날 보티즌은 잘 하고 있다. 보티즌은 최근 페이스북 초기 투자자인 피터 시엘Peter Thiel로부터 150만 달러를 유치했다. 피터 시엘이 최근 몇 년간 소비자 인터넷 회사에 투자한 몇 안 되는 건 중 하나다. 보티즌 시스템은 미국 인구의 94%를 대표하는 47

개 주의 투표자 신원을 실시간으로 처리할 수 있고 국회에 수많은 메시지를 전달했다. 창업 투자 이민 비자 운동The Startup Visa campaign은 보티즌 도구로 창업 투자 이민 법안Startup Visa Act, S.565을 제시했고 이 법안은 순전히 소셜 로비의 결과로 상원에 상정된 첫 입법이었다. 이러한 활동은 저명한 워싱턴 컨설턴트의 주목을 끌었고 컨설턴트들은 향후 정치 운동에 보티즌 도구 사용을 모색하고 있다.

데이비드 비네티는 린 스타트업을 만든 자기 경험을 다음과 같이 요약했다.

2003년 지금과 거의 비슷한 분야에서 회사를 시작했습니다. 대략 비슷한 분야 전문 지식과 업계 신용이 있었고 USA.gov를 갓 성공시켰습니다. 그런데 당시 제 회사는 완전한 실패였지만(엄청나게 더 큰 투자금을 썼는데도) 지금은 돈을 버는 사업을 하고 있고 계약도 따내고 있습니다. 당시 전통적이고 선형적인 제품 개발 모델을 따라 12개월에 걸친 개발 후 멋진 제품을 출시했지만(정말 멋졌습니다) 아무도 사지 않는 제품이라는 사실만 발견했습니다. 이번에는 12주간 네 가지 버전을 만들었고 그 후 곧 첫 판매를 했습니다. 그냥 시장 타이밍을 잘 탄 건 아닙니다. 2003년에 비슷한 분야에서 출범한 다른 회사 두 곳은 나중에 수천만 달러에 팔렸고 2010년에 생긴 다른 회사들은 선형 모델을 따르다가 곧장 도산했습니다.

스타트업의 활주로는 남은 방향 전환 횟수다

노련한 창업가는 스타트업에 남은 활주로에 관해 이야기하기도 한다. 즉 스타트업이 반드시 성공하거나 그렇지 않으면 실패하기까지 남은 시간으로 얘기한다. 이는 은행에 남은 현금 나누기 월간 지출 속도로 정의한다. 예를 들어 은행에 100만 달러가 있는 스타트업이 한 달에 10만 달러씩 쓴다면 예상되는 남은 활주로는 열 달이다.

스타트업에 현금이 부족해지기 시작하면 두 가지 방법으로 활주로를 확장할 수 있다. 비용을 줄이거나 자금을 더 조달하는 것이다. 그러나 창업가가 마구잡이로 비용을 줄이면 낭비를 줄이는 만큼 회사가 만들기-측정-학습 피드백 순환을 거칠 수 있는 비용을 줄일 수밖에 없게 된다. 비용 삭감 때문에 이 피드백 순환이 느려지면 스타트업은 서서히 망해갈 수밖에 없다.

진정한 활주로 측정은 스타트업에 남은 방향 전환의 기회가 얼마나 남았는지 재는 것이다. 즉 사업 전략에 근본적인 변경을 할 수 있는 기회의 횟수다. 시간이 아니라 방향 전환이라는 렌즈로 활주로를 측정하면 그 활주로를 넓힐 다른 방법을 제안 받을 수 있다. 다시 말하면 스타트업은 더 적은 비용이나 더 짧은 시간에 같은 양의 유효한 학습을 거둘 수 있는 방법을 찾아야 한다. 지금까지 설명한 린 스타트업 모델의 모든 기법은 이를 무엇보다도 중요한 목표로 삼는다.

방향 전환에는 용기가 필요하다

방향 전환하기로 결정한 창업가들에게 물어보면 대부분 결정을 더 일찍 했어야 했다고 대답할 것이다. 이런 대답이 나오는 데는 세 가지 이유가 있다고 생각한다.

첫째, 허무 지표 때문에 창업가는 잘못된 결론을 내리고 자기만의 현실에서 살게 된다. 이는 변화가 필요하다는 믿음을 팀에게서 앗아가기 때문에 방향 전환 결정에 특히 해를 끼친다. 더 나은 판단에 반하는 변화가 사람들에게 강요되면 그 과정은 더 힘들고 시간이 더 걸리고 결정적인 결과를 얻지 못한다.

둘째, 창업가가 불명확한 가설을 세우면 철저한 실패를 경험하기는 거의 불가능하고, 실패가 없으면 대체로 방향 전환이 필요한 급진적인 변화에 착수할 자극이 없다. 앞서 언급했듯이 '출시하고 어떻게 되는지 보는' 접근 방식의 실패는 명백하다. 늘 성공한 것처럼 보이기 때문이다. 드문 경우를 제외하고 초기 결과는 모호하고 방향 전환할지, 고수할지, 방향을 바꿀지, 경로를 유지할지 알 수 없게 된다.

셋째, 많은 창업가가 두려워한다. 실패를 인정하면 위험할 정도로 의욕이 떨어지게 된다. 대다수 창업가의 가장 큰 두려움은 자기 비전이 잘못됐음이 밝혀지는 게 아니다. 더욱 두려운 것은 비전을 증명할 진짜 기회도 얻지 못한 채로 시간이 지나면서 서서히 비전이 잘못된 것이라고 인식될지도 모른다는 생각이다. 이 두려움 때문에 가설을 테스트하는 MVP와 스플릿 테스트, 여타 기법에 반대하는 것이다. 얄궂게도 이러한 두려움이 위기를 몰고 온다. 테스트를 하지 않아 비전이 완전히 드러나지 않기 때문이다. 그런데 그때가 되면 자금이 바닥나기 때문에 방향 전환하기에는 너무 늦다. 이러한 파멸을 피하려면 창업가는 두려움을 마주하고 기꺼이 공개적으로 실패하려고 해야 한다. 사실 세간의 주목을 받는 창업가는 개인적 명성이 높다거나 유명 브랜드를 운영하고 있어서 이러한 문제의 극단적인 면을 맞이하게 된다.

패스Path라는 실리콘밸리의 새 스타트업은 경험 많은 창업가들이 시작했다. 바로 페이스북 플랫폼을 창시한 데이브 모린Dave Morin, 맥스터Macster 제품 디자이너이자 공동 제작자인 더스틴 미로Dustin Mierau, 냅스터로 유명한 숀 패닝Shawn Fanning이다. 그들은 2010년에 MVP를 발표하기로 했다. 세간의 이목을 끌 창업자들이어서 MVP는 언론, 특히 기술·스타트업 블로그의 주목을 끌었다. 불행히도 그들의 제품은 기술 초기 수용자를 대상으로 하지 않았고 그 결과로 초기 블로거 반응은 매우 부정적이었다(많은 창업가가 이 같은 반응이 전체 회사 사기에 해를 끼칠까 걱정하며 두려워해서 제품 출시에 실패한다. 긍정적인 보도의 유혹은 특히 '기술' 산업에서 매우 강하다).

다행히도 패스 팀은 용기를 갖고 이 두려움을 무시하고 고객이 말한 것에 집중했다. 그 결과로 패스 팀은 필수적인 초기 피드백을 실제 고객으로부터 받을 수 있었다. 패스의 목표는 좀 더 개인적인 소셜 네트워크를 만들어 그 품질을 오래 유지하는 것이었다. 많은 사람이 기존 소셜 네트워크에서 너무 많이 연결되는 경험을 했는데, 그 네트워크 안에는 옛 동료, 고등학교 친구, 친척, 현 동료들과 함께 하고 있었다. 그처럼 넓은 그룹은 친밀한 순간을 공유하기 어려웠다. 패스는 독특한 접근 방식을 취했다. 예를 들어 연결 수를 50개로 제한했는데 이는 옥스퍼드대 인류학자 로빈 던바Robin Dunbar의 뇌 연구에 기반을 둔 것이었다. 그의 연구는 개인이 삶에서 일정한 시간에 맺을 수 있는 관계의 수 범위(30~50 또는 100~230)를 제시하는데 패스는 50을 선택했다(2011년 11월 패스 2.0 출시 후 150명으로 늘었다).

기술 매체 사람들(과 기술 초기 수용자들)은 연결 수를 이렇게 '인위적으로' 제한한 것을 혐오했다. 그 사람들은 새로운 소셜 네트워크 서비스를 일상적으로 사용하며 수천 명과 연결했다. 50명은 너무 적어 보였다. 그 결과로 패스는 많은 공개적 비판을 견뎌야 했고 이는 무시하기 어려웠다. 그러나 고객들은 패스로 모여들었고 고객 피드백은 언론의 부정적 반응과는 확연히 달랐다. 고객들은 친밀한 순간을 좋아했고 원래 제품 로드맵에 없던 기능, 이를테면 친구 사진에 대한 느낌 공유 기능이나 짧은 동영상(약 10초) 공유 기능을 지속적으로 바랐다.

데이브 모린은 이 경험을 다음과 같이 요약했다.

우리 팀의 현실과 배경 때문에 어마어마한 기대가 쌓였습니다. 어떤 제품을 시장에 내어 놓는 것 자체가 중요한 것이 아니라 시장의 기대에 어떻게 맞추어 나가는지가 중요하다고 생각했습니다. 그렇지만 그것은 피드백을 받고 이터레이션을 시작하려면 제품과 비전을 시장에 대범하게 내놓아야 함을 의미했습니다. 우리 이론과 접근 방식을 겸허하게 테스트하며 시장에서 어떻게 생각하는지 봤습니다. 피드백을 성실하게 들어야 합니다. 그리고 우리가 생각하는 방향으로 계속 혁신하는 것이 세상에 의미를 만들 것입니다.

패스의 이야기는 막 시작했을 뿐이지만 비난에 굴하지 않은 용기는 이미 성과를 거두었다. 방향 전환해야 할 때 그들은 두려움에 방해받지 않을 것이다. 패스는 최근에 KPCB Kleiner Perkins Caufield & Byers가 이끈 1차 벤처 투자에서 850만 달러를 유치했다. 그렇게 하면서 패스는 알려진 바에 따르면 구글의 1억 달러 인수 제안을 거절했다고 한다.[2]

방향 전환 또는 고수 회의

방향 전환 결정에는 현실적이고 객관적인 사고방식이 필요하다. 우리는 방향 전환이 필요함을 나타내는 숨길 수 없는 신호에 대해 이야기했다. 제품 실험 효과가 떨어지고 제품 개발이 좀 더 생산적이어야 한다는 느낌이 자주 드는 것 등이다. 이러한 증상을 보면 방향 전환을 고려하라.

방향 전환 결정은 어느 스타트업에서든 감정적으로 격론을 일으키므로 구조적인 방식으로 다뤄야 한다. 이러한 도전을 완화하는 방법

하나는 회의를 미리 잡는 것이다. 모든 스타트업은 정기적인 '방향 전환 또는 고수' 회의를 열기를 권한다. 내 경험상 회의 간격이 수주 이하면 너무 잦고 수개월 이상이면 너무 뜸하다. 스타트업은 자신에게 맞는 보폭을 찾을 필요가 있다.

방향 전환 또는 고수 회의에는 제품 개발 팀과 비즈니스 리더십 팀이 모두 참여해야 한다. IMVU에서 우리는 외부 조언자의 관점도 더해 과거 예상을 보고 데이터를 새로운 방식으로 해석하는 데 도움을 받았다. 제품 개발 팀은 제품 최적화 결과를 담은 보고서를 가지고 와야 한다. 그뿐 아니라 이러한 결과가 기대치에 얼마나 부응하는지를 시간에 따라 분석한 결과를 가지고 와야 한다. 비즈니스 리더십은 현재 및 잠재 고객과 나눈 대화를 자세히 설명해야 한다.

웰스프런트Wealthfront라는 회사에서 수행한 극적 방향 전환에서 이 과정이 어떻게 진행됐는지 보자. 이 회사는 2007년 댄 캐럴Dan Carroll이 창업했고 얼마 안 되어 앤디 래치레프Andy Rachleff가 CEO로 들어왔다. 앤디는 실리콘밸리에서 잘 알려진 인물이다. 그는 벤처 투자 회사인 벤치마크 캐피털Benchmark Capital의 공동 창업자이자 스탠포드 경영대학원 교수단으로 기술 기업에 관한 여러 과정을 가르친다. 앤디를 처음 만난 것은 우리가 회사를 세우는 데 사용한 프로세스를 학생들에게 가르치려고 그가 IMVU 사례 연구를 의뢰했을 때였다.

웰스프런트의 사명mission은 개인 투자자에게 투명성, 접근성, 가치를 좀 더 가져다줌으로써 투자 신탁 업계에 균열을 내는 것이었다. 그런데 웰스프런트의 이야기가 특별해진 것은 오늘날의 위치 때문이 아니라 그 시작 과정에 있다. 바로 온라인 게임으로 시작한 것이다.

웰스프런트는 원래 카칭kaChing이라는 게임으로 업계에 등장했는데 아마추어 투자자를 위한 일종의 판타지 리그로 구상됐다. 누구나 가상 거래 계좌를 열고 포트폴리오를 만들 수 있었는데 실제 시장 데이터에 기반을 두었고 진짜 돈을 투자할 필요도 없었다. 아이디어는 숨은 원석, 즉 펀드 매니저가 되기에 좀 모자라지만 시장에 대한 통찰을 지닌 아마추어 투자자를 찾자는 것이었다. 웰스프런트의 창업자에게 카칭은 더 큰 비전을 품은 서비스에서 복잡한 전략의 일부였기에, 온라인 게임 사업 그 자체에 있고 싶지는 않았다. 파괴적 혁신을 배운 학생에게는 흥미롭게 보였을 것이다. 웰스프런트는 주류 시장에 참여할 수 없는 고객에게 처음으로 서비스를 제공함으로써 파괴적 혁신 시스템을 완벽히 따르고 있었다. 시간이 지나면서 서비스는 점차 정교해질 것이고 결국 사용자가 기존 전문 펀드 매니저 세계를 완전히 바꿔놓을 수 있으리라 믿었다.

최고의 아마추어 투자 천재를 가려내는 데 웰스프런트가 사용한 기술은 자금 관리자를 평가하는 고급 기술이었는데, 미국 유명 대학 기부금 관리에 사용되고 있었다. 그러한 방법으로 매니저의 투자 회수뿐 아니라 감수한 위험을 평가할 수 있었고 자신이 말한 투자 전략을 일관되게 수행했는지 볼 수 있었다. 따라서 무모한 도박(예: 전문 영역 외 투자)으로 엄청난 수익을 올린 펀드 매니저는 기술로 시장에서 이긴 사람보다 순위가 낮았다.

카칭 게임으로 웰스프런트는 두 가지 가장 위험한 가정을 테스트하기를 바랐다.

1. 게임 플레이어 중 상당수가 가상 펀드 매니저로 충분한 재능을 보여주어 실 자산 관리자가 되기에 적합함을 증명할 것이다(가치 가설).
2. 게임은 바이럴 성장 엔진으로 성장하고 프리미엄 freemium 사업 모델

로 가치를 만들 것이다. 웰스프런트는 플레이어들이 게임을 공짜로 하다가 자신이 서툰 투자자임을 깨닫고 웰스프런트의 실 자산 관리 서비스의 유료 고객으로 전환하기를 바랐다(성장 가설).

카칭은 초창기에 거대한 성공을 거두어 처음 출시하자마자 게이머 45만 명을 끌어들였다. 지금쯤이면 이렇게 무의미한 지표에 의심이 들 것이다. 잘 훈련되지 않은 회사라면 그러한 성공을 축하하고 미래가 안전하다고 느꼈겠지만, 웰스프런트는 가정을 분명하게 구분했고 좀 더 엄격하게 생각할 수 있었다. 웰스프런트가 유료 자산 관리 서비스를 출시할 때가 되자 아마추어 매니저 일곱 명만이 다른 사람의 돈을 관리할 만한 자격이 있음이 입증됐는데 이상적인 모델에서 기대한 것에 훨씬 미치지 못하는 수였다. 유료 제품이 출시된 후 게이머가 유료 고객이 되는 전환율을 측정하자, 0에 가까운 전환율이 나왔고, 너무나 실망스러운 수치였다. 고객 수백 명이 가입하리라 예측하고 모델을 만들었으나 열네 명만 가입했다.

개발 팀은 굴하지 않고 일하며 제품을 개선할 방법을 찾았지만 아무것도 특별한 전망을 보여주지 않았다. 방향 전환 또는 고수 회의를 할 때였다.

지금까지 언급한 내용이 그처럼 중요한 회의에서 볼 수 있는 데이터의 전부였다면 웰스프런트는 곤경에 처했을 것이다. 그들은 현재 전략으로 잘 되지 않는다는 것은 알았겠지만 무엇을 고쳐야 하는지는 몰랐을 것이다. 그렇기 때문에 이 장 앞 부분에서 다른 가능성을 조사해 보라고 한 조언대로 따라 하는 것이 중요하다. 이 사례에서 웰스프런트는 두 가지 중요한 조사를 했다.

첫 번째로 전문 펀드 매니저들과 대화를 나누었다. 스탠포드 대학교의 존 파워스는 놀랍게도 긍정적인 반응을 보였다. 웰스프런트의 전략은 전문 펀드 매니저는 그러한 시스템에 들어오기를 주저한다는 가정에 전제를 두었다. 투명성이 늘어나면 권위가 위협받기 때문이다. 파워스는 그런 걱정을 하지 않았다. CEO 앤디는 다른 투자 전문가와 일련의 대화를 시작했고 그 결과를 회사로 가지고 돌아왔다. 그의 통찰은 다음과 같았다.

1. 성공한 전문 펀드 매니저는 투명성에서 아무런 두려움도 느끼지 않는다. 투명함이 자신의 기량skill을 검증하리라 여기기 때문이다.
2. 펀드 매니저들은 자기 사업을 관리하고 확장하는 데 중대한 도전에 직면해 있다. 그들은 자기 계정을 관리하는 어려움 때문에 고객을 가려서 받고 싶어 했다. 그 수단으로 신규 고객에게 높은 최소 투자금을 요구해야만 했다.

두 번째 문제는 무척 심각해서 웰스프런트는 전문 매니저들이 갑자기 전화를 걸어 플랫폼에 참여하고 싶다고 요청하는 내용을 처리해야 했다. 이들은 전형적인 초기 수용자로 현재 제품에서 경쟁력을 얻는 데 쓸 무언가를 보는 비전을 갖춘 사람들이다.

두 번째로 중요한 정성적인 정보는 소비자들과 대화에서 나왔다. 소비자들은 가상과 실제 포트폴리오 관리가 카칭 웹 사이트에서 섞여 있는 것이 혼란스럽다고 했다. 고객을 얻는 똑똑한 방법이기는커녕 프리미엄freemium 전략은 회사의 포지셔닝에 대해 혼란을 일으켜 방해가 되었다.

이 데이터가 방향 전환 또는 고수 회의에 전해졌다. 참석한 모든 사람과 함께 개발 팀은 앞으로 무엇을 할지 토론했다. 현재 전략이 효과가 없는데도 여러 직원이 온라인 게임을 포기하는 것을 불안해했다. 결국 그것은 만들기로 계획한 것의 중요한 일부분이었기 때문이다. 그들은 엄청난 시간과 힘을 고객을 만들고 지원하는 데 투자했었다. 늘 그렇듯이 힘이 낭비됐음을 깨닫는 것은 고통스러웠다.

웰스프런트는 기존 제품을 고수할 수 없다고 결정했다. 회사는 대신 학습한 것을 축하하기로 했다. 현재 제품을 출시하지 않았다면 팀은 방향 전환이 필요함을 전혀 배우지 못했을 것이었다. 사실 경험을 통해 그들은 비전에 필수적인 어떤 것을 배웠다. 앤디가 말했다. "우리가 바꾸기를 정말 바랐던 것은 누가 돈을 관리하느냐가 아니라 누가 최고의 재능에 접근할 수 있느냐는 것이었습니다. 아마추어 매니저로 진지한 사업을 일으켜 전문가들을 끌어들여야 한다고 원래 생각했는데 그럴 필요가 없다고 밝혀져 다행이네요."

회사는 방향 전환하면서 게이머 고객을 함께 포기했고 고객이 전문 매니저의 도움을 받아 투자하는 서비스를 제공하는 데 집중했다. 표면적으로는 회사가 포지셔닝, 이름, 협력 전략을 바꾼 면에서 방향 전환은 꽤 극적으로 보였다. 그동안 만든 기능의 많은 부분을 버리기까지 했다. 그러나 그 핵심의 상당 부분은 예전 그대로였다. 회사가 한 가장 가치 있는 일은 매니저의 성과를 평가하는 기술을 만든 것으로 이것은 새 사업이 만들어지는 데 핵심이 되었다. 이는 또한 방향 전환에도 공통되는 것으로 전에 만든 모든 것을 버리고 새로 시작할 필요는 없다. 대신 지금까지 만든 것과 배운 것을 다른 목적에 맞게 고쳐 좀 더 긍정적인 방향을 찾는 것이다.

오늘날 웰스프런트는 방향 전환 후 번창하고 있고 플랫폼에 1억 8000만 달러 넘게 투자를 받았으며, 전문 매니저가 40명 이상 있다.[3]

회사는 최근에 경제지 『Fast Company』에서 선정한 금융 부분 10대 혁신 기업에 올랐다.[4] 회사는 계속해서 기민하게 운영되고 있으며 12장에서 소개할 성장 원칙에 따라 확장되고 있다. 웰스프런트는 9장에서 다룰 지속적 배포라는 개발 기법의 선도적 지지자이기도 하다.

방향 전환 실패

방향 전환 결정은 너무 어려워서 많은 회사가 방향 전환에 실패한다. 방향 전환에 직면할 때마다 잘 처리했다고 말하고 싶지만 사실은 별로 그렇지 않다. 실패한 방향 전환 하나가 특히 기억에 남는다.

IMVU를 설립하고 나서 몇 년 후 회사는 어마어마한 성공을 거두었다. 사업은 성장해 매월 100만 달러가 넘는 수익을 올렸고 고객들의 아바타는 2000만 개 넘게 만들어졌다. 2차 투자를 받을 시기였고, 당시 전 세계 경제 상황처럼 회사는 호황을 누리고 있었다. 그러나 위험이 구석에 도사리고 있었다.

알아채지도 못하는 사이에 우리는 고전적인 스타트업 덫에 빠졌다. 초창기 노력이 너무나 성공적이어서 그 뒤에 있는 원칙을 무시했다. 그 결과로 목전에 있었는데도 방향 전환 기회를 놓치고 말았다.

우리는 앞선 장에서 설명한 활동, 즉 MVP를 만들어 새 아이디어를 테스트하고 실험을 수행해 성장 엔진을 튜닝하는 활동에서 앞서 나가는 조직을 만들었다. 우리가 성공을 즐기기 전에는 많은 사람이 '품질이 낮은' MVP와 실험적 접근 방식에 대해 충고했고, 일 진행을 조금 늦추라고 권했다. 그들은 우리가 일을 잘 하고, 빠르기 대신 품질에 초점을 맞추기를 바랐다. 신속함의 장점을 주장하고 싶어서 우리는 그 충고를 무시했다. 우리의 접근 방식이 입증되자 충고가 바뀌었다. 당시에 들었던 충고는 우리가 하던 방식으로 성공했으니, 그 방식을 그대로 유지하라는 것이었다. 우리는 이 충고를 더 좋아했지만 완전히 잘못된 것이었다.

품질이 낮은 MVP를 만든 근거는 초기 수용자의 필요 이상의 기능 개발은 낭비라는 것이었다. 그런데 이러한 논리는 딱 거기까지다. 초기 수용자로 성공하면 주류 고객에게 팔고 싶을 것이다. 주류 고객은 요구사항이 다르고 훨씬 더 많다.

우리에게 필요한 방향 전환은 고객군 전환이었다. 이 방향 전환에서 회사는 자사 제품이 진짜 고객의 진짜 문제를 풀기는 하지만 문제에 처한 고객이 원래 서비스를 제공하려고 계획했던 고객과 다른 부류라는 사실을 깨닫는다(이 장의 보티즌 이야기에서 그러한 방향 전환을 설명했다).

고객군 전환은 실행하기에 특히 까다롭다. 우리가 IMVU에서 어렵게 배웠듯이 초기 수용자를 대상으로 성공한 활동은 주류 고객을 대상으로 성공하기 위해 습득해야 하는 활동과 180도 반대되기 때문이다. 우리는 성장 엔진이 어떻게 동작하는지 명확히 이해하지 못했다. 허무 지표를 믿기 시작했고 스스로 책임진다는 명목하에 학습 마일스톤 사용도 중단했다. 대신 큰 전체 지표에 집중하는 것이 훨씬 편했는데 고객 유지율을 모니터하거나 유료 고객과 액티브 사용자의 가입 신기록을 깨는 일은 무척 재미있었다. 이면에서는 엔진을 튜닝하려고 노력했지만 성과가 줄어드는 것이 분명했는데, 방향 전환해야 하는 전형적인 신호였다.

예를 들어 제품 액티베이션률(신규 고객이 제품의 액티브 소비자가 되는 비율)을 개선하려고 몇 달을 노력했지만 지독히 오르지 않았다. 사용성 개선, 새로운 설득 기법, 인센티브 프로그램, 고객 탐구, 기타 게임 같은 기능 등 셀 수 없이 실험을 했다. 개별적으로 성공한 신기능과 새 마케팅 도구는 많았다. 우리는 A/B 테스트로 그것들을 엄격하게 측정했다. 몇 달에 걸쳐 이러한 것을 다 합쳐 봐도 전체적인 성장 엔진 동력에는 무시해도 될 정도의 변화만 있었다. 초점의 중심이었던 액티베이션률마저도 겨우 몇 퍼센트 포인트 늘어난 정도였다.

회사가 계속 성장했고 그래프가 매월 상승하고 있어서 우리는 신호를 무시했다. 그러나 초기 수용자 시장은 금세 한계를 드러냈다. 평소 비용으로 얻을 수 있는 고객을 찾기가 점점 더 어려워졌다. 마케팅 팀에 고객을 좀 더 찾아보라고 강요할수록 팀은 주류 고객에게 더 다가가야 했는데 주류 고객은 초기 제품에 그다지 관대하지 않았다. 신규 고객의 액티베이션률과 모네타이제이션monetization률이 내려가기 시작했다. 얼마 지나지 않아 성장은 끝났고 엔진은 털털거리며 멈추었다.

이 상황을 고치는 데 변화가 필요함을 깨닫기까지 너무 오래 걸렸다. 모든 방향 전환처럼 우리는 기초로 돌아가 혁신 회계 주기를 다시 시작해야 했다. 회사의 두 번째 창업 같았다. 우리는 최적화, 튜닝, 이터레이션을 정말 잘했지만 그 과정에서 그러한 활동의 목적을 보는 것을 잊고 말았다. 즉 회사의 비전을 제공하는 가설을 분명하게 테스트해야 했다. 그런데 그 대신 우리는 성장, 수익, 이윤만 쫓고 있었다.

주류 고객을 다시 알아야 했다. 인터랙션 디자이너 주도로 대규모 직접 대화와 관찰을 바탕으로 명확한 고객 원형을 개발했다. 다음으로 주요 제품 쇄신에 아주 많이 투자해서 제품을 극적으로 쓰기 쉽게 만들어야 했다. 제품의 세세한 부분을 개선하는 데 너무 집착한 나머지, 이러한 대담한 쇄신을 무시했기 때문이다. 위험은 적지만 성과는 낮은 소규모 실험들을 선호했던 것이다.

품질과 디자인, 그리고 더 큰 프로젝트에 투자한다는 것이 우리 실험 정신의 근간까지 버린다는 것을 의미하지는 않는다. 반대로 실수를 깨닫고 방향 전환을 실행하자 그 기술들이 우리에게 매우 도움이 되었다. 우리는 12장에서 설명한 것처럼 실험을 위한 샌드박스sandbox를 만들고 전문 분야 협업cross-functional 팀에 오로지 주요 재설계 작업만 시켰다. 그들은 만들면서 새 설계를 옛 것과 맞비교해 테스트했다. 처음에는 새 설계가 옛 설계보다 더 못했는데 이는 늘 있는 일이다. 옛 설계의 특징과 기능이 부족했고 실수도 많았다. 그러나 팀이 몇 달 후까지 집요하게 설계를 개선하자 더 나아졌다. 이 새 설계는 향후 성장의 기초를 놓았다.

이 기초는 상당히 성과가 있었다. 2009년까지 수익은 두 배 이상이 되어 매년 2500만 달러가 넘었다. 그러나 더 미리 방향 전환했다면 더 일찍 성공을 누렸을지도 모르겠다.[7]

방향 전환의 종류

방향 전환에는 여러 형태가 있다. 방향 전환은 때때로 변화change의 동의어로 부정확하게 쓰이기도 한다. 방향 전환은 제품, 사업 모델, 성장 엔진에 대해 근본적인 새 가설을 테스트하려고 디자인된 특별한 변화다.

줌인 전환

이 경우, 전에는 제품의 단일 기능이라고 여겼던 것이 전체 제품이 된다. 이것은 보티즌이 했던 방향 전환 유형으로, 완전한 소셜 네트워크에서 단순한 투표자 연락 서비스로 방향 전환했다.

줌아웃 전환(zoom-out pivot)

반대로 제품을 뒷받침하기에 기능 하나로는 부족할 때가 있다. 이런 유형의 방향 전환에서는 전체 제품이라고 생각했던 것이 더 큰 제품의 한 기능이 된다.

고객군 전환

이 방향 전환에서는 회사가 만들고 있는 제품이 고객의 중요한 문제를 해결하고 있음은 알게 되지만, 그 고객이 원래 서비스하려고 계획했던 유형의 고객이 아니다. 다시 말하면 제품 가설이 부분적으로는 확인되어 정확한 문제를 풀 수 있지만 원래 예상과는 다른 고객을 대상으로 해야 한다.

고객 필요 전환

고객을 매우 잘 알게 된 결과로 고객을 위해 풀려는 문제가 그다지 중요하지 않다는 사실이 분명해질 때가 있다. 그런데 이러한 고객 친밀감 때문에, 연관된 다른 문제가 중요하고 우리 팀이 해결할 수 있음을 발견한다. 많은 경우 이렇게 연관된 문제는 기존 제품 포지셔닝을 다시 하는 것 이상의 일을 필요로 할 수도 있다. 어쩌면 완전히 새로운 제품을 필요로 할지도 모른다. 다시 말하면 이런 상황은 제품 가설이 부분적으로는 확인됐고 해결할 만한 문제가 대상 고객에게 있지만 원래 예측했던 그것은 아닌 경우다.

　유명한 예는 폿벨리 샌드위치 숍Potbelly Sandwich Shop 연쇄점인데 오늘날 200개가 넘는 점포가 있다. 1977년에 골동품 가게로 시작했고 주인은 가게에 손님을 끌고자 샌드위치를 팔기 시작했다. 얼마 지나지 않아 방향 전환해 샌드위치 가게가 됐다.

플랫폼 전환

플랫폼 전환은 애플리케이션에서 플랫폼으로 변화 또는 그 반대를 가리킨다. 새 플랫폼을 만들기를 열망하는 스타트업은 단일 애플리케이션, 즉 자사 플랫폼에서 동작하는 이른바 킬러 앱을 판매하면서 시작하는 것이 가장 일반적이다. 그 후에야 타사가 그와 연관된 제품을 만드는 데 활용하는 수단으로 플랫폼이 모습을 드러내게 된다. 그런데 이러한 순서는 고정된 것이 아니고 이 방향 전환을 여러 번 실행해야 하는 회사도 있다.

사업 구조 전환

이 방향 전환은 제프리 무어Geoffrey Moore의 개념에서 빌려왔다. 제프리 무어는 회사는 일반적으로 두 가지 주요 사업 구조 중 하나를 따른다고 보았다. 고이윤·소규모(복잡한 시스템 모델)이거나 저이윤·대규모(볼륨 오퍼레이션 모델)다.[6] 전자는 흔히 B2B나 기업 판매 주기와 연관되어 있고 후자는 B2C 제품과 연관되어 있다(눈에 띄는 예외도 있다). 사업 구조 전환에서 스타트업은 구조를 바꾼다. 어떤 회사는 고이윤·소규모에서 대중 시장(예: 구글 검색 엔진)으로 가고, 다른 제품들은 원래 대중 시장용으로 디자인됐다가 길고 비싼 판매 주기가 필요함이 밝혀지기도 한다.

가치 획득 전환

회사가 만든 가치를 획득하는 데는 여러 방법이 있다. 이 방법들을 보통 모네타이제이션monetization 또는 수익 모델이라고 부른다. 이 용어들은 너무 제한된 의미로 쓰이고 있다. 모네타이제이션이라고 하면 대부분 제품과 분리된 별도 기능으로 여기는 경향이 있어서, 아무 때나 추가하거나 뺄 수 있다고 생각한다. 하지만 현실에서는 이러한 가치 획득에 대한 부분이 제품의 기본 가설을 세우는 데 필수적인 부분이다. 회사에서 가치를 획득하는 방법을 바꾸는 것이 나머지 사업, 제품, 마케팅 전략에 지대한 영향을 끼칠 결과를 가져오기도 한다.

성장 엔진 전환

10장에서 살펴보겠지만 스타트업에 힘을 공급하는 세 가지 주요 성장 엔진이 있다. 바로 바이럴 성장, 재방문에 의한 성장, 유료 성장 모델이다. 회사는 성장 전략을 바꿔 더 빠르고 수익성 있는 성장을 추구한다. 늘 그렇지는 않지만 성장 엔진을 전환하면 가치를 획득하는 방식이 바뀌기도 한다.

채널 전환

전통적인 판매 용어에서 회사가 제품을 고객에게 전달하는 메커니즘을 판매 채널이나 유통 채널이라고 부른다. 예를 들어 식품점에서는 소비재를 팔고, 대리점에서는 차를 팔고, 자문 및 전문 서비스 회사에서는 많은 기업 소프트웨어를 판다(대규모 맞춤 개발이 병행된다). 채널 요구사항이 가격, 기능, 제품 경쟁 구도를 결정하기도 한다. 채널 전환은 똑같은 기본 솔루션을 서로 다른 채널을 거쳐 더 효율적으로 전달할 수 있다는 인식이다. 회사가 이전의 복잡한 판매 과정을 버리고 최종 사용자에게 '직접 판매'한다면 채널 전환이 진행된다.

　인터넷이 신문, 잡지, 책 출판처럼 복잡한 판매·유통 채널을 필요로 한 업계에 균열을 일으킨 것은 판매 채널에 끼친 파괴적 영향 때문이다.

기술 전환

가끔 회사에서 완전히 다른 기술을 사용해 같은 해법을 얻는 방법을 발견하기도 한다. 기술 전환은 자리를 잡은 회사에서 좀 더 일반적이다. 다시 말하면 기존 고객 기반을 유지하고 기존 고객의 매력을 끌도록 디자인된, 지속적인 혁신이자 점진적인 개선이다. 자리를 잡은 회사는 이러한 방향 전환에서 앞서 나간다. 많은 것이 바뀌지 않기 때문이다. 고객군도 같고, 고객 문제도 같으며, 가치 획득 모델도 같고, 채널 협력사도 같다. 유일한 질문은 신기술이 기존 기술과 비교할 때 우월한 가격이나 성능을 제공하느냐 하는 것이다.

방향 전환은 전략적 가설이다

앞서 구분한 방향 전환이 사업 전략을 공부하는 학생들에게는 익숙하겠지만 방향 전환 능력이 건전한 전략적 사고의 대체품은 아니다. 유명한 방향 전환 사례를 들면서 생기는 문제는 사람들이 대부분 유명 회사의 성공적인 최종 전략만 잘 안다는 점이다. 독자들은 대부분 사우스웨스트나 월마트가 시장에서 저가 파괴 공세를 한 예나, 마이크로소프트가 플랫폼 독점의 예, 스타벅스가 강력한 고급 브랜드를 활용했음을 안다. 일반적으로 덜 알려진 것은 그러한 전략을 발견하는 데 필요한 방향 전환이다. 회사들은 영웅적인 창업자를 중심으로 홍보 스토리를 짜려는 동기가 강해서 회사의 성공이 좋은 아이디어의 필연적 결과처럼 보이게 된다.

따라서 스타트업에서 성공한 회사와 비슷하게 보이는 전략으로 방향 전환하더라도 그러한 유사성을 너무 믿지 않는 게 중요하다. 비교가 적절한지 알기는 극도로 어렵다. 필수적인 특징이나 특별한 것을 베꼈는가? 그 산업에 됐던 것이 우리 산업에서도 될까? 과거에 성공한 것이 오늘날도 성공할까? 방향 전환은 새로운 전략적 가설로 이해하는 편이 더 낫고 새 MVP로 테스트할 필요가 있다.

방향 전환은 성장하는 사업에서 영구적이고 피할 수 없는 현실이다. 회사가 초기 성공을 거두더라도 계속 방향 전환해야 한다. 제프리 무어 같은 이론가의 기술 생명 주기에 익숙한 사람이라면 그가 명명한 캐즘 chasm, 돌풍 tornado, 볼링 앨리 bowling alley 같은 제품 후반기에 필요한 방향 전환에 대해 알 것이다. 하버드의 클레이튼 크리스튼슨이 이끄는 파괴적 혁신 연구를 읽은 사람이라면 안정된 기업이 필요할 때 방향 전환에 실패한다는 사실을 알 것이다. 오늘날 경영자에게 매우 중요한 기술은 그러한 이론을 현 상황에 맞춰보고 적절한 때에 적절한 조언을 적용하는 것이다.

오늘날 경영인들은 기존 사업을 바꾸거나 완전히 뒤엎어야 한다고 주장하는 수많은 책이 쏟아져 나오는 상황을 피할 수 없다. 이러한 종류의 많은 작업이 충고는 많지만 구체적인 내용은 부족하다.

방향 전환은 그저 바꾸라는 간곡한 권고가 아니다. 기억하라. 방향 전환은 제품, 사업 모델, 성장 엔진에 대한 새롭고 근본적인 가설을 테스트하도록 디자인된 특별한 구조적인 변화다. 그것은 린 스타트업 방법론의 핵심이다. 그것은 린 스타트업을 따르는 회사가 실패에 직면했을 때 회복하도록 하는 것이다. 잘못된 방향을 잡았을 때 그것을 깨닫는 도구와 다른 길을 찾는 명민함이다.

2부에서는 사업 초기 가장 위험한 가정에서 시작되는 스타트업 아이디어와 그것을 MVP로 실험하는 방법, 혁신 회계와 실행 지표를 사용해 결과를 평가하는 법, 방향 전환에 대해 살펴봤다.

다음에 나올 내용을 준비하려고 이 주제를 매우 자세히 다뤘다. 이 과정들이 임상적이고 느리고 단순하게 보였을지도 모르겠다. 실제 세상에서는 뭔가 다른 것이 필요하다. 천천히 움직일 때 어떻게 조정해 나가야 하는지 배웠다. 이제는 달리는 방법을 배울 차례다. 이렇게 기초를 탄탄하게 다져놓는 것이 우리가 진짜 목표로 하는 빠르게 달리는 법을 배우는 첫걸음이다.

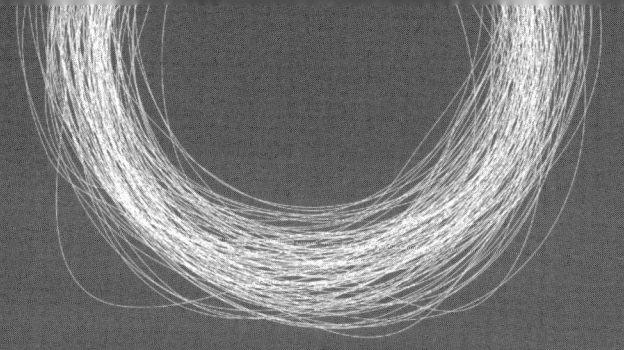

3
가속

엔진을 켜라

스타트업에서 내리는 결정은 대부분 딱 떨어지지 않는다. 얼마나 자주 제품을 출시해야 할까? 하루에 한 번이나 분기에 한 번, 1년에 한 번이 아니라 일주일에 한 번씩 출시해야 하는 특별한 이유가 있나? 제품 출시는 많은 부가적인 일을 야기하므로 제품을 자주 출시하면 할수록 챙겨야 하는 일이 더 많아져서 제품 개발 자체에 신경을 덜 쓰게 될 수 있다. 하지만 반대로 제품 출시 주기를 너무 길게 잡으면, 아무도 원하지 않는 제품을 만드는 치명적인 낭비를 할 수도 있다.

회사는 지금 만드는 제품이 성공한다고 예상했을 때 발생하는 여러 일을 계획하는 데 얼마만큼 시간과 에너지를 사용해야 할까? 너무 많은 시간을 사용하면 학습에 쓸 귀중한 시간을 낭비하는 결과를 가져올 수 있다. 반대로 너무 적은 시간을 사용하면 초기 성공의 장점을 제대로 활용하지 못하고 추격자들에게 시장 주도권을 뺏기는 결과가 생길 수도 있다.

직원들은 일하는 동안 무엇에 최대한 시간을 배정해야 할까? 조직 차원에서 학습을 이끌어내려면 어떻게 해야 할까? 전통적인 조직에서는 조직 구성원들이 자신의 전문 분야인 마케팅, 제품 개발, 영업 등에서 최대한의 역량을 계발하기를 권장한다. 하지만 회사의 가장 큰 이익이 전문 분야 협업으로 생긴다면 어떻게 해야 할까? 스타트업은 가장 큰 적인 불확실성에 대처하기 위해 조직적인 구조를 갖추어야 한다.

린 제조 운동은 공장에서 비슷한 문제에 직면했다. 그들이 찾아낸 해답을 조금만 수정하면 스타트업에도 적용할 수 있다.

린 스타트업에서 가장 중요한 첫 번째 질문은 어떤 행위가 가치를 창조해 내고, 어떤 행위가 낭비를 만들어 내는지 알아내는 것이다. 이 차이를 이해하기만 하면 가치 창조 행위를 더욱 장려하고 린 기법으로 낭비를 몰아낼 수 있다. 스타트업에서 쓰는 이런 기법은 창업가 정신의 특수한 상황에 잘 적용되어야 한다. 3장에서 강조했던 말을 다시 한 번 떠올려보자. 스타트업에서 중요한 것은 서비스나 기능을 만들어 내는 것이 아니라 지속 가능한 사업을 영위하기 위해 어떤 유효한 학습을 해 내야 하는가에 있다. 고객들은 어떤 서비스를 정말 원하는가? 사업은 어떻게 성장해 나갈 것인가? 누가 고객인가? 어떤 고객의 이야기에 귀 기울여야 하고, 어떤 고객은 무시해도 되는가? 이런 질문들은 스타트업의 성공 가능성을 높이려면 최대한 빨리 대답을 찾아야 하는 질문들이다. 그리고 이 질문들은 스타트업에 가치를 만들어내는 질문들이기도 하다.

3부에서는 린 스타트업이 속도와 유연함(모든 스타트업의 생명력이다)을 잃지 않고 성장하는 방법을 찾아볼 것이다. 일반적으로 조직이 성장하면 활력이 떨어지고 관료주의가 팽배해지는 것은 어쩔 수 없다고 생각하지만 실제로는 그렇지 않다. 적절히 기초를 세워 두면 린 스타트업이 확장해 갈 때 기민함, 학습 지향, 혁신 문화를 유지하면서 큰 회사로 성장할 수 있다고 믿는다.

9장에서는 린 스타트업이 작은 일의 단위가 주는 장점들을 어떻게 활용할 수 있는지 살펴볼 것이다. 린 제조 방법에서 제품을 만드는 데 적기$_{just\text{-}in\text{-}time}$ 접근 방식을 사용해 제조 과정의 재고를 줄인 것처럼 린 스타트업에서 기획과 디자인에서 큰 투자를 하지 않고도 제품 실험을 수행할 수 있는 적기 확장에 대해 살펴볼 것이다.

10장에서는 스타트업이 새로운 고객을 찾고 새로운 시장을 개척하면서 얻게 되는 성장을 측정하는 지표에 대해 살펴볼 것이다. 지속 가능한 성장은 세 가지 성장 엔진 중 하나에 의해 일어난다. 유료 고객에 의한 성장paid, 전파에 의한 성장viral, 재방문에 의한 성장sticky이 그것이다. 어떤 성장 엔진을 사용하느냐에 따라 사업을 키우면서 회사의 에너지를 어디에 집중하는 것이 가장 효과적인지 알게 된다. 각 성장 엔진은 저마다의 지표에 초점을 두고 신제품 성공을 평가하고 새로운 실험의 우선순위를 정한다. 2부에서 설명한 혁신 회계 방법과 함께 사용하면, 이런 측정 지표들에 의해 성장 엔진이 다 바닥난 위험한 상황인지, 제대로 방향 전환을 이루어 내고 있는지 알게 된다.

11장에서는 회사 성장에 맞춰 팀을 유연하게 유지하기 위해, 프로세스를 어떻게 운영하면 적응력이 뛰어난 조직을 만들 수 있는지 살펴본다. 린 제조 기법에서 차용한 다섯 가지 왜Why 기법을 사용해 린 스타트업 조직은 관료적이 되거나 생산성을 희생하지 않고 성장해 나갈 수 있다. 그리고 린 스타트업 원칙을 어떻게 세팅하면 스타트업이 탁월한 운영으로 움직이는 안정된 기업으로 자리를 잡아갈 수 있는지 살펴본다.

12장에서는 모든 과정을 다 살펴보게 되는데, 스타트업이 큰 조직으로 성장하면 지금 대중이 대기업에 요구하듯이 파괴적 혁신에 투자하라고 똑같이 요구받게 된다. 사실 성공적인 스타트업의 장점은 회사 내에 창업가적 DNA를 회사가 성장하더라도 유지해 나갈 수 있다는 점이다. 오늘날의 기업들은 지속 가능한 혁신과 파괴적인 혁신을 동시에 수행해야 한다. 스타트업이 초기에 했던 혁신을 뒤로 하고 큰 회사로 성장해 나가야 한다는 관점은 지금 시대에는 맞지 않다. 오히려 현대적인 기업은 다양한 종류의 혁신을 동시에 수행해 나가야 한다. 그러기 위해 대기업 내에 혁신 팀을 꾸려 가는 방법을 살펴볼 것이다.

「낭비하지 말라」라는 후기를 추가했는데, 여기에서는 린 스타트업 운동 성공의 의미를 역사적으로 해석하여(과거 운동의 교훈 포함) 미래에 어떻게 적용해야 하는지 제안을 담았다.

9
일괄 작업

『Lean Thinking』 책에서 지은이인 제임스 워맥James Womack과 대니얼 존스Daniel Jones는 어린 두 딸의 도움을 받아 소식지를 봉투 안에 담는 일을 한 것을 이야기한다. 모든 봉투에는 주소를 쓰고 도장을 찍고 소식지를 넣고 봉해야 했다. 딸들은 각각 여섯 살, 아홉 살이었는데 이 일을 어떻게 끝내야 하는지 알고 있었다. "아빠, 아빠는 일단 소식지를 전부 반으로 접고 나서 봉인을 붙여주세요. 그런 다음 도장을 찍어 주세요." 그런데 아이들 아버지는 비직관적인 방식으로 일을 하고 싶었다. 한 번에 봉투 하나씩 끝내는 방식으로 말이다. 아이들은 그걸 훨씬 낡은 방법이라고 생각했고(다른 사람들 역시 대부분 그렇게 생각할 것이다) "그렇게 하면 비효율적이에요"라고 말했다. 아빠와 두 딸은 봉투를 반씩 나눠 가지고 누가 더 먼저 끝내는지 보기로 했다.

아빠가 경쟁에서 이겼는데 아빠가 어른이기 때문이 아니다. 한 번에 봉투 하나씩 끝내는 방식이 비효율적으로 보여도 결국 더 빠르기 때문이다. 이것은 비슷한 사례를 녹화한 비디오를 비롯해 여러 연구를 통해 이미 증명되었다.[1]

한 번에 봉투 하나씩 끝내는 방식을 린 제조 기법에서는 '싱글 피스 플로'라고 부른다. 이것은 일괄 작업 크기가 작기 때문에 가능하다. 단계를 나눠 일을 진행할 때는, '일괄 작업 크기'가 한 단계에서 다음 단계로 한 번에 넘어가는 일의 수를 의미한다. 예를 들어 봉투 100개를 가지고 일한다면, 한 번에 소식지를 다 접고 그 다음에 다른 일을 진행하는 방식은 일괄 작업 크기가 100이다. 싱글 피스 플로 방식에서는 일괄 작업 크기가 1이 된다.

한 번에 봉투를 하나씩 끝내는 방식이 느리게 보이는데도 왜 더 빨리 끝날까? 사람의 직관은 수북하게 쌓인 반만 완성된 봉투를 정렬하고 쌓고 옮기는 데 추가로 드는 시간을 미리 고려하지 않기 때문이다.[2] 봉투 하나에 대해 반복적인 작업을 계속 반복하는 것이 더 효율적인 것은 어떤 면에서는 단순 작업을 계속 반복하면서 더 익숙해지기 때문이다. 안타깝게도 프로세스 중심 업무에서는 개인 생산성이 전체 시스템 생산성만큼 중요하지 않다.

개별 프로세스를 수행하는 데 똑같은 시간이 든다고 하더라도, 일괄 작업 크기를 작게 해서 실행하는 것이 더 우수한 성과를 보이는데 그 이유는 더욱 반직관적이다. 예를 들어 소식지가 봉투에 꼭 들어맞지 않는다고 가정해 보자. 일괄 작업 크기를 크게 잡은 진행 방식에서는 이 사실을 마지막에 가서야 알 수 있다. 일괄 작업 크기가 작은 진행 방식에서는 이 사실을 곧바로 알게 된다. 봉투에 문제가 있어서 봉인을 할 수 없는 상태라면 어떨까? 일괄 작업 크기가 큰 접근 방식에서는 봉투에서 소식지를 꺼내고, 새 봉투를 가져와서 다시 집어넣어야 한다. 하지만 작은 일괄 작업 크기에서는 이런 문제 역시 바로 알게 되고, 추가로 수행해야 하는 업무가 하나도 없다.

이러한 문제들은 봉투 안에 소식지를 집어넣는 간단한 일에서는 아주 잘 보이는데 현실 세계 스타트업에서는 어떤 일괄 작업 크기로 일을 진행하는지에 따라 그 결과가 아주 달라진다. 작은 일괄 작업 크기를 사용하면 제품이 초 단위로 새로 나오는 셈이고, 큰 일괄 작업 크기를 사용하면 모든 제품이 마지막에 가서 한꺼번에 나오는 셈이다. 시간 단위, 일 단위, 주 단위로 시간 프레임이 달라진다면 회사에는 어떤 영향이 있을까? 고객이 만들어진 서비스를 원하지 않는다면 어떻게 될까? 어떻게 하면 회사가 이 사실을 더 빨리 발견할 수 있을까?

린 제조 기법을 사용하는 사람들은 작은 일괄 작업 크기의 장점을 이미 수십 년 전에 알고 있었다. 제2차 세계 대전 후, 도요타 같은 일본의 자동차 생산업체는 최신 대량 생산 기술을 쓰는 미국의 자동차 대기업과 경쟁이 되지 않았다. 앞서 말한 직관적으로 효율적인 방식을 쫓아서 대량 생산 시스템을 갖춘 공장은 큰 일괄 작업 크기로 자동차를 만들고 있었다. 이러한 공장은 자동차의 개별 부품을 생산하는 기계를 구매하는 데 아주 큰돈을 썼다. 개별 기계의 생산성을 최대한으로 끌어올림으로써 개별 부품 단가를 낮추고 차종이 획일적인 경우 믿을 없을 정도로 저렴하게 차를 생산할 수 있었다.

일본 자동차 시장은 너무 작아서 도요타 같은 회사가 이런 규모의 경제를 적용할 수는 없었다. 하지만 대량 생산을 해야 한다는 강한 압박을 받고 있었다. 또 전쟁으로 황폐해진 일본 경제는 이렇게 거대한 기계에 대규모 자본을 투자할 여력이 없었다.

이런 환경에 대항해 오노 다이이치, 신고 시게오 같은 혁신가들이 작은 일괄 작업 크기로 시장에서 좋은 성과를 내기 시작했다. 한 번에 수천 개 부품을 생산하는 대형 전용 기계를 구매하는 대신 도요타는 다양한 부품을 작은 일괄 작업으로 생산할 수 있는 소형 범용 기계를 사들였다. 이것을 성공적으로 운영하려면 개별 기계가 어떤 시점에 어떤 부품을 생산해야 최적화된 결과를 얻을 수 있는지 알아내야 했다. 이렇게 '시간에 따라 용도를 변경'하는 방법을 잘 조정해 나가면서 도요타는 전 과정에 걸쳐 작은 일괄 작업 크기를 유지하면서 자동차 전체를 생산할 수 있게 됐다.

이렇게 기계를 갑자기 바꾸기란 쉬운 일이 아니다. 린 제조 전환 사례처럼 일괄 작업 크기를 줄이려면 기존 시스템과 도구를 재발명해야 한다. 신고 시게오는 초기 도요타 공장에서 일괄 작업 크기를 작게 유지하기 위해 SMED Single Minute Exchange of Die 라는 개념을 고안했다. 그는 기계 운용 방식을 끊임없이 고민했는데, 그 결과 기계 전환 시간을 몇 시간에서 10분 단위로 혁신적으로 줄일 수 있었다. 그는 직원들에게 일을 더 빨리 하라고 재촉하지 않고, 일의 구조를 재정의함으로써 이 일을 해냈다. 도구를 더 좋게 만들고 프로세스를 개선하는 데 들어간 모든 투자는 일괄 작업 크기 축소라는 관점에서 이득이 있었다.

이런 작은 일괄 작업 크기 덕분에 도요타는 훨씬 다양한 제품을 생산할 수 있게 되었다. 모든 개별 제품이 대량 생산을 가능하게 하는 규모의 경제를 가질 필요가 없었다. 이 덕분에 도요타는 훨씬 다양한 사람의 필요를 만족시켜 줄 수 있게 되었고 이러한 전략 덕분에 대량 생산에 집중하는 자동차 회사들과 경쟁할 수 있었다. 시간이 지나면서 이러한 능력 덕분에 도요타는 더 큰 시장에서도 성공했고 마침내 2008년에는 세계에서 가장 큰 자동차 제조사가 되었다.

일괄 작업 크기를 작게 유지할 때 얻는 가장 큰 장점은 제품에 결함이 있을 때 그것을 빨리 알아챌 수 있다는 점이다. 이것이 도요타의 유명한 안돈 코드 andon code 의 효시다. 안돈 코드란 어떤 노동자라도 제품 부품에 결함이 있을 때 즉시 수정할 수 없다면 전체 생산 라인을 중지시키고 도움을 요청할 수 있는 제도를 말한다. 이것 역시 아주 비직관적인 방식이다. 생산 라인은 절대 멈추지 않고 계속해서 자동차를 생산해야 최대 생산성이 나온다. 안돈 코드는 문제가 있을 때마다 생산 라인을 멈추므로 생산성이 떨어진다고 생각할 수 있다. 하지만 문제를 발견하고 그것을 더 빨리 수정한다는 장점이 이러한 단점을 극복하고도 남는다. 이렇게 문제를 끊임없이 수정해 나가는 방식은 도요타에게도, 도요타 고객에게도 모두 도움이 되었다. 이것이 도요타의 고품질과 저비용 생산 구조의 근간이 되었다.

창업가 정신에서 작은 일괄 작업 크기

창업가들에게 이 방법론을 가르칠 때 나는 제조업 이야기로 시작한다. 얼마 후 다음과 같은 질문들이 나올 것을 이제는 예상할 수 있다. "이 방법론이 스타트업에 어떻게 적용되나요?" 도요타 성공의 토대가 된 이 방법론은 스타트업이 유효한 학습을 하는 속도를 극적으로 향상시킨다.

도요타는 작은 일괄 작업 크기로 공장을 더욱 효율적으로 만들었다. 반대로 린 스타트업의 목적은 제품을 더욱 효율적으로 만드는 것은 아니다. 린 스타트업의 목적은 지속 가능한 사업을 만드는 방법을 최대한 빨리 배우는 것이다.

봉투에 소식지를 넣는 작업을 다시 떠올려보자. 고객이 우리가 만드는 제품을 싫어한다면 어떻게 될까? 이것은 창업가에게는 아주 좋지 않은 소식이기는 하지만 빨리 아는 것이 나중에 아는 것보다는 낫다. 작은 일괄 작업 크기를 유지함으로써 스타트업은 시간, 돈, 노력이 낭비되는 일을 막을 수 있다.

IMVU의 작은 일괄 작업 크기

IMVU에서 나는 이런 교훈을 우리 실무에 직접 적용했다. 일반적으로 소프트웨어 제품 새 버전은 월간이나 계간, 연간으로 발표된다.

휴대전화를 보자. 신기한 점은 여러분이 쓰는 휴대전화가 첫 버전은 아닐 것이다. 아주 혁신적이라고 알려진 애플도 제품을 1년에 한 번씩 발표한다. 제품을 발표할 때 수십 가지 신기능을 추가한다(아이폰 4가 나왔을 때 애플은 1500개의 제품 변화 또는 기능 개선 사항을 추가했다고 자랑스럽게 발표했다).

공교롭게도 많은 첨단 제품이 작은 일괄 작업 크기와 싱글 피스 플로를 비롯한 린 사고방식에 따라 앞선 설비로 제조된다. 하지만 제품을 설계하는 과정은 여전히 대량 생산 시대 방식에 머물러 있다. 애플이 아이폰 4를 발표할 때 말했던 1500개 변경 사항은 고객에게 한 번의 거대한 일괄 작업을 통해 전해진 셈이다.

이 배경에는 제품 디자인과 개발에 여전히 큰 일괄 작업이 일반적으로 통용되고 있음을 의미한다. 신제품 개발은 일종의 가상 조립 라인에서 돌아가는 것과 같다. 제품 매니저는 어떤 기능이 고객을 기쁘게 할 것인지를 예측하고, 제품 디자이너는 이런 기능들이 어떻게 보여야 하는지를 고민한다. 이런 디자인은 개발자들에게 전해지고 이들은 새롭게 기능을 만들거나 기존 제품 일부분을 수정한다. 이렇게 개발이 끝나면 제품 검증을 책임지는 사람에게 전해져 제품 매니저와 디자이너가 의도한 대로 돌아가는지 확인한다. 아이폰 같은 경우에는 이런 내부 프로세스가 한 달에 한 번씩이나 분기에 한 번씩 일어난다.

봉투에 소식지를 넣는 작업을 다시 한 번 떠올려 보자. 이 일을 가장 효율적으로 하는 방법은 무엇인가?

IMVU에서 우리는 한 번에 한 가지 신기능만 디자인하고, 개발한 뒤 그 후 고객에게 바로 전달하려 했다. 작은 일괄 작업 크기의 위력을 그대로 활용하면서 말이다. 다음과 같이 했다.

개별 부서에서 일하는 대신 개발자와 디자이너는 한 번에 한 가지 기능에 대해 같이 이야기하고 일을 진행했다. 그 기능의 고객 테스트 준비가 될 때마다, 바로 제품의 새 버전을 웹 사이트에 내놓으면, 소수이기는 했지만 고객들이 그것을 다운로드했다. 팀에서는 작업한 결과물의 영향을 바로 측정하고 고객에 미친 효과를 평가할 수 있었고, 그 다음에 무엇을 해야 하는지 결정할 수 있었다. 작은 변화에 대해서는 전체 프로세스를 하루에 몇 번씩 돌기도 했는데, 사실 전체적으로 IMVU에서는 하루 평균 50개의 변화를 적용한 날도 있었다.

도요타 생산 시스템처럼, 이것을 빨리 운용하는 방법은 결점을 즉시 찾아내 이것이 나중에 더 큰 문제로 번지기 전에 빨리 막아내는 것이다. 예를 들어 우리는 자동화된 테스트를 아주 많이 썼는데, 이를 통해 디자인한 대로 서비스가 동작하는지 확인하였다. 예를 들어 개발자가 실수로 결제 페이지에서 결제 버튼을 삭제해 버렸다고 가정해 보자. 이 버튼이 없으면 고객은 IMVU에서 어떤 것도 구매할 수 없다. 이 버튼이 없으면 사업이 한순간에 취미 활동이 되어 버리는 것이다. 도요타의 안돈 코드와 비슷하게 IMVU에서는 개발자가 실수로 중요한 기능을 없애버리거나 깨뜨리는 실수를 좀 더 세련된 방법으로 막았다.

이것을 서비스 면역 시스템이라고 불렀는데, 이런 자동 보호가 제품이 예상한 대로 동작함을 보장하는 그 이상을 해 주었기 때문이다. 그리고 사업 상태도 지속적으로 모니터했는데, 이를 통해 실수를 찾고 이를 자동으로 제거할 수 있었다.

앞에서 사업이 한순간에 취미로 전락한다고 말한 그 예로 돌아가서 이 문제를 좀 더 재미있게 만들어 보자. 개발자가 그 버튼을 없앤 것이 아니라 배경색과 똑같이 흰색으로 버튼 색만 변경했다고 하자. 그러면 자동화된 기능 테스트 관점에서는 버튼은 그 자리에 있고 멀쩡하게 잘 동작하지만, 고객 관점에서는 버튼이 사라진 것처럼 보이고, 아무것도 구매할 수 없게 된다. 이러한 문제는 자동화만으로는 발견하기가 아주 어려운데 사업 관점에서 봤을 때는 재앙에 가깝다.

IMVU에서 면역 시스템은 이런 사업적 영향을 찾아내, 안돈 코드 같은 것이 자동으로 동작하도록 만들었다.

면역 시스템이 문제를 발견했다고 하면, 동시에 다음과 같은 일들이 즉시 일어났다.

1. 문제를 일으키는 변화 사항은 즉시 자동으로 제거된다.
2. 관련 팀이 모두 문제에 대해 공지를 받는다.
3. 팀이 더 복잡한 문제를 일으키지 않도록 추가 변경 사항을 만들지 못하게 접근이 제한되는데,
4. 이 문제의 가장 근본적인 원인이 밝혀져 수정될 때까지 접근이 제한된다(문제의 가장 근본적인 원인을 찾는 방법에 대해서는 11장에서 논의한다).

IMVU에서는 이것을 지속적 배포continuous deployment라고 불렀다. 빠르게 변화하는 소프트웨어 개발 세계에서 이것은 여전히 논란이 많은 방법으로 인식되고 있다.[3] 린 스타트업 방법론이 많은 인기를 끌게 되면서 여러 스타트업, 심지어 핵심 업무 애플리케이션을 개발하는 스타트업에서도 이 방법을 채택하고 있다. 이러한 기법을 가장 잘 사용한 회사는 8장에서 방향 전환을 소개할 때 나온 웰스프런트다. 이 회사는 진정한 지속적 배포를 실현하고 있는데, 고객에게 하루에 십여 번 배포한다. SEC 규제를 받는 환경에서도 말이다.[4]

소프트웨어 이외 산업에서 지속적 배포

이 이야기를 좀 더 느리게 움직이는 산업에서 일하는 사람에게 들려주면, 그들은 내가 뭔가 미래 이야기를 하고 있다고 생각한다. 하지만

더욱 더 많은 산업에서 제품 디자인 프로세스가 소프트웨어 산업에서 쓰는 이러한 주기의 빠른 반복에서 영감을 받아 변화하고 있다. 어떤 일이 일어나고 있는지 세 종류로 나눠 살펴보자.

1. **하드웨어가 소프트웨어가 되고 있다.** 소비자 가전 쪽에서 일어나는 일들을 살펴보자. 최신 휴대전화와 태블릿 컴퓨터는 인터넷에 연결된 스크린 같은 것이다. 이러한 기기들의 가치는 이 기기 위에서 돌아가는 소프트웨어에 의해 결정된다. 전통적인 자동차 같은 제품들도 그 안에 들어 있는 소프트웨어에 의해 제품 가치가 결정되고는 한다. 자동차 안의 소프트웨어가 오디오 시스템부터 엔진과 브레이크까지 제어하기 때문이다. 소프트웨어를 기반으로 만들어지는 것들은 물리적이거나 기계적인 장치가 만들어내는 변화보다 훨씬 빨리 변화를 수용하게 된다.
2. **생산 속도가 바뀌고 있다.** 린 제조 운동 성공에 힘입어, 조립 라인은 대부분 비용 효율이나 품질을 포기하지 않고서도 다양한 라인의 제품에 사용할 수 있도록 운영되고 있다. 역사적으로 이런 기술들을 통해 고객들은 다양한 선택을 보장받게 된다. 하지만 미래에는 이러한 기능들이 신제품에 대한 고객 피드백을 더 빨리 들을 수 있게 도와줄 것이다. 디자인이 변경되었을 때 예전 디자인의 제품이 재고로 쌓이지 않도록 재고 관리가 발전하고 있다. 생산 라인 기계들이 이처럼 빠른 변화를 수용할 수 있게 점점 변화함으로써 새로운 디자인이 나오자마자 신제품 생산에 바로 돌입할 수 있다.
3. **3D 프린팅과 빠른 시제품화를 도와주는 도구들이 나오고 있다.** 한 가지 예를 들면 오늘날 플라스틱으로 만들어지는 제품과 부품은 대부분 사출 성형이라는 방식으로 대량 생산된다. 이러한 과정은

아주 비싸고 설치하는 데 시간도 많이 든다. 하지만 한번 설치되고 돌아가기 시작하면 똑같은 모양을 아주 저렴한 비용으로 계속 찍어낼 수 있다. 이것은 일괄 작업 크기가 큰 형태의 전통적인 사업에 적합하다. 하지만 반대로 새로운 제품을 만들고 싶은 창업가에게는 단점으로 작용한다. 오직 대기업들이 이러한 장비에 투자하고 신제품을 만들어낼 수 있기 때문이다. 하지만 신기술들이 등장하면서 이러한 사출 성형과 비슷한 품질로 저비용에 빠르게 신제품을 만들어낼 수 있게 되어가고 있다.

여기서 본질적인 교훈은 모든 사람이 일괄 작업 크기를 줄여 하루에 50번씩 출시해야 한다는 것이 아니라 경쟁자들이 하는 것보다 더 빨리 만들기-측정-학습 주기의 피드백 순환을 돌아야 한다는 것이다. 고객으로부터 더 빨리 학습하는 능력은 스타트업이 반드시 지녀야 하는 핵심적인 역량이다.

일괄 작업 크기 줄이기 실전

이 과정이 실전에서 어떻게 돌아가는지 알기 위해 미국 아이다호 보이시Boise에 있는 SGW 디자인웍스라는 회사를 소개하려고 한다. SGW의 강점은 실제 제품을 빠르게 생산해내는 기술에 있었다. 그 회사 고객 대부분은 스타트업이었다.

    SGW는 어떤 고객의 일을 맡게 됐는데 그 고객은 국경과 교전 지대에서 폭발물 및 여타 파괴 장치를 탐지하는 복합 실전 엑스레이 시스템을 만들어달라는 요청을 군대로부터 받은 상황이었다.

    개념상으로 이 시스템은 엑스레이 필름을 읽는 첨단 헤드 유닛과 다중 엑스레이 필름 패널, 필름이 노출되어 있는 동안 패널을 지탱하는 본체부로 구성되어 있었다. 클라이언트는 엑스레이 패널과 헤드 유닛에 대해서는 기술이 있었지만, 험난한 실전 환경에서 이 기계를 사용하려면 SGW가 디자인을 새로 하고 개발을 새로 할 필요가 있었다. 본체부는 엑스레이 이미지가 흔들리지 않을 만큼 안정적이어야 했고, 교전 지대에서도 사용할 수 있을 만큼 튼튼해야 했다. 또 조금만 훈련시킨 상태에서도 실전에 투입할 수 있어야 했고, 가방에 들어갈 만큼 작아야 했다.

이러한 종류의 제품에 대해 들으면 흔히 우리는 개발 기간이 몇 달이나 몇 년 걸릴 것이라고 생각한다. 하지만 신기술 덕에 이러한 시간이 많이 단축됐다. SGW는 3D 캐드CAD: computer-aided design 소프트웨어로 시제품을 빨리 만들어 나가기 시작했다. 3D 모델은 고객과 SGW 간에 의사소통하기 위한 시제품으로 동작했고, 또 SGW 팀이 디자인 결정을 빨리 내리는 데 도움이 되었다.

SGW 팀과 고객은 고도화된 잠금 경첩을 사용하는 데 동의했는데, 이것을 사용하면 접어서 가방에 넣을 수도 있으면서, 튼튼함도 보장해 주게 된다. 디자인은 흡입 컵/펌프 메커니즘을 조합하여 엑스레이 패널을 빠르고 반복적으로 붙일 수 있게 했다. 상당히 복잡하게 보이지 않는가?

'사흘 뒤' SGW 팀은 실제 형상을 지닌 시제품을 만들어 고객에게 보여주었다. 이 시품은 3D 모델에서 바로 알루미늄으로 만들어진 것이다. 여기에는 CNC Computer Numerical Control 라는 기술이 쓰였고, 이렇게 나온 부품을 SGW 팀이 직접 손으로 조립했다.

고객은 이 시제품을 가지고 즉시 군대 측과 접촉하여 검토했다. 전체적인 개념은 수용됐고, 일부 사소한 디자인 요소에 대해 수정하자고 결론이 났다. 그 다음 닷새간 다시 처음부터 디자인, 시제품 제작,

설계 검토가 이뤄졌다. 40가지 복잡한 부품으로 구성된 첫 상용 제품은 프로젝트 시작 이후 3주반이 지나고 나서 나왔다.

SGW는 설계 결정 관련 피드백이 바로 됐기 때문에 이렇게 빨리 만드는 것이 가능하다고 말했다. SGW 팀은 같은 프로세스를 12개월간 광범위한 기능을 제공하는 여덟 개 제품 설계와 전달에도 적용했다. 이 제품 중 반은 오늘날 매출을 내고 있고, 나머지 반은 초기 주문을 기다리고 있다. 이 모든 것이 작은 일괄 작업 크기로 일을 진행했기 때문에 가능한 일들이었다.

프로젝트 타임라인	
초기 가상 시제품 설계와 엔지니어링	1일
실제 시제품 생산과 조립	3일
설계 반복: 주기 2회 더 돌기	5일
40개 부품으로 구성된 첫 상용 제품 생산	15일

교육에서 작은 일괄 작업 크기

오늘날 존재하는 모든 형태의 제품이 작은 일괄 작업 크기로 디자인을 바꿀 수 있지는 않다. 하지만 그렇다고 해서 예전 방식을 고수해야 한다는 말은 아니다. 작은 일괄 작업 크기를 실험하려면 상당히 많은 연구와 실험을 해 봐야 한다. 2장에서 말한 것처럼 이미 자리 잡은 대기업들은 내부 혁신 팀이 자리를 잡아나가면서, 실험을 지속해 나갈 수 있는 플랫폼을 만들어야 하는데, 이런 것들은 모두 최고 경영진의 책임이다.

자신이 중학생들에게 수학을 가르치는 교사라고 상상해보자. 개념을 작은 일괄 작업 크기로 가르칠 수는 있겠지만(예를 들면 하루에 한 개념씩 말이다) 전체적인 교과 과정은 그렇게 자주 바꾸지 못한다. 일단 교과 과정을 미리 짜 두고 나면, 같은 개념을 같은 순서로 모든 학생에게 가르쳐야 하므로 새로운 교과 과정은 1년에 한 번만 시도해 볼 수 있다.

그렇다면 수학 교사는 어떻게 작은 일괄 작업 크기를 실험해 볼 수 있을까? 현재의 큰 일괄 작업 크기의 교육 제도에서는 아주 어려운 일이다. 현재 교육 시스템은 대량 생산 시대에 만들어져서 큰 일괄 작업 크기를 광범위하게 활용한다.

이러한 분야에 도전하는 스타트업들이 이러한 상황을 바꾸려고 열심히 일하고 있다. 스쿨 오브 원 School Of One이라는 서비스에서는, 학생들은 날마다 자신이 그날 배울 항목들을 자유롭게 짜고, 학생들이 기존 지식과 스타일에 맞추어 학습을 진행해 나갈 수 있다. 예를 들어 줄리아는 수학을 아주 잘 하고 적은 수의 그룹에서 공부하는 것을 즐기는 스타일이다. 그러면 그녀의 실력에 맞춘 비디오를 서너 편 먼저 보고, 30분의 1:1 교습 시간 후에 수준이 서로 비슷한 학생 서너 명으로 작은 그룹을 만들어 수학 퍼즐을 푸는 형태로 진행할 수 있다. 각 활동에 대한 평가는 교사에게 피드백되어 다음 번 활동을 어떻게 짤지 선택할 수 있다. 이러한 모든 데이터는 수업별로, 교사별로, 지역별로 분석된다.

이제 스쿨 오브 원 같은 도구로 새로운 교과 과정을 실험한다고 해 보자. 각 학생은 모두 자기 속도대로 공부한다. 여러분이 교사이고 수학 개념을 새로운 순서로 가르쳐야겠다고 마음먹었다고 하면, 새롭게 구상한 교과 과정의 효과를 즉시 알 수 있게 된다. 이 새 교과 과정이 효과가 있다면 이것을 즉시 모든 학생에게 배포할 수 있고, 그러면 이 학생들은 자동으로 새 교과 과정으로 공부하게 된다. 다르게 말하면 스쿨 오브 원 같은 서비스는 교사들이 훨씬 작은 일괄 작업 크기로 일할 수 있게 도와주는 셈이 된다. 그리고 이 서비스가 많이 확산된다면 교사들은 자신이 만든 교과 과정을 전 지역, 도시, 전국으로 확장할 수 있다. 이 접근 방법은 효과를 많이 보고 있고 효용성을 널리 인정받고 있다. 『Time』은 최근에 스쿨 오브 원을 '가장 혁신적인 아이디어' 목록에 포함시켰다. 스쿨 오브 원은 이 목록에 포함된 유일한 교육 기관이다.[5]

큰 일괄 작업 크기의 함정

작은 일괄 작업 크기는 전통적인 생산성과 성과 측정에 깊이 빠져 있는 경영자들에게 상당한 도전으로 들리는데, 분야별로 전문화하는 편이 전문가들이 일하기에 더 효율적이라고 믿기 때문이다.

여러분이 제품 디자이너이고, 신제품 출시를 위해 30페이지의 신규 디자인을 해야 한다고 가정해보자. 가장 효율적으로 일하는 방법은 혼자서 디자인을 하나하나 완성해 나가는 방법이라고 생각할 것이다. 그래서 30개 디자인을 모두 끝냈을 때 개발 팀에 이것을 넘기는 것이다. 그런데 이렇게 일하면 큰 일괄 작업 크기로 일하는 셈이다.

개인 생산성을 생각해 보면 큰 일괄 작업 크기도 일리가 있다. 다른 장점도 있는데, 이렇게 일하면서 기술이 늘고 개별 결과물에 대해 누가 작업했는지 명확해지고 각 전문가가 방해받지 않고 집중해 일할 수 있다. 적어도 이론적으로는 그렇다. 하지만 불행히도 현실에서는 전혀 그렇게 돌아가지 않는다.

우리의 가설을 다시 생각해보자. 30개 디자인 결과물을 엔지니어 팀에 전달하고 나서, 디자이너는 다음 프로젝트로 관심을 돌릴 것이다. 하지만 봉투 안에 소식지를 넣는 그 문제를 다시 떠올려 보자. 디자이너가 결과물을 넘겨 준 후에 엔지니어들이 디자인에 대해 설명해 달라고 이것저것 물어오면 어떻게 할 것인가? 넘긴 디자인 중 몇 개가 작업이 좀 더 필요하다면 어떻게 될 것인가? 엔지니어들이 디자인 결과물을 적용하는 과정에서 예상하지 못한 문제가 생기면 어떻게 할 것인가?

이런 문제들이 발생하면 디자이너는 어쩔 수 없이 방해를 받게 되고, 디자이너가 현재 작업 중인 다음 프로젝트 생산성에도 심각한 영향을 미친다. 그 디자인 중 일부를 새로 작업해야 되면 엔지니어들은 이 작업이 끝날 때까지 기다려야 한다. 디자이너가 새로 작업을 할 수 없는 상황이라면 엔지니어들이 어쩔 수 없이 디자인에 손을 대야 한다. 이렇기 때문에 초기 디자인 대로 출시되는 제품은 거의 없을 수밖에 없다.

큰 일괄 작업 크기로 일하는 회사의 제품 기획자나 디자이너와 함께 일했을 때, 그들이 한 번 출시하는 데 다섯 번에서 여섯 번 정도 일을 다시 하는 것을 본 적이 있다. 내가 아는 한 기획자는 업무 시간에는 의사소통할 일이 너무 많아서 조용히 집중해 일할 시간을 찾으려고 자정에 사무실에 혼자 가는 경우가 많다고도 했다. 내가 큰 일괄 작업 크기를 사용하는 방식에서 작은 일괄 작업 크기를 사용하는 방식으로 일하는 방식을 바꾸어 보라고 제안하자 이 기획자는 싫다고 했다. 비효율적으로 보였기 때문이다. 큰 일괄 작업 크기로 일하는 것에 너무 길들여져 있는 나머지 이것이 잘 동작하지 않는데도 사람들은 시스템 문제를 말하지 않고 자신이 일을 잘못하고 있다고 생각한다.

큰 일괄 작업 크기로 일하면 이 크기가 점점 더 커지는 경향성이 있다. 일괄 작업들이 완성 결과물 쪽으로 가면 갈수록 추가로 해야 하는 일이나 다시 해야 하는 일, 지연, 그리고 이로 인해 생기는 많은 중단 때문에 과부하를 줄이려고 일괄 작업 크기를 더 키울 필요를 모두가 느끼는 것이다. 이것을 큰 일괄 작업 크기의 악순환이라고 부른다. 제조업과는 달리 IT 스타트업에서는 일괄 작업 크기의 실제적인 제한이 없기 때문이다.[6] 일괄 작업 크기는 무한정 커질 수 있다. 결국에는 우선순위가 가장 높은 프로젝트인, "회사의 운명을 걸고 하는 프로젝트"로까지 커질 수 있다. 가장 마지막에 제품을 출시한 후로부터 시간이 아주 많이 지난 경우에 이런 일들이 생길 수 있다. 하지만 상황이 이렇게 되면 경영자들은 제품을 출시하는 것보다 일괄 작업 크기를 더 키우는 데 관심이 생긴다. 이미 제품 개발 기간이 길어졌는데, 버그 하나를 더 잡거나 기능 하나를 더 추가 못할 이유가 없는 것이다. 작업 흐름상 치명적인 오류를 해결하지 못한 상태에서 이렇게 거대한 프로젝트를 성공시켜야 하는 책임을 맡으려고 하는 관리자가 과연 있기는 할까?

이런 악순환에 빠진 회사에서 근무한 적이 있다. 우리는 정말 끝내주는 신제품 개발에 몇 달을 쓰고 있었다. 첫 버전은 몇 년 전에 출시되었고, 새로운 버전에 대한 기대는 말할 수 없이 높았다. 하지만 오래 일하면 일할수록, 고객들이 마침내 신제품을 봤을 때 어떻게 반응할지 더 불안해졌다. 계획이 더 거창해지면 질수록 해결해야 할 버그 수, 충돌, 문제도 더 많아졌다. 곧 아무것도 출시할 수 없는 상황에 이르렀다. 출시 일정은 점점 더 멀어졌다. 일을 하면 할수록 해야 할 일이 더 많아졌다. 계속해서 출시를 못하게 되니 당연히 위기가 발생했고, 경영진 교체도 예상됐다. 이 모든 것은 일괄 작업 크기가 너무 커져서 빠진 함정이다.

일괄 작업 크기에 대해 이렇게 오해하는 것은 무척 흔한 일이다. 병원에서 일하는 약사들은 보통 하루에 한 번 약을 지어 배달한다. 가장 효율적이라고 생각하기 때문이다(하루에 한 번만 가면 된다). 하지만 이렇게 하면 많은 약이 다시 되돌아오는데, 환자들의 약 처방이 달라지기도 하고, 병실을 옮기기도 하고 퇴원하기도 해서이다. 결국 이렇게 해서 되돌아오는 약 때문에 약사들은 일을 다시 하거나 약을 재조제하거나 버리거나 해야 한다. 작은 일괄 작업 크기로 일하는 것으로 바꿔 네 시간에 한 번씩 약을 배달했는데, 이렇게 했을 때는 잘못 배달되는 약 수가 훨씬 줄어서 부가적인 일들이 훨씬 줄어드는 결과를 가져왔다.

병원 실험실의 혈액 수집은 보통 한 시간에 한 번 이뤄진다. 담당자가 여러 환자에게서 혈액 표본을 모아 와서 해당 실험실로 가져온다. 그런데 이렇게 하면 실험 결과와 실험의 질에 영향을 미칠 수 있다. 그래서 작은 일괄 작업 시스템으로 바꾸는 것이 일반적이다. 환자 두 명이 모이면 한 번 실험실로 가져다주거나, 환자 개인별로 혈액 표본을 받아오는 식으로 바꾼 것이다. 이렇게 하면 병원 입장에서는 담당자를 더 뽑아야 하므로 비용이 증가한다고 볼 수도 있지만, 결과적으로는 전체 시스템 비용이 줄어들어서 병원 입장에서는 더 이익이다.[7]

밀지 말고 당기라

작은 일괄 작업의 장점에 대해 생각하면서 밖에서 운전을 하다가 살짝 부딪혀서 2011년 신형 파란색 도요타 캠리Camry에 상처가 났다고 해 보자. 그래서 차를 수리하러 대리점에 끌고 갔다가 좋지 않은 소식을 듣는다. 수리 기사가 범퍼를 교체해야 한다고 말한다. 재고를 확인해 보니 창고에 새 범퍼가 있어서, 바로 수리를 끝낼 수 있다고 말해 준다. 이렇게 되면 운전자와 대리점 모두 좋다. 차를 바로 돌려받을 수 있고, 대리점 입장에서는 고객이 만족해하고 다른 매장에 가서 차를 고치지 않기 때문이다. 또 부품이 들어오기를 기다리는 동안 차를 보관하거나 다른 차를 임시로 대여해 줄 필요도 없기 때문이다.

전통적인 대량 생산 시대에서는 고객이 원하는 물건이 떨어지지 않도록 하려고 큰 창고를 만들고 재고가 떨어지지 않게 하는 방식을 사용했다. 2011년형 파란색 캠리 범퍼는 많이 있겠지만, 작년 모델이거나 5년 전 모델이라면 어떨까? 이러한 고객을 만족시키기 위해 대리점은 더 큰 재고를 보관할 수 있는 창고가 필요하다. 하지만 큰 창고는 관리 운영하는 데 돈이 많이 들어간다. 부품을 운송하고 보관하고 추적해야 하기 때문이다. 보관하고 있는 2011년형 범퍼가 결함이 있는 것으로 밝혀지면 수많은 재고는 한순간에 쓰레기로 변하기도 한다.

린 제조에서는 이러한 재고 부족 문제를 해결하려고 당김pull 기법을 사용한다. 차를 수리하려고 대리점에 가면 2011년 파란색 캠리 범퍼가 하나 사용된다. 이렇게 되면 대리점 재고가 '비게' 되고 대리점은 즉시 도요타 부품 유통 센터Toyota Parts Distribution Center, 이하 PDC에 자동으로 신호를 보낸다. 그러면 PDC에서는 새 범퍼를 대리점으로 보내준다. 이렇게 하면 PDC의 해당 범퍼 재고가 떨어지는데, 그러면 모든 부품 회사의 제품이 모이는 도요타 지역 창고Toyota Parts Redistribution Center, 이하 PRC로 신호를 보낸다. 그러면 PRC는 해당 범퍼를 생산하는 회사로 범퍼 생산량을 조정하도록 신호를 보내고 범퍼가 제조되어 PRC로 출하되는 식이다.

가장 이상적인 형태는 전체 공급 체인에서 싱글 피스 플로를 실행할 수 있도록 작은 일괄 작업 크기를 사용하는 것이다. 각 단계에서 필요한 제품은 모두 이전 단계에 요청이 가는 식으로 말이다. 이것이 유명한 도요타의 적기 생산 방법just-in-time production method이다.[8]

회사들이 이런 형태의 생산 기법을 사용하면 혹시 모를 필요에 대비하기 위한 창고(WIP_{work-in-progress}라고 부른다) 사용량이 급격하게 줄어든다. 이렇게 줄어드는 양이 너무 놀라워서 린 제조 기법이 명성을 떨치게 되었다. 이것은 마치 전체 공급 체인이 동시에 감량을 하는 것과 비슷한 효과다.

스타트업은 앞서 말한 '혹시 모를 필요에 대비하기 위한 창고'가 있는지 알아내야 한다. 공장이 불필요한 WIP를 가지면 문자 그대로 공장 바닥까지 물건을 쌓아두게 된다. 스타트업의 일은 대부분 손으로 만질 수 없으므로 눈에 보이지 않는다. 예를 들어 MVP를 디자인하는 데 필요한 모든 일은 이 제품이 고객에게 나가기 전까지는 WIP 창고에 있는 셈이다. 끝나지 않은 디자인, 아직 검증되지 않은 가정, 대다수 사업 계획서가 모두 WIP에 해당한다. 지금까지 이야기한 거의 모든 린 스타트업 기술이 두 가지 방식으로 마술처럼 동작하는데, 밀어내는 방식을 당김 방식으로 바꾸는 것과 일괄 작업 크기를 줄이는 것이다. 둘 다 WIP를 줄이는 효과가 있다.

제조업에서 당김 기법은 생산 과정이 고객 수요에 맞춰져 있음을 확인하는 데 주로 사용된다. 이것이 없이는 공장에서 고객이 정말 원하는 것보다 아주 많이 만들거나 아주 적게 만들 위험성이 있다. 하지만 신제품을 개발하는 데 이 방법을 적용하기는 그리 간단하지 않다. 어떤 사람들은 린 스타트업 모델을 단순히 고객에게 당김 방식을 적용하는 것이라고 생각한다. 이것은 고객들이 어떤 제품을 원하고 무엇을 만들어야 하는지 우리에게 말해 주고 제품 개발에 당김 신호처럼 작동하리라고 가정한다.[9]

앞서 말한 것처럼 이것은 린 스타트업 방법이 동작하는 방식이 아니다. 고객들은 자신이 원하는 것이 무엇인지를 잘 모르기 때문이다.

제품을 만드는 목표는 지속 가능한 사업을 만드는 방법을 배우는 데 도움이 되는 실험을 하는 것이다. 그래서 린 스타트업 방법론에서 제품 개발 과정에 대해 생각하는 올바른 방식은, 실행해야 하는 실험 형태로 된 당김 요청에 응답하는 것이다.

테스트하고 싶은 어떤 가설을 세우자마자 제품 개발 팀은 실험을 설계하고 즉각적으로 실행해야 한다. 물론 일을 마칠 수 있는 가장 작은 일괄 작업 크기로 말이다. 만들기-측정-학습이라는 피드백 순환은 실제 행위가 이 순서대로 일어나기 때문에 이렇게 쓰지만, 우리의 계획은 사실 반대 순서로 일어난다. 무엇을 학습할지 먼저 정하고, 어떤 제품이 이러한 학습을 가능하게 해 줄지 실험하는 방식으로 일한다. 따라서 제품 개발과 여타 기능들로부터 당김이 동작하는 것은 고객 자체라기보다는 고객에 관한 가설이라고 할 수 있다. 다른 모든 일은 낭비다.

친환경 산업에서 가설 검증

실제 사례를 보기 위해 버클리에 위치한 알파벳 에너지Alphabet Energy 사례를 살펴보자. 동력을 생산하는 기계나 과정은 공장 모터든, 석탄을 때는 설비든 간에 부산물로 열을 발생시킨다. 알파벳 에너지는 열전기소자라는 물질을 이용해 이런 폐열로부터 전기를 발전하는 제품을 개발하였다. 알파벳 에너지의 이 장치는 국립 로렌스 버클리Lawrence Berkeley 실험실에서 10년간 연구 개발을 거쳐 만들어졌다.

다른 친환경 산업 제품과 마찬가지로 이 제품 역시 시장에 출시하는 데 많은 어려움이 있었다. 이 제품의 가장 위험한 가정을 검증하는 작업을 진행하고 있을 때, 알파벳 에너지는 폐열전기 솔루션 개발에는 이 프로젝트 고유의 엔지니어링 작업 뿐 아니라, 열 교환기와 매체

간 열을 전달하는 일반적인 장치도 필요하다는 사실을 일찍 깨달았다. 예를 들어 알파벳이 PG&E Pacific Gas and Electric 같은 회사에 솔루션을 구축하기 원한다면, 열 교환기는 발전소 배기 장치에서 나오는 열을 붙잡을 수 있게 설정하고 형태를 갖춰 설치해야 한다.

알파벳 에너지가 독특했던 것은 연구 과정 초기에 아주 실용적인 판단을 내렸다는 데 있다. 아주 구하기 어려운 물질을 재료로 사용하지 않고, CPU의 기본 소재가 되는 실리콘 웨이퍼를 가지고 연구를 시작했다. CEO 매튜 스컬린 Matthew Scullin이 설명한 것처럼 저비용의 반도체 인프라 장비를 사용하는 열전기 장치는 알파벳 에너지 제품밖에 없었다. 이것을 통해 알파벳 에너지는 작은 일괄 작업으로 제품을 설계, 개발할 수 있었다.

이와는 대조적으로 성공했다는 친환경 산업 스타트업은 대부분 초기에 상당한 자본을 투자해야 했다. 태양 전지판을 만드는 선파워 SunPower는 제대로 운영을 시작하기도 전에 전지판을 생산하는 공장을 만들어야 했다. 비슷하게 브라이트소스 BrightSource는 전기를 아예 생산하기도 전에 대규모 태양 발전소를 건설, 운영하는 데 이미 2억 9100만 달러를 사용했다.

비싼 생산 공장을 짓느라 시간과 돈을 투자하는 대신 알파벳은 컴퓨터 기기용 실리콘 웨이퍼를 생산하는 기존 대규모 인프라를 그대로 이용할 수 있었다. 그 결과, 알파벳은 제품 구상 후 6주 만에 실제 제품을 손에 쥘 수 있었다. 그들의 핵심 과제는 초기 고객에게 맞는 성능, 가격, 외부 디자인의 가장 적절한 조합을 찾아내는 것이었다. 이 기술은 대단한 잠재력을 보유하기는 했지만, 초기 수용자들은 그들이 투자한 것에 대해 명확한 결과가 나와야만 이 장비를 설치할 것이었다.

처음에는 알파벳이 집중해야 하는 시장이 발전소라고 가정했다. 알파벳은 그중에서도 심플 사이클 가스 터빈이 최적의 응용일 것이라고 생각했다. 심플 사이클 가스 터빈은 비행기 엔진과도 비슷한 것인데, 전기 수요가 최대치일 때 원활한 에너지 공급을 위해 발전기에 사용된다. 알파벳은 자사 제품을 이 터빈에 장착하는 것이 가장 싸고 간단한 솔루션이라고 생각했다.

이 회사는 작은 일괄 작업으로 가설을 테스트하려고 소규모 솔루션을 구축하고 이를 통해 유효한 학습을 해 나갔다. 으레 초기 아이디어가 그렇듯이 앞의 가정은 금방 틀린 것으로 증명되었다. 전기 생산업체는 위험 부담을 지기 싫어해서 초기 수용자들처럼 행동하지 않았던 것이다. 알파벳은 큰 일괄 작업으로 작업을 하고 있지 않아서 석 달간의 조사로 바로 방향을 전환할 수 있었다.

알파벳은 다른 잠재 시장도 비슷한 방법으로 하나씩 제거해 가면서 일련의 고객군 전환을 했다. 이 회사는 현재 생산 공장을 대상으로 노력을 집중하고 있는데, 생산 공장은 신기술 도입에도 유연하고, 또 대규모 적용 이전에 소규모로 먼저 실익을 분석해 볼 수 있는 가능성이 높기 때문이다. 이렇게 미리 소규모로 테스트해 볼 수 있는 환경은 알파벳이 가정하고 있는 것들을 검증해 보기 좋은 환경이다. 컴퓨터 하드웨어 산업과 다르게, 이 분야 고객들은 더 좋은 성능에 더 많은 돈을 내지는 않는다. 이 학습은 알파벳 전략에 큰 영향을 미쳤는데, 생산 와트당 가장 적은 비용을 추구하는 전략을 택한 것이다.

이러한 실험들은 모두 다른 회사에서 더 높은 비용으로 알아냈던 것들이지만 이 회사는 아주 적은 비용으로 이것들을 해냈다. 최근에 알파벳은 100만 달러 투자를 이끌어냈다. 그들이 성공할지 실패할지는 시간이 지나봐야 알겠지만, 작은 일괄 작업 크기 덕분에 그들은 주

요한 사실들을 훨씬 빨리 학습해 나가고 있다.[10]

도요타 생산 시스템은 현존하는 경영 시스템 중 가장 선진적이라고 할 수 있다. 하지만 더 주목해야 하는 것은 도요타가 역사상 가장 선진적인 학습 조직을 만들어 냈다는 점이다. 직원들의 창의성을 극대화하고, 지속적인 성장을 이뤄내면서 혁신적인 신제품을 계속 개발할 수 있는 역량을 도요타는 거의 한 세기에 걸쳐 보여주고 있다.[11]

이것은 많은 창업가가 바라는 장기적인 성공이다. 린 생산 기술이 강력하기는 하지만, 이것은 결국 제대로 된 측정 지표를 사용하여 성과를 측정하며 잘 돌아가는 조직의 일종의 상징에 불과하다. 프로세스는 결국 훌륭한 조직 문화가 발전할 수 있는 토대에 지나지 않는다. 하지만 이런 토대가 없이는 학습이나 창의성 혁신을 장려하는 문화는 실패할 수밖에 없다. 잘못을 깨달은 많은 인사부장이 증언하듯이 말이다.

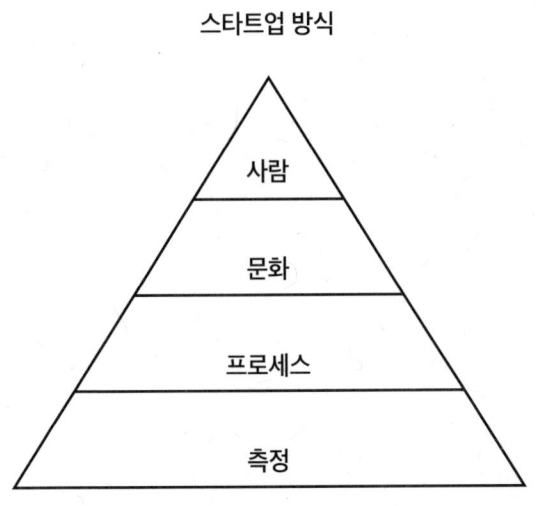

린 스타트업은 유연하면서 빠른 조직을 만들 수 있을 때에만 제대로 동작한다. 이것은 결국 사람에 대한 이슈로 귀결되는데, 이것에 대해 3부의 남은 부분에서 살펴볼 것이다.

10
성장

최근에 같은 날 두 스타트업이 내 조언을 구하러 왔다. 사업 유형으로는 두 회사가 매우 달랐다. 첫 번째 회사는 수집품 거래자들이 서로 연결되도록 돕는 장터를 개발하는 곳이다. 이 사람들은 영화, 일본 애니메이션, 만화 열혈 팬으로 그들이 좋아하는 등장인물과 관련된 장난감과 여타 판촉 상품을 모조리 모으려고 애쓰는 사람들이다. 그 스타트업은 이베이 같은 온라인 시장뿐 아니라 팬 모임과 대회에 연관된 물리적 시장과도 경쟁하고 싶어 했다.

두 번째 스타트업은 기업 고객에게 데이터베이스 소프트웨어를 팔았다. 그 회사는 오라클, IBM, SAP 같은 대기업에서 제공하는 것을 보완하거나 대체할 수 있는 차세대 데이터베이스 기술을 보유했다. 그들의 고객은 세계적인 대규모 조직의 CIO, IT 관리자, 엔지니어였다. 이처럼 결과가 나오기까지 긴 시간이 걸리는 일은 영업 사원, 판매 담당 기술자, 설치 지원, 유지 보수 계약 등이 필요하다.

이 두 회사가 전혀 공통점이 없다고 생각해도 상관없지만 두 회사 모두 정확히 똑같은 문제로 나를 찾아왔다. 각 회사는 초기 고객과 기대할 만한 초기 수익이 있었다. 그들은 사업 모델에서 많은 가설을 검증하고 잘못된 점을 찾았고 제품 로드맵을 성공적으로 실행했다. 고객들은 개선을 위해 긍정적인 피드백과 제안을 적절히 섞어 제시했다. 두 회사 모두 초기 성공을 이용해 외부 투자자에게서 자금을 유치했다.

문제는 어느 회사도 성장하지 않고 있다는 점이었다.

두 CEO는 똑같이 보이는 그래프를 가져왔는데 회사 초기 성장이 더 나아지지 않는 모습이었다. 그들은 이유를 알지 못했다. 그들은 직원과 투자자에게 진척을 보여줄 필요를 민감하게 인식하고 있었고 성장에 활력을 불어넣는 법에 관해 조언을 얻으려고 나를 찾아왔다. 광고나 마케팅 프로그램에 더 투자해야 할까? 제품 품질이나 새 기능에 더 중점을 두어야 할까? 전환율이나 가격을 개선해야 할까?

두 회사 다 사업이 성장하는 방식에서 상당히 비슷한 점을 공유했고 무엇을 할지 비슷하게 혼란스러워했다. 둘 다 같은 성장 엔진을 쓰고 있었다. 그것이 10장의 주제다.

성장은 어디에서 비롯될까

성장 엔진은 스타트업이 지속 가능한 성장을 달성하는 데 쓰는 메커니즘이다. 나는 '지속 가능'이란 말을 쓸 때 1회성 활동은 전부 배제한다. 1회성 활동은 고객을 급증시키지만 장기적 효과는 없다. 이를테면 광고나 홍보로 한 번 이목을 끄는 것은 성장에 활력을 불어넣을지는 모르지만 장기적으로 그 성장을 지속시키지는 못한다.

지속 가능한 성장은 단순한 규칙 한 가지로 특징짓는다.

새 고객은 옛 고객의 행동에서 나온다.

옛 고객이 지속 가능한 성장을 이끄는 데는 네 가지 주요한 방식이 있다.

1. **입소문**: 고객이 제품에 만족하면 그 제품을 알리려는 열정이 생겨서 대다수 제품은 자연스럽게 성장하게 되어 있다. 예를 들어 티보

TiVo DVR Digital Video Recorder을 처음 샀을 때 친구들과 가족에게 티보에 대해 말하지 않을 수 없었다. 얼마 지나지 않아 가족 모두가 티보를 사용하고 있었다.

2. **제품 사용의 부수 효과**: 사치품 같은 것은 유행이든 현재 상황이든 그것들이 쓰일 때마다 관심을 이끌어낸다. 누군가가 최신 의상을 입고 있거나 어떤 차를 모는 것을 본다면 그 제품을 사는 데 영향을 받을지도 모른다. 이것은 페이스북과 페이팔PayPal 같은 이른바 바이럴 제품에도 해당된다. 고객이 페이팔로 친구에게 송금하면 그 친구는 페이팔 제품에 자동으로 노출된다.

3. **비용이 들어가는 광고**: 사업에서는 대부분 광고를 이용해 신규 고객을 자사 제품으로 유도한다. 광고가 지속 가능한 성장의 원천이 되려면 광고는 투자금 같은 일회성 원천이 아니라 수익에서 비용을 내야 한다. 새 고객을 확보하는 비용(이른바 한계 비용)이 고객이 만들어내는 수익(한계 수익)보다 작은 한, 초과액(한계 이윤)은 더 많은 고객을 확보하는 데 쓸 수 있다. 한계 이윤이 많아질수록 성장도 빨라진다.

4. **반복 구입이나 사용**: 몇 가지 제품은 가입(케이블 회사)이나 자발적 재구입(식료품이나 백열전구)으로 반복해 구입하게 디자인되어 있다. 결혼 계획 같은 일회성 행사용으로 디자인된 제품과 서비스도 많다.

이러한 지속 가능한 성장 원천은 내가 성장 엔진이라는 용어를 쓴 피드백 순환에 동력을 공급한다. 각각은 연소 기관과 같아서 계속 돌아간다. 회전이 빠를수록 회사는 더 빨리 성장한다. 각 엔진에는 고유한 지표가 있어서 그 엔진을 쓸 경우 회사가 얼마나 빨리 성장할지 판단할 수 있다.

세 가지 성장 엔진

스타트업이 바른 측정 지표(예를 들어 실행 지표)로 진행을 평가하는 것이 얼마나 중요한지 2부에서 살펴봤다. 그런데 이는 어떤 수치를 측정해야 하는지 하는 관점에서 다양한 여지가 있다. 사실 스타트업이 할 수 있는 가장 큰 낭비는 제품이 시장에 나왔는데, 신규 개발에서 우선순위를 어떻게 정할지 논쟁하는 것이다. 언제든 회사는 신규 고객을 찾는 데 힘을 투자하면서도 기존 고객에게 더 잘 서비스하고 전체 품질을 개선하며 비용을 낮출 수 있어야 한다. 이러한 우선순위 결정 토론은 회사 시간을 크게 허비하는 것이다.

성장 엔진은 힘을 어디에 집중할지 비교적 작은 규모의 측정 기준을 스타트업에 주도록 디자인되어 있다. 벤처 투자자 숀 캐롤런Shawn Carolan은 내 멘토로서 다음과 같이 설명했다. "스타트업은 굶어 죽지 않아요. 물에 빠져 죽죠." 제품을 더 좋게 만드는 무수한 아이디어가 늘 떠다니지만, 힘든 진실은 그러한 아이디어는 대부분 약간의 차이만 있을 뿐이라는 점이다. 단지 최적화일 뿐이다. 스타트업은 유효한 학습으로 이끄는 중요한 실험에 초점을 맞춰야 한다. 성장 엔진 프레임워크는 중요한 지표에 집중하는 데 도움이 된다.

재방문에 의한 성장 엔진

이 장을 시작할 때 언급한 두 스타트업 이야기로 돌아가자. 두 회사 모두 서로 다른 산업에 있는데도 정확히 똑같은 성장 엔진을 쓰고 있다. 두 제품 다 장기간 고객을 끌어들이고 유지하도록 디자인되어 있다. 그러한 유지의 기초를 이루는 메커니즘은 두 경우가 달랐다. 수집 회사의 경우 열광적인 수집가들이 가장 좋아하는 구매 사이트가 되도록 하자는 것이었다. 이 사람들은 최신 물건과 최고의 거래를 끊임없이 찾아다니는 사람들이다. 회사 제품이 디자인 대로 동작한다면 그 제품을 쓰는 수집가들은 새 물건이 매물로 나왔는지 늘 확인하고 판매나 교환을 위해 내놓은 자기 물건을 반복해서 볼 것이다.

데이터베이스 판매 스타트업은 매우 다른 이유 때문에 반복 사용에 의지한다. 데이터베이스 기술은 웹 사이트나 판매 시점 정보 관리POS, point of sale 시스템 같은 고객 제품의 기반으로만 쓰인다. 특정 데이터베이스 기술 위에 제품을 구축하면 바꾸기가 극도로 어렵다. IT 산업에서는 이런 상황을 고객이 자신이 선택한 회사에 갇힌다locked라고 말한다. 그러한 제품이 성장하려면 고객이 잠재적으로 장기간 독점적인 회사에 묶이는 위험을 기꺼이 감수할 정도로 강력한 신기능을 제공해야 한다.

따라서 두 사업 다 높은 고객 유지율에 의존한다. 일단 그 제품을 쓰면 계속 쓰리라는 기대가 있다. 똑같은 역학이 휴대전화 서비스에도 적용된다. 고객이 서비스를 취소한다면 서비스가 엄청나게 마음에 들지 않거나 경쟁 서비스로 바꾼다는 것을 의미한다. 상가 식료품점에서는 반대다. 식료품 소매 사업에서 고객 취향은 수시로 바뀌는데 고객이 이번 주에 코카콜라 대신 펩시콜라를 산다고 그게 대단한 일은 아니다.

따라서 재방문에 의한 성장 엔진을 쓰는 회사는 자연 감소율attrition rate이나 가입 해지율churn rate을 매우 주의 깊게 추적해야 한다. 가입 해지율은 어느 기간에 회사 제품을 계속 쓰지 않게 된 고객 비율로 정의된다.

재방문에 의한 성장 엔진을 운영하는 규칙은 매우 간단하다. 신규 고객 유치율이 가입 해지율을 넘어서면 제품은 성장할 것이다. 성장 속도는 내가 복합 비율이라 부르는 것으로 결정되는데 단순히 자연 성장률에서 가입 해지율을 뺀 것이다. 복리 계좌처럼 비율이 높으면 급속 성장을 이끌 것이고 광고, 바이럴 성장, 떠들썩한 선전이 필요 없다.

불행히도 이 두 재방문 성장 엔진 스타트업은 자사의 성장을 총 고객 수 같은 일반적인 지표로 추적했다. 액티베이션률, 고객 당 수익 같은 실행 지표를 쓰고 있었지만 재방문에 의한 성장 엔진에서는 이 변수들이 성장에 영향이 거의 없어서 그다지 도움이 되지 않았다(재방문에 의한 성장 엔진에서 그 지표들은 5장에서 다룬 가치 가설을 테스트하는 데 더 적합하다).

만남 후 두 스타트업 중 하나는 내 충고를 받아들여 재방문에 의한 성장 엔진을 본보기로 써서 고객 행동을 모델로 만들었다. 결과는 충격적이었다. 유지율 61%, 신규 고객 성장률 39%였다. 다시 말하면 가입 해지율과 신규 고객 유치가 거의 완벽하게 서로 균형을 이뤄 복합 비율이 단지 0.02%, 거의 0에 가까웠다.

이런 현상은 성장 요소를 찾으려 애쓰는 회사에 전형적으로 나타난다. 닷컴 시대 회사인 포인트캐스트PointCast에서 일한 직원 한 명이 그 회사가 비슷한 어려움으로 어떻게 고통을 겪었는지 알려준 적이 있다. 포인트캐스트가 성장하려 애쓰고 있었을 때도 다른 스타트업처럼 신규 고객 유치는 믿을 수 없을 정도로 성공적이었다(전 기간에 39%). 불행히도 이 성장은 같은 비율의 가입 해지 때문에 상쇄됐다. 이런 식으로 모델이 만들어지면 좋은 소식은 명백하다. 수많은 신규 고객이 들어온다는 것이다. 기존 고객에게 더 매력적인 제품을 만드는 데 집중해야 성장할 수 있다. 예를 들어 회사는 더 많고 좋은 목록을 만드는 데 집중할 수 있다. 이렇게 하면 고객이 다시 방문하는 유인이 된다. 아니면 한정 기간 할인이나 특가품에 대해 메시지를 보내는 것 같은 직접적인 일을 할 수도 있다. 어느 쪽이든 고객 유지를 개선하는 데 집중해야 한다. 이는 회사가 성장이 부족하면 영업과 마케팅에 더 많이 투자해야 한다는 직관에 반하는 것이다. 이렇게 반직관적인 결과는 우리가 표준으로 사용하는 허무 지표에서는 알아낼 수가 없다.

바이럴 성장 엔진

온라인 소셜 네트워크와 식품 용기 타파웨어의 사례는 고객이 마케팅에서 가장 큰 몫을 한다는 좋은 예다. 제품에 대한 인식이 바이러스가 유행하는 것과 비슷한 방식으로 사람에서 사람으로 급속도로 퍼져나간다. 이는 앞서 말한 단순한 입소문 성장과는 별개다. 대신 제품의 바이럴 성장은 정상 제품 사용 후 나타나는 필연적인 결과로 개인에서 개인으로 전달되는 것에 달려 있다. 고객이 의도적으로 전도사로 행동하지 않는다. 꼭 제품에 대한 이야기를 퍼뜨리려고도 하지 않는다. 고객이 제품을 사용하면 그 부수 효과로 성장은 자동으로 일어난다. 전염은 선택적이지 않다.

예를 들어 매우 유명한 성공담은 핫메일Hotmail이라는 회사다. 1996년 사비어 바티아Sabeer Bhatia와 잭 스미스Jack Smith는 고객에게 공짜 계정을 제공하는 새로운 웹 기반 이메일 서비스를 발표했다. 처음에는 성장이 부진했고 벤처 투자사 드레이퍼 피셔 저베슨Draper Fisher Jurvetson에서 받은 초기 소규모 투자금으로는 핫메일 팀이 광범위한 마케팅 캠페인을 할 수 없었다. 그런데 서비스에 한 가지 작은 변경을 하자 모든 게 바뀌었다. 모든 이메일 메시지 마지막에 "P.S. Get your free e-mail at Hotmail"이라는 메시지를 클릭할 수 있는 링크와 함께 덧붙인 것이다.

작은 서비스 변경이 몇 주 내에 엄청난 결과를 낳았다. 6개월 만에 100만 명이 넘는 신규 고객이 가입했다. 5주 후 200만에 도달했다. 서비스 출시 후 18개월이 되자 가입자가 1200만 명이 됐고 그들은 회사를 마이크로소프트에 4억 달러에 팔았다.[1]

같은 현상이 타파웨어의 유명한 '파티'라는 마케팅 전략에서도 작용했는데 이것은 고객이 자기 친구나 이웃에게 제품을 팔고 수수료를 버는 방식이다. 모든 판매 홍보는 타파웨어 제품을 팔 뿐 아니라 다른 고객에게 타파웨어 판매 대리인이 되라고 권유하는 기회이기도 하다. 타파웨어 파티는 시작된 후 여전히 잘 되고 있다. 동시대의 많은 다른 회사, 이를테면 팸퍼드 셰프Pampered Chef(워런 버핏Warren Buffett의 버크셔 해서웨이Berkshire Hathaway 소유), 서던 리빙Southern Living, 테이스트풀리 심플Tastefully Simple은 비슷한 모델을 성공적으로 채택했다.

다른 성장 엔진처럼 바이럴 엔진은 정량화될 수 있는 피드백 순환에 의해 동력을 얻는다. 이 계수가 높을수록 제품이 더 빨리 퍼진다. 바이럴 계수는 신규 가입자 한 명이 추가로 또 다른 가입자 몇 명을 데려올 수 있는지로 결정된다. 다시 말하면 각 고객이 친구를 얼마나 많이 데려왔느냐 하는 것이다. 데려온 친구는 새 고객이기도 하므로 이 새 고객이 친구를 더 데려올 수도 있다.

제품 바이럴 계수가 0.1이라면 고객 열 명당 한 명이 자기 친구 한 명을 데려오는 것이다. 이는 지속 가능한 순환이 아니다. 고객 100명이 가입한다고 하자. 친구 열 명이 가입하게 될 것이다. 그 열 명이 한 명을 더 가입하게 할 것인데 그러면 순환이 흐지부지될 것이다.

그와는 반대로 계수가 1.0보다 큰 바이럴 순환은 기하급수적으로 성장할 것이다. 가입한 각 사람이 평균적으로 한 사람 넘게 데려올 것이기 때문이다.

이 효과를 그래픽으로 보려면 다음 도표를 보라.

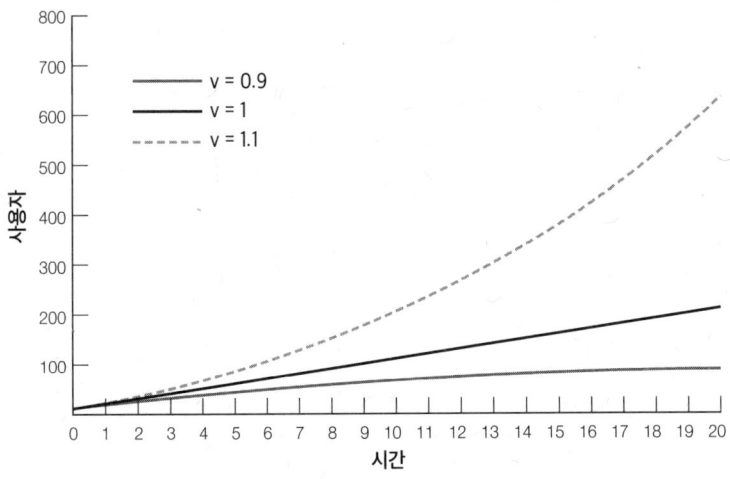

바이럴 성장 엔진에 의존하는 회사는 무엇보다도 바이럴 계수를 높이는 데 초점을 맞춰야 한다. 이 수치의 작은 변화로도 향후 전망에 극적인 변화를 일으키기 때문이다.

이것의 결과로 많은 바이럴 제품이 고객에게 직접 요금을 청구하지 않고 광고 같은 간접 수익원에 의존한다. 바이럴 제품은 고객이 가입하고 자기 친구를 데려오는 과정을 방해하는 어떤 것도 용납할 수 없기 때문이다. 바이럴 제품에 대한 가치 가설 테스트는 특히 도전적인 일이 된다.

진정한 가치 가설 테스트는 고객과 서비스하는 스타트업 간에 늘 자발적으로 가치를 교환하는 것이다. 많은 혼란이 이 교환이 타파웨어 사례처럼 금전적이기도 하고 페이스북 사례처럼 금전적이지 않을 수도 있다는 사실에서 나온다. 바이럴 성장 엔진에서 금전적 교환은 새로운 성장을 주도하지 않고 고객이 제품에 돈을 낼 가치가 있다는 표지로 유용할 뿐이다. 페이스북이나 핫메일이 초창기에 고객에게 비용을 청구하기 시작했다면 어리석은 행동이었을 것이다. 성장할 능력을 가로막았을 것이기 때문이다. 그런데 고객이 이러한 회사에 가치 있는 무언가를 주지 않는다는 것은 사실이 아니다. 서비스에 시간과 관심을 투자함으로써 고객들은 서비스가 광고주에게 가치 있게 만든다. 광고를 파는 회사는 실제로 서로 다른 두 그룹의 고객, 바로 소비자와 광고주에게 서비스하고 서로 다른 가치 통화를 교환한다.[2]

이는 확장에 연료를 공급하는 데 적극적으로 돈을 쓰는 회사와는 현저하게 다르다. 이를테면 소매 연쇄점은 적절한 위치에 새로운 점포를 여는 데 돈을 쓰는 만큼 빨리 성장할 수 있다. 이러한 회사들은 완전히 다른 성장 엔진을 사용한다.

유료 성장 엔진

또 다른 사업 한 쌍을 상상해 보자. 첫 번째는 가입 고객당 1달러를, 두 번째는 10만 달러를 번다. 어느 회사가 더 빨리 성장할지 예측하려면 한 가지만 더 알면 된다. 바로 새 고객을 가입시키는 데 비용이 얼마나 드느냐다.

첫 번째 회사는 구글 애드워즈로 신규 고객을 온라인에서 찾고 새 고객이 가입할 때마다 평균 80센트를 낸다고 하자. 두 번째 회사는 중량품을 대기업에 판다. 각 판매에는 판매 사원의 엄청난 시간 투자가 들어가고 현장 판매시 엔지니어링으로 제품 설치를 도와야 한다. 신규 고객당 총 8만 달러라는 높은 비용이 들어간다. 두 회사 다 정확히 같은 비율로 성장할 것이다. 각 회사는 수익의 동일 비율(20%)을 신규 고객 확보에 재투자할 수 있다. 어느 회사든 성장률을 높이고 싶다면 두 가지 방법 중 하나로 그렇게 하면 된다. 고객당 수익을 올리거나 신규 고객 유치 비용을 낮추는 것이다.

유료 성장 엔진은 그렇게 돌아간다.

3장에서 IMVU와 관련된 이야기를 할 때 IMVU 전략을 세우면서 초기에 어떤 주요한 실수를 했는지 이야기했다. 우리는 결국 성장 엔진 전환을 하게 됐다. 인스턴트 메시징 부가 기능 전략을 쓰면 제품이 전파력에 의해 성장하리라 처음에는 생각했다. 불행히도 고객들은 우리의 훌륭한 전략을 따라가기를 거부했다.

우리의 기본적인 오해는 고객이 IMVU를 기존 인스턴트 메시징 네트워크 부가 기능으로 사용하리라는 믿음이었다. 우리는 제품이 그 네트워크를 통해 퍼져서 고객에서 고객으로 전해지리라 믿었다. 그 이론의 문제는 바이럴 성장에 적합하지 않은 제품들도 있다는 점이다.

IMVU 고객들은 기존 친구들과 함께 그 제품을 쓰고 싶어 하지 않았다. 새 친구를 만드는 데 쓰고 싶어 했다. 불행히도 그것은 고객이 제품에 새 고객을 끌어오는 데 강한 동기가 없음을 의미했다. 고객은 그것을 우리 일이라고 봤다. 다행히 IMVU는 유료 광고로 성장할 수 있었다. 광고로 고객을 유치하는 데 드는 비용보다 더 많은 돈을 고객들이 우리 제품에 내려 했기 때문이다.

다른 엔진들처럼 유료 성장 엔진은 피드백 순환으로 힘을 얻는다. 각 고객은 고객으로서 '생애'(다시 말하면 고객으로서 유효한 기간) 동안 제품에 일정한 돈을 낸다. 일단 가변 비용이 공제되면 이것은 통상 고객 생애 가치lifetime value, 이하 LTV라고 부른다. 광고를 사서 이 수익을 성장에 투자할 수 있다.

광고에 100달러를 써서 고객 50명이 서비스에 가입한다고 하자. 이 광고의 CPAcost per acquisition는 2달러다. 이 예에서 제품 LTV가 2달러보다 크면 제품은 성장할 것이다. LTV와 CPA 차이는 유료 성장 엔진이 얼마나 빨라질지 결정한다(이를 한계 이윤이라 부른다). 거꾸로 CPA는 2달러에 머무는데 LTV가 2달러 밑으로 떨어지면 회사 성장은 느려질 것이다. 투자금 사용이나 선전 같은 1회성 전술로 차이를 보상할 수도 있겠지만 그러한 전술은 지속 가능하지 않다. 이것은 유명한 닷컴 파산을 비롯해 실패한 많은 회사의 운명인데, 고객한테서 손해를 봐도 고리타분하게 규모를 키워 메울 수 있다고 잘못 믿은 탓이다.

광고 관점에서 유료 성장 엔진을 설명하기는 했지만 그보다는 범위가 훨씬 넓다. 대외 판매 인력을 고용한 스타트업도 이 엔진을 쓰고 행인에 의존하는 소매점도 마찬가지다. 이러한 비용은 모두 CPA로 감안되어야 한다.

예를 들어 내가 일했던 한 스타트업은 팀용 협업 도구를 만들었다. 그 회사는 급격한 방향 전환을 겪었는데 취미가와 작은 클럽에서 주로 쓰던 도구에서 기업과 비정부기구non-governmental organization, 여타 대형 조직에 주로 판매하는 도구로 전환한 것이다. 그런데 그들은 성장 엔진을 바꾸지 않고 고객군 전환을 했다. 예전에 그들은 웹 기반 다이렉트 마케팅 기법으로 온라인에서 고객을 확보했다. 어느 주요 비정부기구에서 전화를 걸어 그 회사 제품을 사서 여러 부서에 배치하고 싶다고 문의했고 그에 응대했던 초창기 상황을 기억한다. 그 스타트업에는 '무제한' 가격제가 있었는데 가장 비싼 것이 겨우 월 몇 백 달러였다. 그 비정부기구는 그렇게 싼 물건을 사는 프로세스가 없어서 정말로 구입하지 못했다. 게다가 그 NGO는 배치를 관리하고 새 도구에 관해 직원을 교육하고 변화의 영향을 추적하는 데 실질적인 도움이 필요했다. 그러한 것들은 모두 그 스타트업에서 제공할 준비가 제대로 되지 않은 서비스들이었다. 고객군을 변경하려면 꽤 많은 대외 영업 사원을 고용하고 사원들이 시간을 들여 컨퍼런스에 참석하고 중역에게 교육을 제공하고 정식 보고서를 써야 한다. 그렇게 더 높은 비용을 들이자 해당하는 보상이 왔다. 즉 고객당 겨우 몇 달러를 벌다가 훨씬 규모 있는 고객을 대상으로 큰 돈을 버는 회사로 변한 것이다. 새 성장 엔진이 지속적인 성공을 이끌었다.

신규 고객 유치는 대부분 경쟁을 필요로 한다. 예를 들어 1급 상가는 행인이 더 많고 따라서 더 가치 있다. 비슷하게 좀 더 부유한 고객을 대상으로 하는 광고는 일반 대중을 향한 광고보다 대개 비용이 더 든다. 이 가격을 결정하는 것은 고객의 주목을 두고 벌이는 경쟁에서 회사가 전체적으로 얻는 평균 가치다. 부유한 소비자는 좀 더 수익성 있는 고객이 되기 때문에 도달하는 데 돈이 더 든다.

시간이 흐를수록 신규 고객 유치에 들어가는 CPA는 이런 경쟁 때문에 가격이 올라가는 경향이 있다. 어떤 산업에 있는 사람 모두가 개별 판매에서 같은 돈을 번다면, 모두가 신규 고객 유치에 최대 한계 이윤을 내려고 할 것이기 때문에, 모두가 어려워질 것이다. 따라서 유료 성장 모델을 사용하는 회사는 특정 고객군을 모네타이즈할 수 있는 특화된 역량이 필요하다.

IMVU가 적절한 사례다. 우리 고객을 다른 온라인 서비스에서는 돈벌이가 되지 않는다고 여겼다. 10대, 저소득 어른, 국적이 다양한 고객이 포함되어 있어서다. 다른 서비스에서는 그러한 사람들이 온라인에서 어디에서도 돈을 쓰지 않는다고 가정한다. IMVU에서 우리는 신용카드가 없는 고객에게 온라인 지불을 받는 기법, 이를테면 휴대전화 결제나 우편으로 현금 발송하는 방법 같은 것을 개발했다. 그렇게 해서 경쟁사보다 고객 유치에 더 많은 돈을 쓸 수 있었다.

기술적 유의 사항

이론적으로는 한 사업에서 한 번에 성장 엔진을 두 개 이상 동시에 사용할 수도 있다. 예를 들어 바이럴 성장이 엄청나게 빠를 뿐 아니라 가입 해지율이 매우 낮은 서비스가 있다. 또 서비스가 이윤과 유지율이 다 높지 않을 이유도 없다. 그런데 내 경험으로 봤을 때 성공적인 스타트업은 대개 단 한 가지 성장 엔진에 집중하고 그 성장 엔진이 돌아가는 데 필요한 모든 것에 특화한다. 세 엔진을 모두 포함하는 대시보드를 만들려는 회사는 큰 혼란을 겪기 쉽다. 이 모든 효과를 동시에 모델화하는 데 필요한 운영 전문 지식이 무척 복잡하기 때문이다. 따라서 나는 스타트업이 한 번에 한 엔진에만 집중하기를 강력히 권한다. 창업가들은 대부분 어느 엔진이 효과가 있을지에 대해 확고한 가설을 갖고 있다. 가설이 없을 경우 고객과 함께 제품을 만들다 보면 수익성 있어 보이는 엔진이 눈에 금방 들어올 것이다. 스타트업은 한 엔진만 철저히 밀고 나가본 후에 다른 엔진으로 방향 전환을 고려해야 한다.

성장 엔진이 제품/시장 적합성을 결정한다

전설적인 창업가이자 투자자인 마크 앤드리슨Marc Andreessen은 제품/시장 적합성fit이란 용어를 고안해서 스타트업이 그 제품으로 반향을 일으킬 광범위한 고객을 찾는 때를 설명한다.

큰 시장, 즉 진짜 잠재 고객이 많은 시장에서는 시장이 스타트업에서 제품을 끌어낸다. 검색 키워드 광고, 인터넷 경매, TCP/IP 라우터가 그랬다. 역으로 끔찍한 시장에서는 세상에서 가장 좋은 제품과 '죽여주는' 팀을 가질 수 있다. 그런데 그게 중요하지 않다. 실패

할 것이기 때문이다.[3]

큰 시장 적합성을 발견한 스타트업을 본다면 아주 신나는 일이다. 의심할 여지가 없다. 포드 T 모델은 만들자마자 공장에서 날개 돋친 듯 팔려 나갔고, 페이스북은 하룻밤 사이에 사실상 대학교 교정을 휩쓸었으며, 로터스는 기업 세계에 뛰어들어 운영 첫 해에 로터스 1-2-3을 5400만 달러어치 판매했다.

스타트업 사람들이 제품/시장 적합성을 얻을 수 있을지 평가하는 것을 도와달라고 내게 부탁할 때가 있다. 답은 쉽다. 그걸 묻는다면 아직 거기에 도달하지 않은 것이다. 불행히도 이는 회사가 제품/시장 적합성에 더 가까이 다가가는 방법을 아는 데 도움이 되지 않는다. 성공하기 직전인지, 가망 없이 멀리 떨어져 있는지 어떻게 구별할 수 있을까?

마크 앤드리슨이 이것을 자신의 정의의 일부로 넣으려고 하지는 않았겠지만 많은 창업가에게 방향 전환은 실패 이벤트임을 암시한다. "우리 회사는 제품/시장 적합성을 얻는 데 실패했습니다"라고 말하는 것이다. 또 그 반대를 의미하기도 하는데, 즉 제품이 일단 제품/시장 적합성을 얻으면 더는 방향 전환할 필요가 없다고 생각하기도 한다. 두 가지 가정 다 틀렸다.

성장 엔진 개념이 제품/시장 적합성이란 아이디어를 좀 더 엄격한 토대 위에 놓을 수 있다고 생각한다. 각 성장 엔진은 정량적으로 정의할 수 있으므로 스타트업이 제품/시장 적합성을 얻기 직전인지 평가하는 데 사용할 특별한 지표를 가질 수 있다. 바이럴 계수가 0.9이거나 그 이상인 스타트업은 성공하기 직전에 와 있는 것이다. 더 좋은 것은 각 성장 엔진 지표가 7장에서 다룬 혁신 회계 모델과 나란히 작동해서 스타트업 제품 개발 노력에 방향을 제시하는 것이다. 예를 들어 스타트업이 바이럴 성장 엔진을 쓰려고 한다면 개발 노력을 고객 행동에 영향을 미칠 일, 즉 바이럴 순환에 집중하고 그렇지 않은 것은 무시해도 무방하다. 그러한 스타트업은 마케팅, 광고, 판매 기술에 특화할 필요가 없다. 역으로 유료 엔진을 쓰는 회사는 마케팅과 판매 기술을 시급히 개발해야 한다.

스타트업은 혁신 회계를 사용해 만들기-측정-학습 피드백 순환을 거치며 각 여정을 평가해 성장 엔진을 튜닝하면서 제품/시장 적합성에 더 가까워졌는지 평가할 수 있다. 정말 중요한 것은 정제되지 않은 수치나 무의미한 지표가 아니라 진척의 방향과 정도다.

예를 들어 재방문에 의한 성장 엔진을 튜닝하러 열심히 일하는 두 스타트업이 있다고 하자. 한 회사는 복합 성장률이 5%이고 다른 회사는 10%다. 어느 회사가 성적이 더 나을까? 표면적으로는 더 높은 성장률이 더 좋아 보이지만 각 회사의 혁신 회계 현황판이 다음 도표와 같다면 어떨까?

복합 성장률	회사 A	회사 B
6개월 전	0.1%	9.8%
5개월 전	0.5%	9.6%
4개월 전	2.0%	9.9%
3개월 전	3.2%	9.8%
2개월 전	4.5%	9.7%
1개월 전	5.0%	10.0%

아무 통찰 없이 이 두 회사의 전체 수치를 보더라도 회사 A는 진짜

발전을 하고 있는 반면 회사 B는 정체된 상태다. 당장은 회사 A보다 회사 B가 더 빨리 성장하는 것처럼 보여도 실은 그 반대다.

엔진이 멈출 때

스타트업 성장 엔진은 작동시키는 것이 어렵기도 하지만 사실 모든 성장 엔진은 결국 연료가 떨어진다. 모든 엔진은 고객, 고객의 습관, 기호, 광고 채널, 상호 연결에 매여 있다. 언젠가 그 고객들은 고갈될 것이다. 산업과 시기에 따라 장기가 될 수도, 단기가 될 수도 있다.

6장에서는 초기 수용자가 필요로 하는 것 외에 추가 기능이 없는 방식으로 MVP를 만드는 것의 중요성을 강조했다. 그 전략을 성공적으로 따르면 대상 고객에 도달할 수 있는 성장 엔진을 찾을 것이다. 그런데 주류 고객으로 이행하려면 어마어마한 추가 작업이 필요하다.[4] 초기 수용자 사이에서 성장한 제품이 있다면 이론상으로는 제품 개발을 완전히 중단해도 된다. 제품은 초기 시장의 한계에 다다를 때까지 계속 성장할 것이다. 그런 다음에는 성장이 수평을 유지하거나 완전히 멈추기도 한다. 도전은 이러한 둔화가 몇 달이나 몇 년에 걸쳐 일어날지도 모른다는 데서 온다. 8장을 돌이켜 보면 IMVU는 처음에 정확히 이 이유 때문에 테스트에 실패했다.

이 전략을 부주의하게 따르다 불운에 처하는 회사도 있다. 허무 지표와 전통적인 회계를 따르기 때문에 수치가 상승하는 것을 보고 회사가 발전하고 있다고 판단한다. 사실 고객 행동에 아무 영향도 주지 못하면서 제품을 더 잘 만들고 있다고 잘못 판단한다. 성장은 돌아가는 성장 엔진, 즉 신규 고객을 끌어오기 위해 효율적으로 움직이는 엔진에서 나오는 것이지, 제품 개발로 주도되는 개선에서 나오지 않는다. 따라서 성장이 갑자기 느려지면 위기를 유발한다.

이것은 안정된 회사도 경험하는 똑같은 문제다. 그들의 과거 성공은 정교하게 튜닝한 성장 엔진 위에 구축됐다. 그 엔진이 소멸해 성장이 느려지거나 멈춘다면 위기가 올 수 있다. 회사가 내부에 새로운 스타트업을 육성해 새로운 성장 원천을 제공하지 않는다면 말이다.

회사 규모가 어떻든지 간에 이러한 고민거리는 빈번하게 생기고 골머리를 썩게 된다. 활동 포트폴리오를 관리하고 동시에 성장 엔진을 튜닝하며 엔진이 필연적으로 소멸할 때를 대비해 새로운 성장 원천을 개발해야 한다. 이 일을 하는 방법이 12장의 주제다. 그런데 그 포트폴리오를 관리하기 전에 이처럼 급박하고 예상할 수 없는 변화를 다룰 수 있는 조직적인 구조, 문화, 훈련이 필요하다. 나는 이를 적응하는 adaptive 조직이라 부르는데 바로 11장의 주제다.

11
적응

IMVU에서 CTO를 맡아 일했을 때 나는 일을 잘했다고 생각했다. 애자일 엔지니어링 조직을 만들었고 린 스타트업으로 알려질 기법으로 성공적으로 실험을 했다. 그런데 내 일에 실패하고 있다는 사실을 갑작스레 깨달을 때가 몇 번 있었다. 이런 생각이 들면 성취 지향적인 사람은 무척 무력해진다. 가장 나쁜 것은 메모를 받지 못한다는 것이다. 메모를 받았다면 다음과 같을 것이다.

에릭 씨에게

축하합니다. 이 회사에서 귀하가 해온 일은 이제 없어졌습니다. 그렇지만 회사 내에서 다른 업무로 전환 배치되었습니다. 사실은 더는 같은 회사가 아닙니다. 이름도 같고 사람들도 대부분 같지만요. 직책도 그대로이고 예전 업무는 잘했는지 모르겠지만 새 업무는 제대로 해내지 못하고 있는 것으로 보입니다. 이번 업무 이동은 6개월 전처럼 유효합니다. 그래서 이 메모는 에릭 씨가 그 일을 그동안 성공적으로 하지 못했다고 경고하는 것입니다.

행운을 빕니다.

이런 일이 내게 일어날 때면 나는 무엇을 해야 할지 파악하려고 애쓴다. 회사가 성장해 나갈수록 추가 프로세스와 시스템이 필요하다는 사실을 나는 안다. 그리고 많은 스타트업이 '전문적'이 되고 싶다는 잘못된 바람으로 경화되고 관료화되는 것을 봤다.

그렇다고 아무 시스템 없이 경영하는 것이 답은 아니다. 스타트업이 실패하는 이유는 수만 가지가 있다. 너무 세세하게 계획을 세우다 실패하기도 했는데 일어날지, 안 일어날지 모르는 다양한 문제에 대비하다가 결국 제품 출시 일정이 연기되는 경우도 있었다. 이른바 프렌드스터Friendster 효과라는 방식으로 실패하는 회사도 봤는데, 고객이 많이 몰릴 때 이를 기술적으로 잘 해결하지 못해 실패하는 사례도 있었다. 부서 간부로서 이러한 결과는 최악이다. 실패했다는 사실이 세상에 널리 알려질 뿐 아니라, 그 실패의 원인으로 주로 한 부서를 지목하게 되는데, 그 부서가 자기 부서가 될 확률이 높다. 회사가 실패할 뿐 아니라 여러분 역시 큰 잘못을 저지른 것이 된다.

이 주제에 관해 내가 들은 조언 대부분은 타협하라는 것이었다(이를테면 계획에는 조금 관여하되 너무 많이 하지 않는다). 이러한 '되는 대로' 접근 방식의 문제점은 어떤 특정한 문제는 착수하고 또 다른 문제는 무시해야 하는 합리적 이유를 제시하기 어렵다는 점이다. 상사가 변덕스럽거나 제멋대로이고 경영진의 결정 뒤에는 말하지 못할 다른 이유가 있다는 느낌이 든다.

이런 식으로 관리하는 사람들의 동기는 분명하다. 상사가 타협하려고 할 때 상사를 설득하고, 여러분이 원하는 것을 얻는 가장 좋은 방법은 극단적인 주장을 하는 것이다. 예를 들어 어떤 그룹이 극도로 긴 출시 주기, 이를테면 연 1회 신제품 출시를 옹호할 경우 똑같이 극도로 짧은 출시 주기(아마도 주간이나 일간)를 주장하면 결론은 두 가지 안의 절충안으로 나온다. 그렇게 되면 원래 여러분이 처음 하고 싶었던 것과 비슷한 결과를 얻게 될 것이다. 하지만 안타깝게도 이런 극단적인 주장으로 서로 경쟁하면 점점 더 극단적인 결과가 나온다. 상대방도 계속 극단적인 주장을 펼치기 때문이다. 시간이 흐를수록 서로 더 극단적인 의견을 주장할 뿐, 절충점을 찾기가 어려워져 의견 조율에 실패하게 된다. 경영자는 고의든 아니든 이런 상황에 책임을 져야 한다. 이런 극단적인 주장을 장려하지 않았다고 하더라도, 결국은 그렇게 하라고 부추긴 것이나 다름없기 때문이다. 이 함정에서 빠져나오려면 사고에 중대한 전환이 필요하다.

조직의 적응력 높이기

스타트업은 신입 사원 훈련 프로그램에 투자해야 할까? 몇 년 전에 내게 물어봤다면 나는 웃으며 대답했을 것이다. "전혀요. 훈련 프로그램은 그걸 감당할 수 있는 대기업을 위한 거죠." 그런데 IMVU에서 꽤 좋은 훈련 프로그램을 만들었고 신입 사원은 출근 첫날부터 생산성을 발휘할 수 있었다. 몇 주 안에 그 직원들은 높은 수준으로 기여했다. 업무 과정을 표준화하고 신입 사원이 배워야 할 개념 교육 과정을 준비하는 데는 엄청난 노력이 필요했다. 모든 신입 엔지니어에게 멘토가 배정됐고 멘토들은 신입 사원이 IMVU에서 생산적이 되는 데 필요한 시스템, 개념, 기술 교육 과정을 통과하는 데 도움을 주었다. 멘토와 멘티의 성과가 연결되므로 멘토는 이 교육을 진지하게 여겼다.

이 예를 돌아볼 때 흥미로운 것은 일을 멈추지 않고 훌륭한 훈련 프로그램을 만드는 데 필요한 사항을 결정했다는 점이다. 대신 훈련 프로그램은 우리 프로세스를 발전시키는 체계적인 접근 방식에서 유기적으로 발전했다. 이 교육 과정은 지속적인 실험과 개선이 필요했고 시간이 지나면서 점점 더 효과적이 됐고 부담이 줄어들었다.

나는 이것을 조직의 적응력 높이기라고 부르는데, 조직 프로세스와 역량이 현재 상황에 자동으로 맞춰지는 것을 의미한다.

너무 빨리 가지는 않나?

지금까지 이 책은 속도의 중요성을 강조했다. 스타트업은 자원이 바닥나 죽기 전에 지속 가능한 사업을 만드는 법을 죽기살기로 배우려 애써야 한다. 그런데 속도에만 초점을 맞추면 조직 자체가 파괴될 수도 있다. 회사가 잘 돌아가려면 스타트업은 팀이 최선의 작업 속도를 찾을 수 있는 내장 속도 조정기가 필요하다.

9장에서 속도 조정 예를 지속적 배포 같은 시스템에서 안돈 코드 사용으로 살펴봤다. 이것은 '생산을 절대 멈추지 않으려면 생산을 멈추라'라는 역설적인 도요타 격언에서 전형적으로 드러난다. 안돈 코드의 열쇠는 불확실한 품질 문제에 직면하자마자 일을 멈추고 강제로 조사해야 한다는 것이다. 이것은 린 제조 운동에서 매우 중요한 발견 한 가지다. 즉 시간 때문에 품질을 거래해서는 안 된다. 당장 품질 문제를 일으키거나 무시한다면 결과로 일어나는 결함은 나중에 속도를 늦출 것이다. 결함 때문에 재작업이 많아지고 의욕이 떨어지고 고객 불만이 생기는데 이렇게 되면 진행이 늦어지고 귀중한 자원이 낭비된다.

지금까지는 순전히 논의의 편의를 위해 실제 제품 생산과 관련되는 이야기를 해 왔다. 하지만 서비스업에서도 똑같은 문제가 있다. 직원 교육 및 채용을 담당하는 팀 또는 접객 관련 업무를 하는 팀의 간부에게 직원들이 다양한 상황에서 어떻게 서비스를 제공해야 하는지 기술한 가이드북을 보여 달라고 요청해 보라. 단순한 안내서로 시작한 일이 시간이 지나면서 가차 없이 커진다. 이내 교육은 믿을 수 없을 정도로 복잡해지고 직원들은 그 규칙을 배우는 데 많은 시간과 에너지를 써야 한다. 이제 새로운 규칙이나 과정을 실험하려고 하는 회사의 창업가를 생각해 보자. 기존 계획이 고품질이면 시간이 지나면서 발전하기가 더 쉽다. 반대로 저품질 계획은 모순되거나 애매모호한 규칙으로 가득해 무언가 바꿔야 할 때 혼란을 일으킨다.

   엔지니어링 배경이 있는 창업가들에게 린 스타트업 접근 방식을 가르칠 때 이 점을 가장 어려워했다. 유효한 학습과 MVP 개념은 고객이 제품을 최대한 빨리 써 볼 수 있게 해야 하고, 고객으로부터 무언가를 학습하는 것과 관련이 없는 것들은 모두 낭비라는 것을 알려준다. 또 만들기-측정-학습의 피드백 순환은 지속적 과정이어야 한다. MVP를 만들고 끝나는 것이 아니라, 그 이후에 우리가 학습한 것을 가지고 다음 이터레이션을 시작해야 한다.

   따라서 제품 품질이나 디자인, 또는 기반이 되는 시스템에서 지금 제대로 만들어 놓지 않고 빨리빨리만 해결하면, 이것 때문에 나중에 더 늦어질 수도 있다. 이 역설이 IMVU에서 어떻게 작동했는지 보자. 3장에서 버그로 가득하고 기능은 빠져 있고 디자인이 엉망인 제품을 어쩌다가 출시하게 됐는지 이야기했다. 고객은 그 제품을 써보려고 하지도 않아서 그 작업 대부분은 날려야 했다. 그 버그들을 고치고 초기 버전을 정리하느라 시간을 많이 낭비하지 않은 것은 좋은 일이었다.

   그런데 우리의 학습으로 고객이 원하는 제품을 만들 수 있었을 때 우리는 성장 둔화에 직면했다. 제품 버그 때문에 고객이 제품을 제대로 사용할 수 없다면 오히려 그것 때문에 스타트업은 제대로 된 학습을 할 수 없게 된다. IMVU 사례를 보면, 일반 대중은 초기 수용자보다 제품에 대해 훨씬 너그럽지 않았다. 비슷하게 제품에 기능을 더 많이 추가할수록 새 기능이 기존 기능을 간섭하리라는 위험 때문에 기능을 더 추가하기도 어려웠다. 같은 역학이 서비스 사업에서도 일어난다. 새 규칙이 기존 규칙과 충돌하고 규칙이 많을수록 충돌 가능성이 높아지기 때문이다.

IMVU는 이 장에서 설명하는 방법을 이용해 고품질 제품을 만들면서도 빨리 대중에게 퍼뜨릴 수 있었다.

다섯 번 '왜'의 지혜

린 스타트업이 속도를 내기 위해서는 자연스러운 피드백 순환이 생길 수 있는 프로세스가 필요하다. 너무 빨리 가면 더 많은 문제가 일어난다. 적응력을 높이는 과정은 속도를 늦추고 현재 시간을 낭비하는 문제를 방지하는 데 투자할 것을 강제한다. 그러한 예방 노력이 성과를 내면 자연스럽게 속도를 다시 올릴 수 있다.

교육 프로그램이 없다면 신입 사원은 일을 배우는 과정에서 많은 실수를 하게 되고, 이 때문에 기존 팀원들이 신입 사원을 많이 도와줘야 하기 때문에 기존 업무에 집중하지 못하게 된다. 이는 결국 전체 시스템 속도 저하로 이어진다. 이 교육 프로그램이 기존 사원들이 신입 사원을 도와주느라 사용한 시간 이상의 가치가 있다는 것을 어떻게 판단할 수 있을까? 하향식 관점으로 이 문제를 이해하기는 어렵다. 완전히 모르는 두 가지 양을 추정해야 하기 때문이다. 얼마나 수확할지 모르는 혜택을 노리고 불분명한 프로그램을 만드는 데 얼마나 비용을 써야 할까? 더욱 좋지 않은 것은 이러한 결정을 하는 전통적인 방식은 확실히 큰 일괄 작업 사고라는 점이다. 어떤 회사는 정교한 훈련 프로그램이 없거나 실행하지 않는다. 대다수 회사는 전체 프로그램을 만드는 투자 수익을 정당화하기 전에는 대개 아무것도 하지 않는다.

대안은 다섯 번 '왜'라는 시스템으로 점진적인 투자를 해서 스타트업 프로세스를 차츰 발전시키는 것이다. 다섯 번 '왜'의 핵심 아이디어는 가장 문제가 되는 증상 예방과 투자를 직접 묶자는 것이다. 이 시스템의 이름은 무슨 일이 일어났는지 이해하기 위해(근본 원인) "왜"라고 다섯 번 질문하는 조사 방법에서 가져왔다. 하늘이 왜 파란지 알고 싶고, 대답이 끝날 때마다 "왜요?"라고 계속 묻는 조숙한 어린이에게 대답해야 했다면 이 방법이 익숙할 것이다. 이 기법은 도요타 제조 시스템의 아버지인 오노 다이이치가 체계적인 문제 해결 도구로 개발했다. 나는 이를 린 스타트업 모델에 쓰려고 특별히 스타트업을 위해 몇 가지 변경을 했다.

기술 문제로 보이는 문제의 근원에는 대부분 사람이 있다. 다섯 번 "왜"라고 물어봄으로써 사람에 관해 어떤 문제가 있는지 발견할 수 있다. 오노 다이이치는 다음 예를 제시한다.

문제에 직면할 때 멈춰서 다섯 번 '왜'라고 물어보았는가? 쉽게 들릴지 몰라도 하려면 어렵다. 예를 들어 기계의 기능이 중지됐다.

1. 왜 기계가 멈췄나? - 과부하가 걸려 퓨즈가 나갔다.
2. 왜 과부하가 걸렸나? - 베어링에 윤활유가 충분히 발라지지 않았다.
3. 왜 윤활유가 충분히 발라지지 않았나? - 윤활 펌프가 제대로 동작하지 않았다.
4. 왜 펌프가 제대로 동작하지 않았나? - 펌프 축이 닳아서 덜거덕거렸다.
5. 왜 축이 닳았나? - 여과기가 부착되어 있지 않아서 금속 부스러기가 들어갔다.

이처럼 "왜"를 다섯 번 반복하면 근본 문제를 알아내서 고치는 데 도움이 된다. 이 과정이 충분히 수행되지 않으면 그냥 퓨즈나 펌프 축을 교체하기만 할지도 모른다. 그 경우 문제는 몇 달 안에 다시 일어날 것이다. 도요타 제조 시스템은 이러한 과학적 접근 방식의 실천과 발전 위에 구축됐다. "왜"라고 다섯 번 질문하고 대답함으로써 문제의 진정한 원인에 다가갈 수 있는데 이는 좀 더 눈에 보이는 증상 뒤에 숨겨져 있을 때가 있다.[1]

오노가 든 비교적 간단한 예에서도 근본 원인은 기술적 잘못이 아니라(퓨즈 고장) 인간 실수(누군가 여과기를 달지 않았다)였다. 어느 산업 분야에 있든 스타트업이 겪는 대다수 전형적인 문제다. 우리의 서비스 사업 예로 돌아가 보면 처음에는 개인 실수로 보였던 문제 대부분을 거슬러 추적해 보니 서비스를 전달하는 방법에 대한 훈련이나 원래 계획 문제였다.

다섯 번 '왜'로 앞서 언급한 직원 훈련 시스템을 만든 방법을 보여주겠다. IMVU에서 우리는 막 출시한 제품 신버전에 대해 갑자기 고객 불평을 듣기 시작했다.

1. 새 버전에서 일부 기능이 동작하지 않았다. 왜? 일부 서버에서 오류가 생겼다.
2. 왜 오류가 났을까? 어떤 서브시스템을 잘못 사용했기 때문이다.
3. 왜 잘못된 방식으로 사용됐을까? 그것을 사용한 엔지니어가 제대로 사용하는 방법을 몰랐다.
4. 왜 몰랐을까? 교육을 받지 않았기 때문이다.
5. 왜 교육을 받지 않았을까? 그 팀이 너무 바빠서 팀장이 신입 엔지

니어 교육에 시간을 할애하지 못했다

순수한 기술적 잘못으로 시작했던 것이 매우 인간적인 관리 문제로 금세 밝혀졌다.

균형 잡힌 투자

다섯 번 '왜' 분석으로 조직 적응력을 높이는 방법은 다음과 같다. 각 다섯 단계 계층에 지속적으로 균형 잡힌 투자를 하라. 다시 말하면 투자는 증상이 사소할 때는 작게, 증상이 더 고통스러울 때는 더 크게 해야 한다. 우리는 큰 문제를 해결해야 하는 상황에 직면하지 않는 한 어떤 문제를 예방하는 데 크게 투자하지는 않는다.

앞서 예에서 대답은 서버를 고치고 서브시스템을 바꿔 오류가 덜 나게 하고 엔지니어를 교육하고, (맞다) 엔지니어의 상사와 대화하는 것이다.

후자, 즉 상사와 대화하는 것은 항상 어려운데, 특히 스타트업에서는 그렇다. 내가 스타트업 임원이었을 때 직원 훈련에 투자해야 한다고 나한테 말했다면 나는 시간 낭비라고 대답했을 것이다. 해야 할 다른 일이 늘 너무 많았다. 아마 빈정대며 말했을 것이다. "그럼요, 훈련시킬 수 있으면 좋겠네요. 8주만 제게 시간을 주시면 프로그램을 만들 수 있어요." "죽어도 절대 안 돼"를 임원들은 그런 식으로 말한다.

균형 잡힌 투자 방식이 그토록 중요한 이유는 그 때문이다. 오류가 사소한 문제였다면, 그것을 고치는 데는 투자를 조금만 해야 한다. 8주 계획을 세운다고 하면 그중 한 시간만 투자하면 된다. 고작 그 정도 투자하냐고 들리겠지만 이게 시작이다. 문제가 다시 일어난다면, 다섯 번 "왜"를 질문하면서 문제를 해결하는 데 계속 시간을 써야 할 것이다. 문제가 다시 일어나지 않으면 한 시간은 큰 손실이 아니다.

엔지니어링 교육을 예로 든 것은 내가 IMVU에서 마지못해 투자한 일이었기 때문이다. 벤처를 시작했을 때 나는 모든 힘을 제품 개발과 마케팅에 집중해야 한다고 생각했다. 직원을 많이 채용하던 시기에 들어선 후 다섯 번 '왜'라고 질문하는 시간을 반복했더니 훈련 부족이 일으킨 문제가 제품 개발을 늦춘다는 사실이 드러났다. 모든 걸 포기하고 온전히 훈련에만 집중할 수는 없는 시기였다. 대신 우리는 끊임없이 프로세스에 점진적인 투자를 해서 매번 점진적인 혜택을 거뒀다. 시간이 지나면서 이러한 긍정적인 변화들은 누적되었고, 이를 통해 과거에 우리가 오류 상황을 해결하는 데 사용했던 시간과 에너지를 아낄 수 있었다.

자동 속도 조정기

다섯 번 '왜'는 자연스러운 속도 조정기로 동작한다. 문제가 많을수록 그러한 문제들에 대한 해법에 더 투자한다. 인프라나 프로세스 투자가 결실을 내면 위기의 수와 심각성이 줄어들고 팀 속도가 다시 올라간다. 특히 스타트업에서는 팀이 속도만을 너무 중시한 나머지 품질을 외면해 정말 말도 안 되는 오류를 범하기도 한다. 다섯 번 '왜'는 그러한 상황을 막고 팀이 최선의 속도를 찾을 수 있게 한다.

다섯 번 '왜'는 발전율을 실행이 아니라 학습에 결부한다. 스타트업 팀은 기술적 잘못, 사업 결과 성취 실패, 예상하지 못한 고객 행동 변화를 비롯해 어떤 실패를 만날 때든지 다섯 번 '왜'를 살펴봐야 한다.

다섯 번 '왜'는 강력하게 구조화된 기법이다. 내가 다섯 번 '왜'를 가르친 엔지니어 몇 명은 여타 린 스타트업 기법을 모두 다섯 번 '왜'에서 끌어낼 수 있다고 믿는다. 작은 일괄 작업으로 일하는 것과 결합하면 과도한 투자나 엔지니어링 없이 회사에 문제가 나타날 때 신속히 대응할 수 있는 토대를 제공한다.

다섯 번 비난의 저주

팀에서 문제 해결 도구로 '다섯 번 왜'를 처음 도입하고 나면 몇 가지 어려움을 겪게 된다. 우리는 어떤 일이 일어나는 순간 그것을 과대 해석하는 경향이 있기 때문에, '다섯 번 왜'와 같은 시스템을 사용해서 이런 한계점을 극복할 필요가 있다. 그리고 예상하지 못한 일이 일어나면 우리는 좌절하는 경향도 있다.

다섯 번 '왜' 접근 방식이 빗나가는 것을 나는 다섯 번 비난이라 부른다. 무엇이 잘못됐는지 이해하려고 반복해서 왜라고 묻는 대신, 좌절한 팀 동료들이 서로를 가리키기 시작하며 누구 잘못인지 정하려고 한다. 다섯 번 '왜'로 문제를 찾아 고치는 대신, 경영자와 직원들은 혼란을 배출하고 시스템 실패가 일어나면 동료를 부르는 수단으로 다섯 번 비난을 사용하는 함정에 빠진다. 실수를 보면 다른 팀이나 다른 사람의 잘못된 지식 또는 성격 때문이라고 생각하는 것이 인간의 본성이기는 하지만, 다섯 번 '왜'의 목적은 만성적인 문제는 나쁜 사람들이 아니라 나쁜 프로세스에서 기인하고 그에 부응해 문제를 고쳐야 한다는 객관적인 사실을 보도록 돕는 것이다.

다섯 번 비난을 피하는 몇 가지 전략을 추천하겠다. 우선 문제에 영향을 받은 모두가 근본 원인을 분석하는 동안 같은 장소에 있어야 한다. 모임에는 문제를 발견했거나 진단한 누구나 포함될 수 있는데 가능하면 전화를 응대하는 고객 서비스 대표도 있는 것이 좋다. 증상을 고치려 한 사람뿐 아니라 관련된 서브시스템이나 기능 작업을 한 사람도 포함되어야 한다. 문제가 고위 간부로 확대되면 확대에 관련된 의사 결정자 역시 참석해야 한다.

회의실이 북적댈지도 모르지만 필수다. 내 경험으로는 결정과정에 참여하지 않은 사람이 비난의 표적이 된다. 희생양이 하급 직원이든 CEO든 똑같이 해를 입는다. 희생양이 하급 직원이라면 그 사람은 대체할 수 있다고 믿기 쉽다. CEO가 참석하지 않으면 그의 행동은 바뀌지 않는다고 가정하기 쉽다. 어느 추정이든 맞지 않다.

비난이 불가피하게 일어나면 방 안에 있는 선임 직원은 모두 다음 주문을 외워야 한다. "실수가 생기면 그 실수를 저지르기 쉽게 만든 우리가 부끄러운 일이다." 다섯 번 '왜' 분석에서 우리는 되도록 시스템 수준 관점으로 보기를 원한다.

이 명제를 다음과 같은 방법으로 테스트해 보았다. 다섯 번 '왜' 기법으로 개발한 IMVU 교육 프로그램에 따라 우리는 신입 엔지니어에게 실서비스 환경을 바꾸어 보라고 주문했다. 일반적으로 엔지니어들에게 이건 아주 무시무시한 일이었다. 신입 엔지니어들은 물었다. "실수로 개발 프로세스를 망치거나 중단시키면 저는 어떻게 되나요?" 그들의 예전 직장에서는 그것은 해고될 실수였다. IMVU에서는 신입 사원에게 이렇게 말했다. "실서비스가 자네가 근무한 첫날 망가뜨릴 정도로 깨지기 쉽다면 그렇게 되기 쉽게 만든 우리가 부끄러운 거지." 그 신입 사원이 실제로 실서비스를 깨뜨리면 그 오류를 고치게 할 뿐 아니라 다음 사람이 똑같은 실수를 저지르지 않도록 예방 차원에서 무슨 일을 할 수 있는지도 고민하게 했다.

매우 다른 문화를 지닌 회사에서 온 신입 사원에게 이것은 스트레스 가득한 업무 개시이지만 결국 모두가 우리의 가치를 본능적으로 이해하게 됐다. 조금씩, 체계적으로 그러한 작은 투자가 쌓여 튼튼한 제품 개발 프로세스가 되어 우리 직원들은 더욱 창조적으로 일하고 두려움을 크게 줄일 수 있었다.

시작하기

여러 다른 회사에 이 기법을 소개한 내 경험을 바탕으로 다섯 번 '왜'를 시작하는 몇 가지 팁을 알려주겠다.

다섯 번 '왜'가 제대로 돌아가려면 반드시 따라야 하는 규칙이 있다. 예를 들어 다섯 번 '왜'는 상호 신뢰와 권한 부여 환경이 필요하다. 이것이 부족한 상황이라면 다섯 번 '왜'의 복잡성은 압도적이다. 그러한 상황이라면 나는 간단한 버전을 사용해 팀이 여전히 근본 원인 분석에 집중하면서 나중에 완전한 방법론에 착수하는 데 필요할 힘을 기르도록 했다.

나는 팀에 다음과 같은 간단한 규칙을 받아들이도록 요구했다.

1. 첫 실수에는 전부 관대하라.
2. 같은 실수를 두 번 하게 하지 말라.

첫 번째 규칙은 사람들이 실수, 특히 타인의 실수에 대해 동정하는 데 익숙해지도록 격려한다. 실수는 대부분 나쁜 사람들이 아니라 결함 있는 시스템에서 야기됨을 기억하라.

두 번째 규칙은 예방에 균형 잡힌 투자를 시작하도록 한다. 이 간단한 버전은 매우 잘 돌아간다. 사실 다섯 번 '왜' 기법과 도요타 생산 시스템에 대해 알기 전에 이미 IMVU에서 이 방법을 사용했다. 그런데 이 단순한 시스템이 장기적으로는 잘 동작하지 않았다. 사실 그것이 내가 린 제조를 배운 계기 중 하나다.

단순 버전의 강점이자 약점은 무엇을 똑같은 문제로 간주해야 하는가 같은 질문을 제기한다는 것이다. 어떤 실수에 초점을 맞춰야 할까? 그리고 개별 문제를 고쳐야 할까, 아니면 관련된 문제의 전 범주를 예방해야 할까? 막 시작한 팀에 이러한 질문은 시사하는 바가 많고 좀 더 정교한 방법론을 도입할 기초를 놓게 한다. 결국은 대답해야 하는 문제다. 다섯 번 '왜'처럼 조직의 적응력을 높이는 프로세스가 필요하다.

불편한 진실

다섯 번 '왜'가 특히 처음에 여러분의 조직에 대한 불편한 진실을 드러낸다는 사실에 대비해야 할 것이다. 신제품이나 신기능 개발에 사용할 수 있었을 값비싼 돈과 시간을 잃지 않기 위해서는 예방책을 위한 투자를 해야 한다. 급박한 상황이 되면 팀은 근본 원인을 분석하는 데 쓸 시간이 없다고 한다. 장기적으로는 그렇게 하는 것이 시간을 아끼는데도 말이다. 프로세스는 다섯 번 비난으로 변할 것이다. 이 모든 중대한 시기에 충분한 권위가 있는 누군가가 현장에서 프로세스를 따르도록 요구하고 권장 사항이 실현되어야 하며, 의견 차이가 튀어나오면 심판 노릇을 해야 한다. 다시 말해 조직의 적응력을 높이는 데는 프로세스를 후원하고 지원하는 실행적 지도력이 필요하다.

  스타트업 업계에서 프리랜서로 일하는 분들이 내 워크숍에 참석해서는 의욕적으로 다섯 번 '왜'를 시작하고는 한다. 나는 경영자나 팀 리더의 동의가 없다면 하지 말라고 주의를 준다. 여러분이 이 상황이라면 조심스럽게 진행하라. 전체 팀이 다섯 번 '왜' 규칙에 모두 동화되기는 어려울지 몰라도, 앞서 두 가지 간단한 규칙을 업무에 늘 사용할 수 있다. 뭔가 잘못되면 스스로에게 물어보라. 이 상황이 다시 생기지 않게 하려면 어떻게 해야 할까?

작게 시작하되 구체적으로 하라

시작할 준비가 되었다면 작게 시작할 것을 추천한다. 예를 들어 내가 처음으로 다섯 번 '왜'를 성공적으로 사용했을 때는 고객에게 직접 영향을 미치지 않는 내부 테스트 도구로 문제를 분석했다. 크고 중요한 문제부터 시작하고 싶은 유혹을 받게 되는데, 시간이 대부분 낭비되는 곳이기 때문이다. 하지만 그만큼 잘해야 한다는 압박이 생긴다. 사람들의 관심이 높아질수록 다섯 번 '왜'는 금세 다섯 번 비난으로 변한다. 프로세스를 학습할 기회를 먼저 주고 나서, 그 뒤에 실제 중요한 문제를 해결할 기회를 주는 것이 더 좋다.

증상이 구체적이면 구체적일수록 다섯 번 '왜' 회의를 주재하기가 더 쉽다. 다섯 번 '왜'로 고객의 결제 불만을 해결하고 싶다고 하자. 그렇다면 이 회의 이후에는 결제와 관련된 모든 불만은 자동으로 다섯 왜 회의를 소집하도록 회의 날짜를 잡는 것이 좋다. 회의가 성립할 수 있을 만한 수의 불만이 모여야 한다는 것이 첫 번째 요건이다. 이미 불만이 너무 많다면 집중하고 싶은 몇 가지만 고르라. 어느 불만이 다섯 번 '왜' 회의를 촉발하는지 결정하는 규칙은 단순하고 원칙적이어야 함을 명심하라. 예를 들어 신용카드 결제와 관련된 불만은 모두 조사하기로 결정할 수 있다. 규칙은 따르기 쉬워야 한다. 애매모호한 것을 규칙으로 잡으면 안 된다.

우선 모든 결제 시스템과 프로세스에 급진적이고 심도 있는 변경을 하고 싶은 유혹이 생길지도 모른다. 그러지 말라. 대신 회의를 짧게 유지하고 질문의 각 다섯 단계에서 비교적 쉽게 할 수 있는 일을 고른다. 시간이 지나면서 팀이 프로세스에 더 익숙해지면 점점 더 많은 결제 불만과 여타 종류의 문제를 포함하는 것으로 확대할 수 있다.

다섯 번 '왜' 달인을 지정하라

학습을 촉진하기 위해, 방법론이 쓰이는 각 분야에 다섯 번 '왜' 달인을 지정하는 것이 도움이 된다. 달인은 각 다섯 번 '왜' 회의의 중재자 업무를 맡아 어떤 예방 조치를 취할지 결정하고 그 회의에서 나온 후속 조치를 배정한다. 달인은 선임급 직원으로, 배정 업무가 완료될 수 있도록 할 권위가 있어야 하지만 회의에 참석할 수 없을 정도로 높은 사람이어서는 안 된다. 다섯 번 '왜' 달인은 책임 면에서 자문위원이고 주요한 변화 대리인agent이다. 이 위치에 있는 사람은 회의가 얼마나 잘 되고 예방 투자가 성과를 얼마나 올렸는지 평가할 수 있다.

다섯 번 '왜' 실행

뉴스 코퍼레이션News Corporation의 사업부인 IGN 엔터테인먼트IGN Entertainment는 온라인 비디오 게임 미디어 회사로 세계에서 가장 많은 비디오 게임 플레이어를 보유하고 있다. 4500만 명이 넘는 게이머가 미디어 기업의 포트폴리오다. IGN은 1990년대 후반에 설립됐고 2005년 뉴스 코퍼레이션에 인수됐다. IGN은 성장해 수백 명을 고용했는데 그중에는 엔지니어가 거의 100명이나 됐다.

　최근 IGN 제품 개발 팀에 강연할 기회가 있었다. 팀은 요 몇 년간 성공적이었지만 이 책에서 본 모든 안정된 회사처럼 신제품 개발을 가속하고 더욱 혁신할 방법을 찾고 있었다. 엔지니어링, 제품, 디자인 팀이 모여 린 스타트업 모델을 적용할 방법을 이야기했다.

　이 프로젝트는 CEO, 제품 개발 본부장, 엔지니어링 부사장 등 IGN 임원의 전폭적인 지지를 받았으나 이전에 실시했던 다섯 번 '왜'는 부드럽게 진행되지 않았다. 제품 팀이 지적한 분야의 문제가 적힌 긴 목록을 해결하려고 하다 그렇게 됐다. 이번 문제는 웹 분석 불일치부터 돌아가지 않는 협력사 데이터 피드까지 다양했다. 첫 다섯 번 '왜' 회의는 한 시간 걸렸고 흥미로운 제안들이 있었지만 다섯 번 '왜'가 계속될수록 그것은 재앙이었다. 문제에 연결되어 있고 문제를 잘 아는 사람은 아무도 회의에 없었고, 다섯 번 '왜'를 다 같이 처음 하는 것이었기 때문에 형식을 고수하지 못하면서 여러 번 딴 길로 샜다. 완벽한 시간 낭비는 아니었지만 이 장에서 다룬 적응적 경영 스타일의 혜택도 전혀 없었다.

자기 응어리를 다섯 번 '왜' 과정에 보내지 말라

IGN은 수년간 시간 낭비를 야기하는 '응어리' 문제를 모두 풀려고 한 경험이 있다. 이것은 너무나 엄청난 문제여서 금방 해결책을 찾기는 무척 힘들었다.

다섯 번 '왜'를 시작하겠다는 열의 때문에 IGN은 세 가지 중요한 것을 도외시했다.

1. 조직에 다섯 번 '왜'를 도입하려면 새 문제가 나올 때 다섯 번 '왜' 시간을 여는 것이 필요하다. 응어리 문제는 고질적이어서 자연스레 다섯 번 '왜' 분석의 일부로 나오고 그 기회에 차츰 그 문제를 고칠 수 있다. 문제가 서서히 저절로 organically 나오지 않는다면 보이는 것만큼 큰 문제가 아닐지도 모른다.
2. 문제에 연결된 모두가 다섯 번 '왜' 시간에 참석해야 한다. 많은 조직이 바쁜 사람들을 근본 원인 분석에서 빼 시간을 절약하려는 유혹에 직면한다. 이것은 잘못된 절약이고 IGN은 이를 어렵게 발견했다.
3. 다섯 번 '왜' 회의를 시작할 때마다 시간을 내서 이것이 어떠한 프

로세스이고, 여기에 익숙하지 않은 사람들에게 어떤 유용함이 있는지 설명하라. 가능하다면 과거 성공적인 다섯 번 '왜' 시간 예를 사용하라. 완전히 새로 하는 것이라면 앞서 언급한 훈련을 신뢰하지 않은 경영자에 대한 예를 사용하라. IGN은 가능하면 팀에 의미가 있는 것을 사용하는 편이 도움이 된다는 사실을 배웠다.

회의 후 IGN 임원진은 다섯 번 '왜'를 한 번 더 시도하기로 결정했다. 이 장에서 설명한 조언을 따라 엔지니어링 디렉터 토니 포드Tony Ford를 다섯 번 '왜' 달인으로 임명했다. 토니는 인수를 통해 IGN에 들어온 창업가였다. 그는 1990년대 후반 비디오 게임에 대한 웹 사이트를 만들면서 인터넷 업계에서 일을 시작했다. 결국 스타트업에서 일할 기회가 주어졌고 팀엑스박스TeamXbox에서 소프트웨어 개발자 리더로 일했다. 팀엑스박스는 2003년 IGN 엔터테인먼트에 인수됐고 그 이후 토니는 기술자, 혁신 리더, 애자일과 린 실천 지지자였다.

불행히도 토니는 집중해야 할 좁은 분야 문제를 고르지 않고 시작했다. 이 때문에 초기에는 좌절과 실패가 있었다. 토니는 말했다. "새 달인으로 나는 다섯 번 '왜'를 효과적으로 움직이는 데 능숙하지 못했고 우리가 해결하려 한 문제는 우선 좋지 않은 후보였습니다. 상상할 수 있듯이 초창기 회의는 끔찍했고 결국은 그다지 유용하지 못했습니다. 나는 무척 낙담했고 좌절했습니다." 이것은 한 번에 너무 많은 문제에 착수할 때 겪는 공통된 문제이지만 이 기술은 숙달하는 데 시간이 걸린다는 사실의 결과이기도 하다. 다행히도 토니는 굴하지 않았다. "다섯 번 '왜' 달인이 있는 것은 내 생각에 매우 중요합니다. 다섯 번 '왜'는 이론상으로는 쉽지만 실제로는 어려우므로 그것을 잘 아는 누군가가 모르는 사람들을 위해 형태를 갖춰주어야 합니다."

마감을 놓친 프로젝트를 포함시킨 다섯 번 '왜' 시간을 토니가 이끌면서 상황은 호전되었다. 회의는 대단히 흥미로웠고 통찰력이 있었으며 의미 있고 균형 잡힌 투자를 이끌어냈다. 토니는 설명했다. "성공은 경험 많은 달인 및 참석자와 관계가 있습니다. 우리는 모두 다섯 번 '왜'가 무엇인지 알았고 나는 샛길로 빠지지 않고 제 궤도를 유지할 수 있도록 정말 최선을 다했습니다. 이게 결정적인 순간이었습니다. 정확히 그때 나는 다섯 번 '왜'가 새로운 도구이고 팀과 사업으로서 우리의 전체적인 성공에 진정한 영향을 미칠 것임을 알았습니다."

표면적으로는 다섯 번 '왜'가 기술 문제를 다루고, 실수 재발 방지를 위한 것처럼 보이지만, 팀이 이런 표면적인 실수를 걷어냄으로써 그들은 같이 일하는 방법에 대해 더 많이 고민할 수 있었다. 토니는 다음과 같이 말했다. "다섯 번 '왜' 방법이 서로 간에 문제의 이해 수준과 관점을 통일시킴으로써 원인 분석보다 더 낫다고 생각합니다. 많은 경우에 문제 때문에 사람들이 갈라섭니다. 하지만 다섯 번 '왜'는 그 반대의 일을 합니다. 문제가 사람들을 여러 번 갈라놓을 수 있었지만 다섯 번 '왜'는 반대 작용을 했습니다."

나는 토니에게 IGN에서 최근에 성공한 다섯 번 '왜'의 사례를 제공해 달라고 요청했다. 그 목록을 관련 글로 제공한다.

왜 블로그 글을 추가하거나 편집할 수 없을까?

대답: 기사 내용 쓰기 요청 API가 500 오류(내부 서버 오류)를 낸다.

균형 잡힌 투자: 짐 - API 작업 중이긴 한데 CMS(content management system)가 사용자에 대해 좀 더 융통성 있도록 고치겠다. 더 나은 사용자 경험을 위해 사용자가 오류 없이 초안을 추가하고 편집할 수 있게 하겠다.

왜 내용 API가 500 오류를 낼까?

대답: bson_ext 젬(http://rubygems.org/gems/bson_ext)이 의존하는 다른 젬(gem)과 호환되지 않는다.

균형 잡힌 투자: 킹 - 젬을 제거하면 된다(고장을 해결하려고 벌써 제거했다).

왜 젬이 호환되지 않을까?

대답: 기존 버전에다 젬 새 버전을 추가했는데 애플리케이션이 예상하지 못한 방식으로 그것을 사용하기 시작했다.

균형 잡힌 투자: 베넷 - 레일스 애플리케이션을 변환해 젬 관리에 번들러(bundler: http://gembundler.com)를 쓰게 하겠다.

왜 테스트 없이 서비스에 젬 새 버전을 추가했을까?

대답: 이 경우에 테스트가 필요하다고 생각하지 못했다.

균형 잡힌 투자: 베넷과 짐 - API와 CMS에서 단위 또는 기능 테스트를 짜서 앞으로 이것을 잡아내겠다.

왜 당장 쓰지 않을 젬을 추가했을까?

대답: 코드를 밀어 넣을 준비를 하면서 서비스 환경에 새 젬이 준비되게 하고 싶었다. 코드 배치는 전부 자동화했지만 젬은 그렇지 않았다.

균형 잡힌 투자: 베넷 - 자동 젬 관리와 설치를 지속적 통합과 지속적 배포 과정에 넣겠다.

추가 질문 - 왜 금요일 밤에 서비스 환경에다 이 작업을 할까?

대답: 하면 안 된다고 말한 사람이 아무도 없었고 개발자가 월요일에 할 배치를 준비하기에 편한 시간이기 때문이었다.

> 균형 잡힌 투자: 토니 - 팀에 공지를 하겠다. 예외가 생기고 데이비드(엔지니어링 부사장)이 승인하지 않는 한 금·토·일요일에는 서비스 환경에 변경이 없을 것이다. 완전히 자동화된 지속적 배포 과정이 준비되면 이 정책을 재평가할 것이다.
>
> 다섯 번 '왜' 시간과 균형 잡힌 투자의 결과로 배치 작업은 더 쉬워지고 빨라졌고, 개발자가 다시는 실수로 실 서비스에 젬을 올리지 못하도록 프로세스를 개선했다. 실제로 이런 문제는 다시 일어나지 않았다. 우리는 '집단 면역 체계'를 강화한 것이다.
>
> 다섯 번 '왜'가 없었다면 이 모든 정보를 절대 발견하지 못했을 것이다. 내 생각에 우리는 개발자에게 금요일 밤에는 멍청한 짓을 하지 말라고 말하고는 그냥 넘어갔을 것이다. 이것이 내가 앞서 강조한 것으로 좋은 다섯 번 '왜' 시간은 두 가지 결과, 즉 학습과 실행을 낳는다. 이 시간에서 나온 균형 잡힌 투자는 분명히 가치 있는데 학습은 훨씬 미묘하다. 그래도 결국 개발자와 팀으로서 놀라운 성장을 하게 된다.

작은 일괄 작업에 적응하기

조직의 적응력 높이기 주제를 끝내기 전에 이야기를 하나 더 소개하고 싶다. 자기 사업을 해봤다면 사용해 봤을 제품에 관한 이야기다. 퀵북QuickBooks이라는 제품이고 인튜이트의 주력 제품 중 하나다.

퀵북은 수년간 해당 분야에서 선도적 제품이었다. 그 결과로 열렬한 대규모 고객 기반이 있었고 인튜이트는 퀵북이 최종 수익에 중대하게 기여하리라 예상했다. 지난 20년간 대다수 PC 소프트웨어처럼 퀵북은 거대한 일괄 작업으로 연간 주기로 출시됐다. 그레그 라이트

Greg Wright가 퀵북 제품 마케팅 디렉터로 팀에 합류한 3년 전에는 이렇게 돌아갔다. 상상할 수 있듯이 많은 기존 프로세스가 있어서 일관된 제품과 정기적인 출시를 책임졌다. 전형적인 출시 접근 방식은 상당한 시간을 먼저 투자해 고객 요구를 식별해야 했다.

전형적으로 1년 주기의 첫 서너 달은 신기능을 개발하지 않고 전략과 계획에 쓴다. 계획과 마일스톤이 정해지면 팀은 그 다음 6~9개월을 개발에 쓴다. 마침내 대규모 출시가 되고 나서 팀은 프로세스 마지막에 고객 요구가 성공적으로 전달됐는지에 관해 첫 피드백을 받는다.

시간표는 다음과 같다. 9월에 프로세스를 시작한다. 첫 베타가 6월에, 두 번째 베타가 7월에 출시된다. 베타는 사람들의 컴퓨터를 멈추게 하거나 데이터를 잃어버리게 하지 않는지 필수로 테스트해야 하고 프로세스의 그 시기까지는 주요한 버그만 수정할 수 있다. 제품 디자인 자체는 중단된다.

이것은 표준적인 '폭포수' 개발 방법론으로 제품 개발 팀이 수년간 사용해 왔다. 선형적이고 큰 일괄 작업 시스템이며 성공이 적절한 예상과 계획에 의존한다. 달리 말하면 오늘날의 급변하는 사업 환경에서는 완전히 부적합하다.

첫 해: 실패

그레그는 이것이 무너지는 모습을 퀵북 팀에서 근무 첫 해인 2009년에 봤다. 그해 회사는 주요 기능 중 하나로 온라인뱅킹 기능을 탑재한 퀵북을 출시했다. 팀은 모형과 실제 기능을 다 수행하지 않는 시제품으로 사용성 테스트를 거쳤고 이어서 표본 고객 자료로 중요한 베타 테스트를 했다. 출시할 때는 모든 것이 좋아 보였다.

첫 베타는 6월에 출시됐는데 고객의 피드백이 부정적으로 오기 시작했다. 고객은 불평했지만 출시를 그만둘 충분한 이유는 없었다. 기술적으로 결함이 없었고 컴퓨터를 죽이지도 않았기 때문이다. 그때 그레그는 곤경에 빠졌다. 피드백이 시장에서 실제 고객 행동으로 어떻게 이어질지 알 수 없었기 때문이다. 그 고객만 불평하는 것일까? 아니면 대다수 고객이 불평하는 것일까? 그래도 한 가지는 확실했는데 출시일을 미룰 수는 없다는 것이었다.

제품이 마침내 출시됐을 때 결과는 끔찍했다. 은행 거래를 하는 데 구 버전보다 서너 배가 더 오래 걸렸다. 결국 그레그의 팀은 사양대로 제품을 만들었지만 해결하려고 했던 고객 요구를 전달하는 데 실패했고, 다음 출시도 같은 폭포수 과정을 거쳐야 해서 고치는 데 아홉 달이 걸렸다. 이것은 실패가 이뤄지는 전형적인 경우로 계획에 결함이 있었지만 그것을 그대로 실행한 경우다.

인튜이트는 넷 프로모터 스코어Net Promoter Score[2]라는 추적 조사를 사용해 많은 제품의 고객 만족도를 평가한다. 이는 고객이 제품을 정말 어떻게 생각하는지에 대한 훌륭한 실행 지표다. 사실 나도 IMVU에서 그것을 썼다. NPS의 멋진 점은 시간이 지나도 매우 안정적이라는 점이다. 핵심 고객 만족도를 측정하므로 사소한 변동에 좌우되지 않고 고객 심리의 주요한 변화만 등록한다. 그해 퀵북의 점수는 20점 떨어졌는데 처음으로 넷 프로모터 스코어의 눈금이 움직인 것이다. 그 20점 하락은 인튜이트에 심각한 손실을 야기했고 회사로서는 당황스러운 일이었다. 고객 피드백이 프로세스에서 너무 늦게 와서 이터레이션을 할 시간이 없었던 것이다.

중소기업 사업부의 부서장과 회계 본부장을 비롯해 인튜이트의 임원진은 변화의 필요를 인식했다. 칭찬할 만하게도 임원들은 그레그에게 변화를 주도하라는 업무를 맡겼다. 그의 임무는 퀵북 개발과 배포에 스타트업 속도를 달성하는 것이었다.

둘째 해: 몸에 익히기

이 이야기의 다음 회는 조직의 적응력을 높이기가 얼마나 어려운지 보여준다. 그레그는 다음 네 가지 원칙으로 퀵북 개발 과정 변경에 착수했다.

1. 더 작은 팀: 단일한 기능적 역할로 된 큰 팀을, 팀원이 서로 다른 역할을 맡는 더 작고 완전히 몰두할 수 있는 작은 팀으로 전환한다.
2. 주기를 더 줄인다.
3. 고객 피드백을 더 빨리 받아서 고객 컴퓨터에서 충돌을 일으키지 않는지와 신기능 성능/고객 경험을 모두 테스트한다.
4. 팀에 권한을 주어 결정을 빠르고 용기 있게 할 수 있게 한다.

표면적으로 이러한 목표가 지난 장에서 설명한 방법론 및 원칙과 일치해 보이지만 그레그는 둘째 해에 두드러진 성공을 보이진 못했다. 예컨대 그는 일괄 작업의 크기를 절반으로 줄이고 프로세스 순환 시간을 효과적으로 잘라 연중에 런칭하려고 했다. 그런데 이는 성공하지 못했다. 대규모 일괄 배치 방식이 여전히 존재하며 괴롭혔고, 팀은 악전고투해서 4월에야 알파를 완성했다. 표면적으로는 과거 시스템보다 두 달 먼저 이슈를 파악할 수 있었기 때문에 개선되었다고 할 수는 있지만, 그레그가 기대한 만큼 극적인 개선은 아니었다.

사실 1년의 과정을 거치면서 팀의 프로세스는 점점 그전 해처럼 되어 갔다. 그레그가 말했듯이 "조직에는 몸에 새겨진 것이 있습니다"였고 사람들이 옛 습관을 버리기는 어려웠다. 그레그는 시스템에 문제가 있음을 다시 한 번 느꼈고 출시일을 임의로 바꾸는 것 같은 개별 변화로는 옛 습관을 이길 수 없었다.

셋째 해: 폭발

둘째 해에 극적인 개선을 이뤄내지 못한 데 좌절해서 그레그는 제품 개발 리더 히만슈 박시와 협력했다. 그들은 함께 옛 프로세스를 전부 던져 버렸다. 팀들이 협력해 새 프로세스를 만들고 옛 방식으로 돌아가지 않는다고 공개적으로 선언했다.

새 마감에 초점을 두는 대신 그레그와 히만슈는 프로세스, 제품, 기술 변경에 투자해 더 작은 일괄 작업으로 일할 수 있게 했다. 그러한 기술 혁신은 데스크톱 제품이 고객에게 더 빨리 전해져 피드백을 얻는 데 도움이 됐다. 연초에 포괄적인 로드맵을 만드는 대신 그레그는 엔지니어, 제품 관리자, 고객이 모여 아이디어 통로를 만드는 아이디어/코드/해법 잼이라는 행사로 한 해를 개시했다. 제품 관리자로서 그레그는 제품 출시에 들어갈 정의된 목록 없이 한 해를 시작하는 것이 두려웠지만 그의 팀과 새 프로세스에 자신감이 있었다.

셋째 해에는 다음과 같은 점이 달랐다.

- 팀이 새로운 기술, 프로세스, 시스템을 만드는 데 관여했다.
- 한 팀에 기획자, 디자이너, 엔지니어가 모두 소속되어 훌륭한 아이디어를 냈다.
- 고객들이 각 기능 구상부터 참여했다.

예전 방식도 기획 과정에서 고객 피드백이나 참여가 부족하지 않았다는 점을 이해하는 것이 중요하다. 진정한 '겐치겐부쓰' 정신으로 인튜이트 제품 관리자는 다음 번 제품 출시 때 해결할 문제를 알아내려고 고객의 집에 가서 고객이 제품을 쓰는 모습을 살펴봤다. 그런데 제품 관리자들은 고객 조사를 모두 책임지고 있었다. 그들은 조사 결과를 팀에 가져와 말했다. "이것이 우리가 풀려는 문제이고 그것을 풀 아이디어가 여기에 있습니다."

기획자, 디자이너, 엔지니어가 한 팀에서 같이 일하기란 쉬운 일이 아니었다. 몇몇 팀원은 회의적이었다. 예를 들어 제품 관리자 몇 명은 엔지니어가 고객 앞에서 시간을 보내는 것은 시간 낭비라고 여겼다. 제품 관리자들은 자기 일이 고객 문제를 파악하고 무엇을 만들어야 하는지 정의하는 것이라 생각했다. 따라서 변화에 대한 몇몇 제품 관리자의 반응은 다음과 같았다. "내 일이 뭐죠? 뭘 해야 하는 거예요?" 비슷하게 엔지니어링 측 몇 명도 무엇을 해야 하는지 그냥 듣고만 싶어 했고 고객과 이야기하지 않으려 했다. 큰 일괄 작업 개발에서 나오는 전형적인 사례인데, 두 그룹 모두 더 '효율적'으로 일하기 위해서라며 팀의 학습 능력을 희생하려 했다.

이 변화 과정이 성공하는 데 의사소통은 무척 중요했다. 모든 팀 리더는 그들이 주도하는 변화와 그 이유에 대해 개방적이었다. 그들이 마주한 회의론은 시도하려는 변화가 과거에 어디에서 잘 됐는지에 관한 구체적인 예가 없다는 사실에 기초한 것이었다. 인튜이트에 완전히 새로운 프로세스였기 때문이다. 그들은 옛 프로세스가 잘 되지 않는 이유와 연간 출시라는 '기차'가 그들을 성공으로 데려다주지 못하는 이유를 명쾌하게 설명해야 했다. 변화를 겪으면서 그들은 프로세스 성과가 무엇인지 이야기를 나눴다. 바로 고객 피드백을 더 빨리 받고, 1년 단위로 계획된 출시 주기와 관계없이 개발 주기를 빠르게 하는 것이었다. 그들은 새 접근 방식이 스타트업 경쟁사에서 어떻게 돌아가고 반복되는지 되풀이해 강조했다. 그들은 따르거나 아니면 시대에 뒤쳐지는 위험을 감수하거나 해야 했다.

역사적으로 퀵북은 큰 팀에서 긴 주기로 만들어졌다. 예를 들어 초창기 불운했던 온라인뱅킹 팀은 엔지니어 열다섯 명, 품질 보증 전문가 일곱 명, 제품 관리자로 구성됐고 때때로 디자이너가 한 명 이상 있었다. 이제 어느 팀도 다섯 명 이상인 곳이 없다. 각 팀의 초점은 되도록 빠르게 고객과 함께 이터레이션을 하고 실험을 수행한 다음 유효한 학습으로 무슨 일을 해야 하는지 실시간 투자 결정을 하는 것이다. 과거에는 다섯 개로 나뉜 주요 '브랜치branch'를 출시 때 기능을 병합했다면 이제는 20~25개 브랜치가 있다. 이렇게 해서 더 큰 실험을 할 수 있다. 각 팀은 약 6주간 연속해 신기능 작업을 하고 프로세스를 거치며 실제 고객과 함께 그것을 테스트한다.

조직의 적응력을 높이는 열쇠가 직원들의 태도에 달려 있다고 하더라도, 회사 문화를 바꾸는 것만으로는 충분한 해결책이 될 수 없다. 9장에서 다뤘듯이 린 경영은 일을 시스템으로 보고, 일괄 작업 크기 및 전체 프로세스가 순환되는 시간을 줄이는 것이기 때문이다. 따라서 지속적인 변화를 성취하려면 퀵북 팀은 새롭고 더 빠른 작업 방식을 가능하게 하는 도구와 플랫폼 변경에 투자해야 했다.

예를 들어 작년에 퀵북 알파 버전을 출시하려 시도했을 때, 팀원들이 스트레스를 가장 많이 받는 포인트는 퀵북이 고객들의 업무 수행에 필수적인mission-critical 제품이라는 점이었다. 많은 중소기업이 매우 중요한 재무 자료용 주 저장소로 퀵북을 사용한다. 팀은 고객 데이터를 훼손할 위험이 있는 MVP 출시를 극도로 조심했다. 그렇기 때문에 더 작은 팀에서 범위를 작게 잡고 일해도, 그 리스크에 대한 모든 부담은 작은 일괄 작업에서도 작업을 어렵게 했다.

일괄 작업 크기를 줄이려고 퀵북 팀은 신기술에 투자해야 했다. 가상화 시스템을 구축해 고객 컴퓨터에서 여러 버전의 퀵북을 실행할 수 있도록 했다. 두 번째 버전은 고객의 모든 데이터에 접근할 수 있었지만 영구적인 변경은 하지 못했다. 따라서 새 버전이 고객 데이터를 사고로 훼손할 위험은 없었다. 이런 식으로 새 출시 버전을 기존 데이터에서 격리해서 선택된 실제 고객이 테스트하고 피드백을 제공할 수 있었다.

셋째 해의 결과는 조짐이 좋았다. 그해 출시된 퀵북 버전은 상당히 더 높은 고객 만족도를 얻었고 더 많이 팔렸다. 퀵북을 지금 쓴다면 작은 일괄 작업으로 만든 버전을 쓰고 있을 것이다. 그레그가 퀵북 팀과 일한 넷째 해가 되자 일괄 작업 크기와 개발 주기를 줄일 더 많은 방식을 연구했다. 늘 그렇듯이 기술적 해법 이상의 가능성이 있다. 예를 들어 데스크톱 소프트웨어를 박스에 포장해 판매하는 방식 때문에 생긴 연간 판매 주기는 진정한 빠른 학습에 심각한 장벽이므로 팀은 좀 더 적극적인 고객을 위해 가입 기반 제품으로 실험을 시작했다. 고객이 업데이트를 온라인으로 다운로드하면 인튜이트는 좀 더 자주 소프트웨어를 출시할 수 있다. 머지않아 이 프로그램으로 퀵북 팀이 고객에게 분기마다 출시하는 것을 보게 될 것이다.[3]

린 스타트업들은 성장하면서 핵심 장점을 포기하지 않고 적응적 기법으로 좀 더 복잡한 프로세스를 개발할 수 있다. 만들기-측정-학습 피드백 순환 속도를 높이는 것이다. 사실 린 제조에서 비롯된 기법을

사용해 얻는 주요 혜택 한 가지는 린 스타트업이 성장하면서 린 원칙에 기초를 둔 탁월한 운영 기술을 보유하게 된다는 것이다. 그들은 원칙에 맞게 운영하는 법, 자기 상황에 맞춘 프로세스를 개발하는 법, 다섯 번 '왜' 및 작은 일괄 작업 같은 린 기법의 사용법을 이미 잘 알고 있다. 성공적인 스타트업은 안정적인 대기업으로 변해 가면서, 도요타 같은 일류 기업의 특징이라고 할 수 있는 원칙 있는 실행 문화를 잘 개발해 나갈 준비를 하게 된다.

그런데 안정된 회사로 성공적으로 성장하는 것이 이야기의 끝이 아니다. 스타트업의 일은 절대 끝나지 않는다. 2장에서 언급했듯이 안정된 회사라도 파괴적 혁신을 통한 새로운 성장 원천을 찾으러 애써야 하기 때문이다. 이러한 요구는 비교적 초기에 나오는데, 성공적인 스타트업이라고 하더라도 시장을 선도해 생긴 첫 성공을 오래 누리리라 기대할 수 없기 때문이다. 오늘날의 성공적인 기업들은 경쟁 회사, 모방 기업, 자유로운 스타트업과 모두 함께 경쟁해야 하므로, 엄청난 스트레스를 받는다. 그 결과로 스타트업이 속담에 나오는 변태 과정처럼 애벌레에서 나비로 변하는 것 같은 별개 단계를 거친다는 생각은 더는 말이 되지 않는다. 성공적인 스타트업과 안정된 회사는 다 똑같이 동시에 여러 가지 일(이를테면 운영적 탁월함과 파괴적 혁신 추구)을 저글링하는 법을 배워야 한다. 이는 새로운 포트폴리오 사고를 필요로 하고 12장에서 이 주제를 다룬다.

12
혁신

회사가 거대해지면 혁신, 창조성, 성장 능력을 어쩔 수 없이 잃는다는 것이 전통적인 사고다. 나는 이것이 틀렸다고 믿는다. 스타트업은 성장해 나가면서 기존 고객과 새 고객 사이에서의 균형, 기존 사업과 신규 사업 사이에서의 균형을 어떻게 잡아야 하는지 학습해 나갈 수 있다. 그리고 경영 철학을 기꺼이 바꾸려 한다면 더 크고 안정된 회사도 포트폴리오 사고라 부르는 것으로 전환할 수 있다고 믿는다.

파괴적 혁신을 키우는 방법

성공적인 혁신 팀은 성공하기 위해 정확히 구조가 잡혀야 한다. 투자를 받아서 운영되는 스타트업이든 자체 매출로 운영되는 스타트업이든지 간에 모든 작고 독립적인 회사가 되는 결과로 이러한 구조적인 속성 일부를 자연스레 지니게 된다. 내부 스타트업 팀은 이러한 구조를 만드는 데 고위 경영진의 지원을 필요로 한다. 내부적이든 외부적이든 내 경험으로는 스타트업 팀은 세 가지 구조적 속성을 필요로 한다. 부족하지만 안전한 자원, 자기 사업을 개발할 독립적인 권한, 좋은 결과가 나왔을 때 받을 수 있는 보상 체계가 바로 그것이다. 이 요구사항들은 안정된 회사의 여타 부서의 요구사항과는 다르다. 구조는 단지 필요조건이지, 성공을 보장하지 않는다는 점을 명심하라. 그러나 구조를 잘못 잡으면 거의 확실한 실패에 이른다.

부족하지만 안정된 자원

안정된 큰 조직의 부서장은 정치력으로 예산을 확대하는 데 숙달되어 있지만 그러한 예산은 다소 느슨하다는 것을 안다. 부서장은 필요한 것보다 많은 예산을 확보하고, 다른 부서에 그것을 뺏기지 않으려고 애쓴다. 정치는 이기기도 하지만 질 때도 있음을 의미한다. 조직 내 어딘가에서 위기가 발생하면 예산은 갑자기 10% 줄어들지도 모른다. 이는 재앙까지는 아니지만, 팀이 더 적은 자원으로 더 많은 일을 더 열심히 해야 함을 의미한다. 아마도 예산에는 만일의 사태를 대비해 이 같은 여분의 경비가 들어 있을 것이다.

스타트업은 다르다. 셀 수 없는 닷컴 실패가 증명하듯이 자본이 너무 많은 것도, 너무 적은 것도 모두 위험하다. 게다가 중간에 가용할 수 있는 예산이 갑자기 바뀌는 상황에 대해서도 아주 민감하다. 독립적으로 운영되는 스타트업이 갑자기 10%의 운영 현금을 잃어버리는 경우는 거의 없다. 많은 경우에 스타트업은 예산을 빠듯하게 운영하므로 이런 일을 겪으면 치명적이다. 스타트업은 전통적인 부서보다 운영하기 더 쉬우면서도 빠듯하다. 전체적인 자본은 더 적게 필요하지만, 갑작스런 변경에는 더 취약하기 때문이다.

독립된 개발 권한

스타트업 팀이 제한된 권한으로 신제품을 개발하고 마케팅하려면 완전한 자율성이 필요하다. 과다한 승인 단계를 거치지 않고 실험을 구상하고 실행할 수 있어야 한다.

나는 스타트업 팀에 다양한 분야의 전문가가 참여해야 한다고 강력히 권한다. 즉, 회사 전 부서 실무자가 참여해 초기 제품 개발이나 출시에 관여해야 한다. 시제품이 아니라 실제 기능하는 제품과 서비스를 만들고 출시할 수 있어야 한다. 업무 이관과 승인 절차 때문에 만들기-측정-학습 피드백 순환 속도가 느려지고, 유효한 학습이 어려워진다. 스타트업은 절대적으로 최소로 유지되어야 한다.

물론 이런 수준의 개발 자율성은 상위 조직에 두려움을 불러일으키기 쉽다. 그러한 두려움을 완화할 목적으로 다음 방법을 추천한다.

결과에 대한 개인 보상 체계

셋째, 창업가는 본인이 하는 업무 성과에 대해 개인적으로 보상받을 수 있어야 한다. 스타트업에서 이러한 것들은 주로 스톡옵션이나 지분 소유로 나타난다. 상여금으로 보상해 주는 경우에는, 혁신의 장기적 성과에 초점을 맞춰 시스템을 설계해야 한다.

하지만 이러한 개인 보상 체계가 무조건 돈과 연결되어야 한다고 생각하지는 않는다. 이것은 비영리기구와 정부 같은 조직에서 특히 중요한데, 경제 이외의 분야에서도 혁신을 해야 하기 때문이다. 이 경우에도 개인에게 보상 체계를 만들어줄 수 있다. 상위 조직은 혁신가가 누구인지 분명히 하고 혁신가가 새 제품에 생명을 가져오고 그것이 성공적이면 명성을 얻는다는 점을 확실히 해야 한다. 어떤 주요 매체 회사에서 한 부서를 운영하는 창업가가 내게 말했다. "경제적인 동기는 일단 차치하고, 내 이름이 맨 앞에 나오기 때문에 내가 잃을 것도 더 많고, 다른 사람보다 더 잘해야 한다고 항상 느꼈습니다. 주인의식은 사소하지 않습니다."

이 공식은 영리 회사에서도 효과적이다. 도요타에서는 처음부터 끝까지 새 차를 개발하는 책임을 맡은 간부를 슈사主査 또는 수석 엔지니어라고 부른다.

슈사는 미국 자료에서는 강력한 프로젝트 관리자라 불리지만 이 이름은 디자인 리더라는 실제 역할을 축소해 말한 것이다. 도요타 직원들은 그 용어를 수석 엔지니어라 번역하고 개발 중인 차를 슈사의 차라 부른다. 슈사가 차 개발의 모든 측면에 관해 최종적이고 절대적인 권한을 지니고 있음이 확인된다.[1]

한편으로 엄청나게 세간의 이목을 끈 기술 회사를 하나 알고 있는데 혁신적인 문화를 지녔다는 평판을 듣지만 신제품 생산 실적은 실망스러웠다. 회사는 탁월한 성과를 낸 팀에 큰 액수의 보상금과 상당히 명예로운 상을 줬는데, 문제는 무엇을 기준으로 수상자가 정해지는지 불투명했다는 점이다. 객관적인 기준이 없어서 팀에서 이처럼 탐나는 복권을 딸 수 있는지 측정할 수 없었다. 그래서 팀은 혁신에 대해 장기적으로 주인 의식을 지닐 수 있을지 거의 확신할 수 없었다. 따라서 팀은 실제 위험을 무릅쓸 동기가 없었고 대신 간부진의 승인을 받으리라 기대되는 프로젝트에 힘을 쏟았다.

실험을 위한 기반 만들기

다음으로 자율적인 스타트업 팀이 운영되는 기본 원칙을 확립하는 데 집중하는 것이 중요하다. 어떻게 하면 원래 조직을 잘 유지할 수 있을지, 또 어떻게 해야 담당 간부가 권한과 책임을 제대로 가지고 있을지, 성공한 혁신을 어떤 식으로 원래 조직에 적용할지 정하는 것이다. 2장에서 인튜이트 내에서 스타트업을 성공적으로 만든 스냅택스 팀을 가능하게 한 '자유의 섬'을 떠올려 보라. 그것은 실험을 위한 기반이 잘 다져졌을 때 가능한 일이다.

원래 조직을 보호하기

관례적으로 내부 혁신가에 관한 충고는 모회사로부터 스타트업을 보호하는 데 초점이 맞춰져 있다. 나는 이 모델을 뒤집는 게 필요하다고 생각한다.

내 컨설팅 고객 중 하나였던 대기업의 전형적인 회의에 대해 설명해 보겠다. 간부진이 모여 제품 다음 버전에 무엇이 들어갈지 결정을 내리려 한다. 데이터에 중점을 두겠다고 회사에서 결정해서 가격에 관한 실험을 했다. 회의 첫 부분에선 실험에서 나온 데이터를 해석하는 데 열중했다.

한 가지 문제는 데이터가 무엇을 의미하는지 아무도 동의할 수 없다는 점이었다. 많은 거래 내역 보고가 회의를 위해 만들어졌다. 데이터 웨어하우스 팀도 회의에 나왔다. 스프레드시트 각 줄의 세부 내용을 설명해 달라고 요청을 받을수록 아무도 그 숫자가 어떻게 나왔는지 이해하지 못한다는 것이 더 명백해졌다. 우리가 보고 있던 것은 다양한 가격대의 제품 총 판매 수치가 분기별로, 고객군별로 나뉜 것이었다. 이해해야 할 데이터가 너무 많았다.

더 엉망인 것은 어떤 고객이 실험에 노출됐는지 아무도 확신하지 못한다는 점이었다. 여러 팀이 구현 책임을 맡아서 제품의 각 부분이 제각각 업데이트됐다. 전체 과정에 몇 달이 걸렸고 이 시기가 되자 실험을 고안한 사람들은 그것을 실행한 사람들과는 별개 부서로 이동한 상황이었다.

이 상황에서 많은 문제를 포착할 수 있을 것이다. 실행 지표 대신 허무 지표를 썼고 전체 주기가 길었고 일괄 작업 크기가 컸고 성장 가설이 불명확했고 실험 설계가 취약했으며 팀 주인 의식이 부족해서 학습이 거의 이뤄지지 않았다.

듣다 보니 아무 결론도 없는 회의였구나 하는 생각이 들었다. 사실에 대한 동의조차 이루어지지 않은 상황에서 다음에 무슨 일을 할지 정하기는 불가능하리라 생각했다. 하지만 내가 틀렸다. 각 부서가 자기 위치를 가장 잘 뒷받침할 데이터 해석을 가지고 자기 입장을 옹호하기 시작했다. 다른 부서가 해당 부서의 입장을 지지하는 또 다른 해석으로 끼어들었다. 그런 과정이 반복됐다. 결국 결정은 데이터를 기반으로 이뤄지지 못했다. 대신 회의를 연 경영자는 가장 그럴듯한 주장에 근거를 두고 결정하도록 강요했다.

데이터에 관해 토론하느라 수많은 회의를 하는 것은 낭비로 보였는데 결국은 온종일 걸려서 나온 결론이나 회의를 시작하자마자 나온 결론이나 큰 차이가 없기 때문이었다. 자기 주장을 펼치는 사람들은 언제든지 자기가 공격받을 것을 의식하고 말하는 것 같았다. 또 다른 팀이 상황을 명료하게 정리하면 그 때문에 그 사람의 입지가 약해질 수 있으므로 최대한 혼란을 주는 식으로 그에 대응했다. 엄청난 낭비가 아닐 수 없다.

안타깝게도 이런 회의 때문에 데이터를 중심으로 의사 결정을 하고, 관련 실험을 해야 한다는 주장이 힘을 얻지 못하고 있다. 데이터 웨어하우징 팀은 아무도 읽거나 이해하지 못할 보고를 만들어낸다. 제품 개발 팀은 실험을 시간 낭비라고 생각하는데, 기능을 만드는 데 절반쯤만 관여하기 때문이다. 결국 어떤 기능에 대해서도 제대로 만든다는 느낌을 받지 못하는 것이다. '실험 진행'은 어려운 결정을 미루려는 신호로 보이게 된다. 최악은 경영진이 회의를 만성 두통으로 경험한다는 것이다. 옛날에 제품 우선순위를 결정하는 회의는 의견 충돌이라기보다는 최소한 경영진이 무엇이 진행되는지 이해할 수 있는 장이었다. 경영진은 복잡한 수식을 들어가면서 어렵게 회의를 진행시키지만 결국 어떤 결론도 얻지 못하고, 팽팽하게 맞선 의견들만 남긴 채로 회의를 마치고는 한다.

정상적인 두려움

그런데 이러한 부서 간 불화의 중심에는 정상적인 두려움이 있었다. 회사는 B2B 고객군과 소비자 고객군, 두 가지 고객군에 서비스를 했다. B2B 고객군에서 회사는 판매 사원을 고용해 다른 회사에 대규모로 제품을 판 반면, 소비자 고객군은 주로 개인의 1회성 구매에 의지했다. 회사 현재 수익의 대부분은 B2B 판매에서 나왔지만 그 고객군에서 성장은 느려지고 있었다. 모두가 소비자 고객군에 막대한 성장 잠재력이 있다고 동의했지만 구체화된 것은 거의 없었다.

성장 둔화의 부분적 원인은 현 가격 구조였다. 대기업에 판매하는 많은 회사처럼 이 회사도 정가를 높게 발표하고 나서 대량 구매를 한 기업 고객한테는 특별 대우인 것처럼 큰 폭으로 할인해 주었다. 모든 영업 사원은 자기 고객들이 특별 대우를 받는다고 느끼길 원했다. 불행히도 발표된 정가는 소비자 고객군이 사기에 너무 비쌌다.

소비자 고객군을 키울 책임을 맡은 팀은 더 싼 가격 구조로 실험해 보기를 원했다. 기업 고객군을 책임진 팀은 고객과 기존 관계를 해체하거나 그렇지 않으면 손상시킬까 신경이 쓰였다. 기업 고객들이 개인이 더 싼 가격에 산다는 것을 알면 어떻게 될까?

다양한 고객을 다루는 사업 쪽에서 일해 본 사람은 이 문제에 많은 해법이 있음을 알 것이다. 이를테면 서로 다른 고객이 제품의 서로 다른 '레벨'을 구입할 수 있도록 단계별 기능을 만든다든지(비행기 좌석처럼) 별도 상표명으로 서로 다른 제품을 지원하는 것 등이다. 회사는 그러한 해법을 구현하려고 애쓰는 중이었다. 왜 그랬을까? 현재 사업을 위험에 빠뜨릴지도 모른다는 두려움으로 인해 제안된 각 실험이 연기됐고 방해받고 애매하게 되었기 때문이다.

이 두려움은 아주 중요하다. 관리자들은 자기 고유 영역이 침해받는다고 느낄 때, 프로젝트 진행을 방해한다. 이 회사는 잃을 것이 없어 마구잡이로 일하는 작은 회사가 아니다. 안정된 회사는 잃을 것이 많다. 핵심 사업의 수익이 떨어지면 해고당하게 된다. 이는 가볍게 여길 수 있는 사안이 아니다.

블랙박스 안에 혁신을 숨기는 위험

끊임없는 혁신은 반드시 필요하다. 좀 더 기민한 방식으로 실험할 능력이 없다면 이 회사는 결국 『The Innovator's Dilemma』에 설명된 운명을 겪을 것이다. 즉 수년간 이익과 이윤이 높아도 사업은 갑자기 무너질 것이다.

우리는 모체 조직으로부터 내부 스타트업을 어떻게 보호할 수 있을까 하는 질문을 해서 내부 혁신이 도전받을 때에 대비한 틀을 짜기도 한다. 나는 질문을 뒤집어 틀을 다시 짜고 싶다. 즉 내부 스타트업으로부터 모기업을 어떻게 보호할 수 있을까? 내 경험으로는 사람들은 위협받는다고 느끼면 스스로를 방어하는데, 방어 성향이 팽배해지면 어떤 혁신도 성공할 수 없다. 사실 이것이 혁신 팀을 숨기라는 일반적인 제안이 일을 그르치는 이유다. 비밀 프로젝트나 사외 혁신 팀으로 성공한 사례가 있긴 했는데 바로 플로리다 보카 라톤에서 진행된 첫 IBM PC 개발이고 IBM 본사와는 완전히 분리되어 있었다. 그러나 이 예는 경고를 주는 이야기로 주로 다뤄진다. 지속적인 혁신을 거의 이끌지 못했기 때문이다.[2] 모기업으로부터 숨는 것은 장기적으로는 부정적인 결과를 내기 때문이다.

사내에서 몰래 혁신이 나온 것을 지켜본 간부 관점에서 고려해 보라. 배신당했다고 느낄 것이고 피해망상 그 이상이 될 것이다. 결국 이렇게 중요한 일도 숨긴 채로 진행할 수 있다면, 어떤 일인들 몰래 진행할 수 없겠는가? 시간이 지나면 이는 간부가 자기 힘, 영향력, 경력에 대한 위협을 찾아내는 것을 장려하면서 더 많은 정치를 이끌어 낸다. 이런 부적절한 문화가 판치면, 혁신이 성공했더라도 반만 성공한 것이다. 관리자 관점에서 메시지는 분명하다. 여러분이 내부 구성원이 아니라면 이런 비밀스러운 일을 눈치채지 못할 가능성이 높다.

그러한 반응에 대해 이러한 관리자를 비판하는 것은 정당하지 않다. 혁신을 제대로 운영해 나갈 시스템을 구축하지 못한 최고 경영진에게 책임을 물어야 한다. 나는 IBM 같은 기업이 신규 시장에서 지도적 위치를 잃은 이유가 PC 사업과 관련한 혁신을 회사 내부에서 숨겨가면서 진행했기 때문이라고 생각한다. IBM은 먼저 혁신을 이끌 문화를 재창조하고 유지할 수 없었기 때문이다.

혁신 샌드박스 만들기

여기에서 도전은 혁신 팀에 공개적으로 권한을 주는 메커니즘을 만드는 것이다. 이것이 회사가 생존 위협에 거듭 직면하더라도 혁신 문화를 오래 지속시키는 방법이다. 내가 제안하는 해법은 혁신 샌드박스sandbox를 만들어서 혁신의 영향력을 유지하면서 스타트업 팀의 방법론을 제한하지 않는 것이다. 이것은 다음과 같이 작동한다.

1. 어느 팀이나 제품을 막론하고 서비스의 샌드박스 부분(여러 부분으로 구성된 제품)이나 특정 고객군 또는 영역(신제품)에만 영향을 미치는 진정한 스플릿 테스트 실험을 만들 수 있다.

2. 팀은 전체 실험을 처음부터 끝까지 꿰뚫고 있어야 한다.
3. 어떤 실험도 특정 기간 이상 오래 가면 안 된다(대개 간단한 기능 실험은 몇 주, 파괴적인 혁신은 더 오래 걸린다).
4. 어떤 실험도 특정한 수 이상의 고객에게 영향을 미칠 수 없다(대개 회사의 총 주류 고객 기반의 몇 퍼센트로 표시된다).
5. 모든 실험은 5~10개(넘으면 안 된다) 실행 지표의 단일 표준 보고서 기반으로 평가되어야 한다.
6. 샌드박스 안에서 일하는 모든 팀과 만들어지는 모든 제품은 똑같은 지표로 성공을 평가해야 한다.
7. 실험이 진행되는 동안 팀은 측정 기준과 고객 반응을 모니터해야 하고(고객 문의 전화, 소셜 미디어 반응, 게시판 글) 큰 사고가 생기면 그만두어야 한다.

처음에 샌드박스는 매우 작아야 한다. 앞서 말한 회사에서 샌드박스는 초기에 가격 페이지만 담았다. 회사가 만드는 제품 유형에 따라 샌드박스 크기는 다른 방법으로 정해도 된다. 예를 들어 온라인 서비스는 특정 페이지나 사용자 흐름으로, 소매점 운영은 특정 가게나 지역으로 제한하면 될 것이다. 시장에 완전히 새로운 제품을 소개하려는 회사는 특정 고객군에서 고객 범위에 제한을 두면 될 것이다.

개념 테스트나 시장 테스트와 달리 샌드박스 고객은 진짜로 간주되므로 혁신 팀은 그들과 장기간 관계를 확립하는 것을 시도해 볼 수 있다. 결국 학습 마일스톤이 성취되기 전에 장기간 초기 수용자와 함께 실험하는 셈이다.

가능하다면 혁신 팀은 업무 진행에 필요한 여러 직군의 사람이 한 팀에 모여 있어야 하고, 도요타 슈사처럼 분명한 팀 리더가 있어야 한다. 사전 승인 없이 샌드박스에서 제품이나 기능을 만들고 마케팅하고 배포할 권한을 주어야 한다. 표준 실행 지표와 혁신 회계를 사용해 그러한 노력의 성공이나 실패에 관해 보고해야 한다.

이런 접근 방식은 예전에 직군이 다른 사람들끼리 한 팀에서 일해 본 경험이 없어도 가능하다. 가격 변경 같은 첫 변화에는 굉장한 엔지니어링 노력이 필요하지는 않겠지만 부서 간 협조, 즉 엔지니어링, 마케팅, 고객 서비스가 필요하다. 이런 방식으로 일하는 팀이 생산성 측면에서 더 훌륭하다. 여기서 말하는 생산성이란 진짜 고객 가치를 만들어내는 것으로, 단순히 얼마나 바쁜지 측정하는 생산성이 아니다.

진정한 실험은 성공이나 실패를 분류하기 쉽다. 최상위 지표가 변하지 않기 때문이다. 어느 쪽이든 팀은 소비자가 어떻게 행동할지에 대한 가정이 옳은지 아닌지 즉시 배운다. 같은 지표를 동시에 사용함으로써 회사 전체에 걸쳐 그러한 지표에 대한 공감대를 만들게 된다. 혁신 팀은 진행을 2부에서 설명한 혁신 회계 시스템으로 보고하므로 이 보고서를 읽는 사람은 실행 지표의 힘에 대해 은연중에 배운다. 이 효과는 엄청나게 강력하다. 누군가 혁신 팀을 방해하고 싶어도 실행 지표와 학습 마일스톤에 대해 전부 배워야 한다.

샌드박스는 빠른 이터레이션도 촉진한다. 사람들이 프로젝트를 처음부터 끝까지 볼 기회가 생기고, 일이 작은 일괄 작업으로 다 되고 분명한 판단을 금세 전달할 수 있으면, 그들은 빨리 피드백을 듣고 발전할 수 있다. 혹시 성과가 좋지 않을 때는 거기에서 얻은 통찰에 따라 다음 행동을 바로 실행에 옮길 수 있다. 따라서 이러한 팀은 정말 나쁜 구상으로 시작했어도 금세 최적의 해법을 찾아내게 된다.

앞서 봤듯이 이것은 작은 일괄 작업 원칙의 표명이다. 기능 전문가, 특히 폭포수나 단계별 개발에 몸담은 사람들은 굉장히 큰 일괄 작업으로 일하도록 훈련받아 왔다. 이렇게 하면 좋은 아이디어마저도 수렁에 빠질 수 있다. 일괄 작업 크기를 작게 함으로써 샌드박스 방법론을 이용해 팀은 돈이 적게 드는 실수를 금방 하고 학습을 시작할 수 있다. 나중에 보겠지만 이러한 작은 초기 실험으로 팀이 모기업에 통합할 수 있는 실행 가능한 신규 사업을 가지고 있음을 보여줄 수 있다.

내부 팀의 책임 유지

7장에서 학습 마일스톤에 대해 이미 자세히 살펴봤다. 어느 내부 스타트업 팀이든 일의 진행 순서는 같다. 고객을 모델링하고 나서 그것을 기반으로 어떤 혁신을 이뤄낼 것인지 정의하고, 출발선이 되는 MVP를 출시한 후, 성장 엔진을 튜닝해 나가면서 이상적으로 생각하는 결과에 점점 더 다가가는 식이다.

이 틀에서 운영하면 내부 팀은 근본적으로 스타트업처럼 움직인다. 성공을 보여주면 회사의 전체적인 제품·서비스 포트폴리오에 통합되어야 한다.

경영 포트폴리오 배양

회사가 관리해야만 하는 네 가지 주요한 일이 있다.[3] 내부 스타트업이 성장하면 원래 구상을 고안한 창업가는 확장이라는 도전과 맞붙어야 한다. 새 주류 고객을 얻고 새 시장이 정복되면 제품은 회사의 공적인 얼굴의 일부가 되어 PR, 마케팅, 판매, 사업 개발에 중대한 영향을 미친다. 대다수의 경우에 제품은 카피캣, 빠른 추격자, 모방자 등 모든 종류의 경쟁자를 끌어당긴다.

신제품 시장이 일단 자리 잡으면 절차는 좀 더 안정된다. 제품 대량 생산은 불가피한데, 이를 위해서는 제품 라인 확장, 업그레이드, 새로운 형태의 마케팅이 필수다. 이 단계에서는 탁월한 운영이 더 중요한 역할을 맡는데, 이윤을 늘리는 방법은 바로 비용을 낮추는 것이다. 이렇게 하려면 다른 유형의 경영자가 필요하다. 최적화, 위임, 통제, 실행에 탁월한 사람 말이다. 회사 주가는 이렇게 예측할 수 있는 성장에 달려 있다.

네 번째 단계도 있는데 운영비용과 레거시 제품이 가장 중요한 단계다. 이것은 외주, 자동화, 비용 절감 분야다. 그래도 기반 구조는 여전히 매우 중요하다. 설비나 인프라 오류, 주요 고객 이탈 때문에 회사가 위험에 빠질 수 있다. 그런데 성장·최적화 단계와 달리 이 영역은 회사가 정상급 성장을 달성하는 데 별로 도움이 되지 않는다. 이러한 조직의 경영자는 야구 심판과 비슷하다. 뭔가 잘못되면 욕을 먹지만, 잘 되어도 칭찬을 듣지는 못한다.

우리는 사업의 이 4단계를 대기업 관점에서 말하려는 경향이 있다. 대기업은 전체 부서와 수백 또는 수천의 사람들을 대표한다. 당연하다. 이러한 극단적인 사례에서 사업 발전을 관찰하기 가장 쉬워서다. 그런데 모든 회사가 4단계 일 전체에 늘 관여되어 있다. 제품이 시장에서 인기를 끌면 팀원들은 다음 단계로 앞서 가려고 열심히 일한다. 성공적인 제품이나 기능은 모두 연구 개발에서 생명이 시작되어 결국 회사 전략의 일부가 되어 최적화 대상이 되고 이윽고 안정화되어 자리를 잡는다.

스타트업과 대기업이 똑같이 겪는 문제는 단계를 이동할 때 직원들이 자기들이 개발하는 제품을 따라간다는 것이다. 제품을 처음 만든 사람이 제품 개발 이후에 상용화 작업과 관련된 관리 업무를 맡게 된다. 그 결과로 매우 창조적인 관리자가 신제품을 만들기보다는 제품 성장과 최적화 작업에 묶여 버린다.

　이러한 경향은 안정된 회사가 우선 혁신을 촉진하려고 창의적인 간부를 찾으려 애쓰는 이유 중 하나다. 모든 혁신은 자리 잡은 프로젝트와 벌이는 자원 경쟁이고 가장 부족한 자원은 재능이다.

창업가는 직책이다

이러한 딜레마에서 벗어나는 방법은 네 가지 일을 다르게 관리해 다양한 분야의 전문가가 한 팀이 되어 각 영역을 개발하게 하는 것이다. 제품이 한 단계에서 다음 단계로 이동할 때 팀에서 팀으로 넘겨진다. 직원은 이관의 일부로 제품과 함께 옮기거나 남아서 새로운 일을 시작하는 것 중에서 선택하면 된다. 어떤 선택도 꼭 옳거나 틀리거나 하지 않고 해당 직원의 기질과 기술에 달려 있다.

　어떤 사람들은 타고난 발명가여서 사업 후반부의 스트레스를 받지 않는 환경에서 일하고 싶어 한다. 다른 사람들은 야심이 있어서 혁신을 간부직으로 가는 경로로 본다. 또 다른 사람들은 자리 잡은 사업과 외주를 운영하고 효율성을 강화하며 비용 절감을 짜내는 관리에 특히 능숙하다. 사람들은 자신에게 가장 잘 맞는 종류의 일을 찾을 수 있어야 한다.

　사실 창업가 정신은 큰 조직 안에서 혁신가들이 성공하기 위해서는 필수적으로 지녀야 하는 것으로 볼 수도 있다. 린 스타트업 방법론으로 팀을 이끌 수 있는 사람이라고 해서 꼭 회사를 떠나서 본인 능력에 걸맞는 보상을 거둬야 하는 것은 아니다. 또 갑갑한 조직 구조에 잘 어울리는 척하면서 회사를 다닐 필요도 없다. 대신 이름 밑에 그냥 '창업가'라고 적힌 명함이 있으면 된다. 그 사람들은 혁신 회계 시스템을 통해 업무를 평가받고 그에 따라 승진하고 보상을 받을 수 있어야 한다.

창업가가 혁신 샌드박스에서 제품을 구체화한 후에는 제품은 모기업으로 재통합되어야 한다. 더 큰 팀이 결국 그것을 성장시키고 상용화하며 확장해야 할 것이다. 처음에 이 팀은 샌드박스에서 일한 혁신가의 지속적인 지도력이 필요할 것이다. 사실 혁신가가 본래의 샌드박스에서 익힌 새로운 작업 방식을 새 팀원들에게 가르칠 수 있는 기회를 주는 것은 프로세스의 긍정적인 부분이다.

이상적으로는 샌드박스는 시간이 흐르며 성장할 것이다. 즉 팀을 샌드박스에서 회사의 표준 업무로 옮기기보다는 샌드박스의 범위를 확장하는 기회가 있을지도 모른다. 예를 들어 제품의 특정 측면만 샌드박스 실험에 종속되어 있다면 신기능이 추가될 수 있다. 앞서 설명한 온라인 서비스에서 이것은 제품 가격 페이지를 포함한 샌드박스로 시작함으로써 이뤄진다. 그 실험이 성공하면 회사는 웹 사이트를 샌드박스에 추가할 수 있다. 이어서 검색 기능을 추가하거나 전체적인 웹 디자인을 바꿀 수도 있다. 처음에 특정 고객이나 일정 수의 고객만 대상으로 했다면 제품 도달 범위가 확대될 수 있다. 그러한 변화가 계획될 때 간부진은 샌드박스에서 일하는 팀이 모기업에서 정치적으로 스스로를 방어할 수 있는지 고려해야 한다. 샌드박스는 그들과 모기업을 보호하도록 설계됐고 어떤 확장이든 이것을 고려해야 한다.

혁신 샌드박스에서 일하는 것은 스타트업 추진에 필요한 힘을 키우는 것과 같다. 처음에 팀은 적당한 실험만 맡을 것이다. 첫 실험에서는 많은 것을 배우는 데 실패하고 확장 가능한 성공을 이끌지 못할 것이다. 시간이 지나면서 그 팀은 작은 일괄 작업 개발과 실행 지표의 지속적 피드백을 받고 학습 마일스톤을 제대로 관리하기만 한다면 분명히 더 나아질 것이다.

물론 어떤 혁신 체계든 결국 그 성공 때문에 오히려 피해를 입을 것이다. 샌드박스가 확장되고 샌드박스 혁신의 결과로 회사 수익이 늘어나면 그 주기는 다시 시작될 것이다. 이전의 혁신자가 현 상태status quo의 수호자가 될 것이다. 제품이 전체 샌드박스를 채우게 되면 매우 중요한 운영에 필요한 추가 규칙과 통제로 불가피하게 지장을 받을 것이다. 혁신 팀은 놀 새로운 샌드박스가 필요할 것이다.

현 상태 되기

마지막 전환은 혁신가가 받아들이기 특히 어렵다. 급진적인 아웃사이더에서 현 상태의 화신으로 변신하는 것이다. 나는 그것이 경력에 방해가 됨을 알았다. 내가 옹호한 몇 가지 린 스타트업 기법에서 추측할 수 있겠지만 나는 일하던 회사에서 늘 말썽꾸러기였고 빠른 이터레이션, 데이터 중심 결정, 초기 고객 참여를 요구했다. 이 아이디어가 지배적인 문화의 일부가 아니었을 때지만 (사람들이 당황해도) 주창하는 건 쉬웠다. 정말 열심히 내 아이디어를 밀어붙이기만 하면 됐다. 그들이 '이단'이 되자 그들은 나와 '적절하게' 타협했다. 정착이라는 심리적 현상 덕분에 이것은 비뚤어진 동기로 이어졌다. 내 제안이 급진적일수록 적절한 타협이 내 진정한 목표에 더 가까워졌다.

내가 제품 개발을 이끌던 몇 년이 금방 지나갔다. 새로운 사람을 고용할 때면 그 사람들은 린 스타트업 문화에 세뇌당해야 했다. 스플릿 테스트, 지속적 배포, 고객 테스트가 모두 표준 실천이었다. 나는 계속해서 내 아이디어를 강하게 주창해서 새 직원이 전부 그 아이디어를 시도해 볼 준비가 되게 해야 했다. 그러나 거기에서 얼마 동안 일해 본 사람들에게 그 아이디어는 이미 식상한 것이었다.

많은 창업가처럼 내 생각을 계속 전도하고 직원들이 더 나아질 수 있는 방식을 제안해야 했다. 직원들은 몇 년 전 나와 똑같은 동기에 직면했다. 제안이 급진적일수록 그들이 원하는 방향으로 타협이 이뤄졌다. 폭포수 개발로 돌아가자는 제안, 품질 보증을 더 많이 하자는 제안, 덜 하자는 제안, 고객 참여를 늘리자는 제안, 줄이자는 제안, 데이터보다는 비전을 보자는 제안, 통계적으로 좀 더 엄격하게 데이터를 해석하자는 제안, 나는 그 모든 것을 들었다.

이 제안들을 진지하게 고려하는 데는 지속적인 노력이 들었다. 그런데 독단적으로 대응하는 것은 도움이 되지 않는다. 절충해서 타협하는 것도 안 된다.

나는 모든 제안이 처음에 린 스타트업 개발을 이끈 것과 똑같은 엄격한 과학적 질문에 해당된다는 것을 알았다. 제안한 변화의 결과를 그 이론으로 예측할 수 있을까? 작은 팀에서 변화를 구체화해 무슨 일이 일어나는지 볼 수 있을까? 그 영향을 측정할 수 있을까? 그것이 실현될 때마다 이러한 접근 방식을 이용해 나는 내 학습을 확대할 수 있었고 더 중요한 것은 내가 일한 회사 생산성이 향상됐다는 것이다. 우리가 IMVU에서 개척한 많은 린 스타트업 기법이 모두 내가 한 것은 아니었다. 그보다는 자신만의 창의성과 재능을 업무로 가져온 직원들이 고안하고 구체화하고 실행한 것이었다.

무엇보다도 나는 다음과 같은 질문에 공통적으로 직면했다. 회사를 세우는 '그 방법'이 잘 될지 어떻게 알 수 있을까요? 다른 회사도 그걸 쓰나요? 그 결과로 유명해지고 부자가 된 사람은 누구인가요? 이런 질문들은 현명하다. 우리 업계의 거인은 모두 더 느리고 선형적인 방식으로 일한다. 왜 우리는 다르게 하고 있을까?

이러한 질문들은 이론을 이용해 대답할 필요가 있다. 린 스타트업을 그냥 몇 단계의 행동 강령이나 전술 모음으로 채택하려는 사람은 성공하지 못할 것이다. 나는 이것을 어렵게 배워야 했다. 스타트업 상황에서 일은 늘 잘못되어 간다. 그런 일이 생기면 우리는 윌리엄 데밍이 요약한 매우 오래된 딜레마에 직면한다. 그 문제가 특별한 원인 때문인지, 조직적인 원인 때문인지 어떻게 알 수 있을까? 새로운 작업 방식을 채택하는 중이라면 일어나는 문제가 새 시스템 때문이라고 비난하고 싶은 유혹이 늘 생긴다. 그러한 경향이 옳을 때도, 그렇지 않을 때도 있다. 그 차이점을 구분하는 것을 배우려면 이론이 필요하다. 야기된 문제가 정말 문제인지 구별하려면 변화의 결과를 예측할 수 있어야 한다.

예를 들어 팀 생산성을 '마케팅·판매·제품 개발의 탁월함'이라고 정의했다가 '유효한 학습'으로 그 정의를 바꾸면 문제가 생길 것이다. 앞서 지적했듯이 기능 전문가는 바쁘게 일한 시간 분량으로 자신의 효율성을 측정하는 데 익숙하다. 예를 들어 프로그래머에게는 종일 코드를 짤 것을 기대한다. 그것이 이러한 전문가들이 전통적인 업무 환경에 좌절하는 이유다. 장시간의 회의, 부서 간 업무 조율, 수많은 보고 등이 모두 효율성을 떨어뜨리는 요인이 된다. 그런데 이러한 전문가들의 개별적인 효율성이 린 스타트업의 목표는 아니다. 대신 우리는 팀이 전문 분야 협업으로 유효한 학습을 성취하기를 바란다. 이 일을 하는 많은 기법, 즉 실행 지표, 지속적 배포, 전체적인 만들기-측정-학습 피드백 순환은 불가피하게 팀의 개별 업무를 부차적suboptimize인 것으로 만든다. 얼마나 빨리 만들 수 있는지, 얼마나 빨리 측정할 수 있는지는 중요하지 않다. 중요한 것은 전체 순환을 얼마나 빨리 도느냐는 것이다.

이 시스템을 가르치면서 이러한 패턴을 매번 깨달았다. 유효한 학습은 항상 처음에는 안 좋게 느껴진다. 하지만 뒤에는 분명히 좋게 느꺼진다. 옛 시스템이 일으키는 문제는 만질 수 없는 것인 반면, 새 시스템이 일으키는 문제는 모두 명백한 것이기 때문이다. 이론의 혜택은 이러한 도전에 대한 해독제가 된다는 것이다. 이러한 생산성 저하가 전환의 필연적인 일부라면 적극적으로 관리할 수 있다. 기대 수준에 대해 미리 설정해 둘 수 있다. 예를 들어 나는 컨설팅을 하면서 이러한 문제는 첫날 제기해야 함을 배웠다. 그렇지 않으면 조금만 결과가 나쁘게 나와도 전체 과정을 망칠 수가 있다. 변화가 진행되면서 우리는 근본 원인 분석과 빠른 대응 기법으로 무슨 문제가 예방이 필요한지 알 수 있었다. 결국 린 스타트업은 틀이지, 따라야 할 청사진이 아니다. 각 회사의 고유한 상황에 따라 변경할 수 있도록 설계되어 있다. 다른 회사에서 진행한 방식을 그대로 가져오기보다는 다섯 번 '왜' 같은 기법으로 자신의 회사에 딱 맞는 무언가를 만들 수 있다.

이 아이디어를 습득하고 탐험하는 가장 좋은 방법은 실천하는 커뮤니티에 참여하는 것이다. 온라인뿐 아니라 세계 곳곳에 번성하는 린 스타트업 모임이 있고, 이 자원을 활용하는 법에 관한 제안은 이 책 마지막 장 「운동에 참여하기」에 정리되어 있다.

13
맺는 글: 낭비하지 말라

2011년은 프레더릭 테일러Frederick Winslow Taylor가 쓴 『The Principles of Scientific Management』 발간 100주년이 되는 해다(1911년 초판 발행). 과학적 관리 운동은 우리가 오늘날 당연하게 여기는 어마어마한 번영을 가능하게 함으로써 21세기의 진로를 바꿨다. 테일러는 오늘날 우리가 경영이라고 뭉뚱그려 부르는 것을 발명했다. 즉 개별 노동자의 효율성 개선, 예외 관리(예상하지 못한 좋은 결과 또는 나쁜 결과에만 초점을 맞춘다), 일을 과업으로 표준화, 과업 초과 달성 상여금을 주는 보상 체계, 그리고 무엇보다도 일은 의식적인 노력으로 연구해 개선될 수 있다는 아이디어를 제시했다. 테일러는 현대적인 화이트 컬러 업무를 발명했는데 회사를 시스템으로 보고 그 시스템은 개인 차원 이상에서 관리되어야 한다고 생각했다. 과거 관리 혁명을 모두 엔지니어가 이끈 데는 이유가 있다. 바로 관리가 인간으로 이루어진 시스템을 엔지니어링하는 것이기 때문이다.

1911년 테일러는 다음과 같이 썼다. "과거에는 사람이 우선이었다면 미래에는 시스템이 우선이 되어야 한다." 테일러의 예상은 실제로 일어났다. 우리는 그가 상상한 세상에서 살고 있다. 그리고 그가 촉발한 혁명은 여러 방식으로 너무 성공적이었다. 테일러는 사고방식으로서 과학을 전파했지만 많은 사람이 그의 메시지와 그가 주창한 엄격한 기법을 혼동했다. 그의 기법에는 시간과 동작 연구, 차등 성과급 체계 같은 것이 있었는데 무엇보다도 가장 짜증나는 내용은 노동자는 자동 장치와 마찬가지로 다뤄야 한다는 아이디어였다. 이러한 구상

중 많은 것이 극도로 해로운 것으로 밝혀졌고 되돌리는 데 후대 이론가와 관리자의 노력이 필요했다. 결정적으로 린 제조는 모든 공장 노동자에게 숨겨진 지혜와 주도력을 재발견했고, 효율성이라는 테일러의 관념을 개별 작업 단위가 아니라 전체 회사 조직 단위로 확장했다. 그러나 이러한 일련의 혁명은 테일러의 핵심 아이디어를 받아들여서 일은 과학적으로 연구될 수 있고 엄격한 실험적 접근 방식으로 개선될 수 있다고 봤다.

21세기에 우리는 테일러가 상상하지 못한 새로운 문제에 직면했다. 생산 능력은 인간이 아는 것을 다 만들고도 남는다. 20세기 초 엄청난 발명과 혁신이 있었지만 대부분은 세계 인구를 먹이고 입히고 재우려고 노동자와 기계의 생산성을 높이는 데 집중됐다. 빈곤하게 사는 수많은 사람이 증명하듯이 그 프로젝트는 여전히 미완성이지만 그 문제에 대한 해법은 이제는 엄격히 말하면 정치적인 것이다. 우리는 이제 상상하는 것을 거의 무엇이든 만들 수 있는 능력이 있다. 우리 시대의 큰 문제는 '만들 수 있을까'가 아니라 '만들어야 하는가'이다. 우리는 지금 중요한 역사적 순간에 와 있다. 우리의 미래 번영은 집단 상상력의 질에 달려 있다.

1911년 테일러는 다음과 같이 썼다.

우리는 숲이 사라지고 수력이 낭비되며 토양이 홍수에 쓸려 바다로 떠내려가는 것을 보고 있으며 석탄과 철이 고갈되어 가는 것을 보고 있다. 하지만 무엇보다도 큰 문제는 인간의 열정과 노력이 낭비되고 있다는 점이다. 서투르거나 방향을 잘못 잡거나 비효율적이라서 낭비되는 인간의 노력은 눈에 보이지도 않고, 손에 잡히지도 않는다. 다만 어렴풋이 인식될 뿐이다.

우리는 물질적인 것의 낭비는 보고 느낄 수 있다. 그런데 사람이 서투르게 비효율적으로 잘못된 방향으로 움직이는 것은 보이지도 않고 감지할 수도 없다. 감지하려면 기억하고 생각해야 한다. 이런 이유 때문에 인간의 노력이 낭비되고 있는 것이 물질 낭비보다 훨씬 심각한 것인데도, 후자는 사람들에게 큰 영향을 주는 반면, 전자는 사람들에게 별 영향을 주지 못하고 있다.[1]

한 세기 후 우리는 이러한 말에 대해 뭐라고 할 수 있을까? 한편으로는 낡은 말처럼 느껴진다. 21세기 사람들은 효율성의 중요함과 생산성 획득의 경제적 가치를 매우 잘 안다. 우리의 일터는 최소한 눈에 보이는 물건의 생산에 있어서는 테일러 시대보다 훨씬 발전해 있다.

다른 한편으로 테일러의 말은 내게 완전히 동시대의 것으로 다가온다. 물건을 만드는 데 효율성을 과시하지만 우리 경제는 여전히 믿을 수 없을 정도로 낭비가 심하다. 이러한 낭비는 일을 비효율적으로 해서 발생하는 것이 아니라 산업 차원에서 하지 않아도 될 일을 하기 때문에 발생한다. 피터 드러커가 말한 것처럼 말이다. "전혀 해서는 안 될 일을 매우 효율적으로 하는 것만큼 무용한 짓은 확실히 없다."[2]

그리고 우리는 잘못된 일을 늘 효율적으로 하고 있다. 현대적인 일이 얼마나 낭비가 심한지는 정확히 추정하기 어렵지만 일화는 부족하지 않다. 린 스타트업에 대해 자문과 출장을 다니면서 나는 크고 작은 회사 직원에게서 늘 같은 메시지를 들었다. 모든 산업에서 실패한 출시, 잘못 구상한 프로젝트, 큰 일괄 작업으로 인한 죽음의 악순환에 관한 이야기를 끝없이 본다. 나는 사람의 시간 오용을 인간 창의력과 잠재력을 부주의하게 낭비하는 죄라고 본다.

이 모든 낭비 중 몇 퍼센트나 방지할 수 있을까? 나는 우리가 현재 깨닫고 있는 것보다 훨씬 더 큰 비율이라고 생각한다. 내가 만나는 사람들은 대부분 최소한 자기가 일하는 산업에서는 프로젝트가 그럴듯한 이유 때문에 실패한다고 믿는다. 프로젝트는 본질적으로 위험하고 시장 조건은 예측할 수 없고 '대기업 사람들'은 본래 창조적이지 않다는 이유 말이다. 어떤 사람들은 단지 모든 걸 천천히 늦추고 좀 더 주의 깊은 과정으로 더 적은 수의 고품질 프로젝트를 하면 실패율을 낮출 수 있으리라 믿는다. 다른 사람들은 특정 사람들에게 만들어야 할 정확한 것을 아는 타고난 재능이 있다고 믿는다. 비전가와 대가를 찾을 수 있다면 문제는 해결될 것이다. 이러한 '해법' 역시 사람들이 현대적인 관리에 대해 알기 전 19세기에는 한때 첨단으로 간주되었다.

더 빨라진 세상의 요구사항 때문에 이러한 골동품식 접근 방식이 쓸모없어지자 실패한 프로젝트와 사업에 관한 비난은 고위 간부에게 몰리고 이들은 불가능한 일을 하도록 요구받는다. 아니면 빠른 수정과 단기 결과를 지나치게 강조했다고 비난의 손가락이 금융 투자자나 공공 시장에 향하기도 한다. 수많은 비난이 나돌지만 리더나 투자자의 행동을 안내할 이론은 거의 없다.

린 스타트업 운동은 이러한 절망의 반대편에 서 있다. 우리는 혁신에서 생기는 낭비 형태는 대부분 그 원인을 이해하면 예방할 수 있다고 믿는다. 필요한 것은 이 일을 하는 것과 관련된 집단적 사고방식을 바꾸는 것뿐이다.

노동자에게 더 열심히 일하라고 촉구하는 것은 불충분하다. 현재 문제는 잘못된 일을 너무 열심히 하는 데서 야기된다. 기능적 효율성에 초점을 맞추다가 우리는 혁신의 진정한 목표를 놓쳤다. 혁신의 목표는 현재 모르는 것을 학습하는 것이다. 데밍이 가르쳤듯이 중요한 것은 정량적 목표를 정하는 것이 아니라 이 목표를 이룰 방법론을 고치는 것이다. 린 스타트업 운동은 과학적 방법론을 가져와 가장 긴급한 혁신 질문에 대답할 수 있다는 원리를 나타낸다. 그 질문은 신제품이나 서비스를 만들 지속 가능한 조직을 어떻게 세울 수 있을까 하는 것이다.

조직적인 강력함

내 워크숍 참석자 한 사람이 몇 달 후 내게 와서 다음과 같은 이야기를 들려주었는데 약간 고쳐 인용해 보겠다. "린 스타트업 원칙을 알자 초능력이 생긴 것 같았습니다. 저는 신입 사원이지만, 회사 사장님이나 임원을 만났을 때, 간단한 질문 몇 가지를 던져서 현재 진행 중인 프로젝트가 테스트 가능한 가설을 바탕으로 진행되고 있음을 알려줍니다. 몇 분 안에 저는 그 사람들이 너무 늦기 전에 계획을 과학적으로 검증할 수 있게 따를 수 있는 계획을 펼칠 수 있습니다. 사람들은 늘 '멋지군. 전에는 신제품에 대해 우리 생각을 그 정도 수준으로 엄격하게 따져본 적이 없었어'라고 반응합니다."

이 같은 상호 작용의 결과로 그 참석자는 자신이 일하는 대기업에서 뛰어난 직원이라는 평판을 얻었다. 이는 그의 경력에는 좋았지만 개인으로서는 당황스러운 일이었다. 이유가 뭘까? 그가 제법 뛰어나기는 했지만 결함 있는 제품 계획에 대한 통찰은 그의 특별한 지적 능력 때문이 아니라 무슨 일이 일어날지 예측하고 대안을 제시할 이론이 있어서였다. 그의 아이디어를 들은 간부들이 시스템을 보지 못하자 그는 좌절했다. 그 사람들은 성공의 열쇠는 그 같은 뛰어난 사람들을 찾아 자기 팀에 두는 것이라고 결론을 잘못 내렸다. 그들은 그가 제대로 선사한 기회를 보는 데 실패했다. 혁신이 일어나는 방식에 관한 믿음을 바꾸고 체계적으로 더 나은 결과를 성취할 수 있는 기회였는데 말이다.

시스템을 우선할 때 몇 가지 위험

앞서 살았던 테일러처럼 우리의 도전은 현대적인 회사 경영에 시스템을 우선해야 한다고 설득하는 것이다. 그런데 테일러리즘은 조언으로 여겨야 하고, 새 아이디어를 대중에게 소개할 때는 역사의 교훈을 배우는 것이 중요하다.

테일러는 개인적 탁월함보다는 체계적 실천에 집중한 것으로 기억된다. 시스템을 우선하는 것에 대한 유명한 문장이 포함된 부분을 『The Principles of Scientific Management』에서 전문 인용해 보겠다.

> 미래에는 지도자가 타고나는 것뿐 아니라 훈련받아야 함을 인지할 것이다. 그리고 어떤 위대한 사람도 옛 개인 관리 체계로는 효율적으로 협력하도록 적절히 조직된 수많은 평범한 사람을 이겨낼 수 없을 것이다.
>
> 과거에는 사람이 우선이었지만 미래에는 시스템이 우선이어야 한다. 그런데 이는 뛰어난 사람이 필요 없음을 의미하는 것이 결코 아니다. 반대로 좋은 시스템의 첫 번째 목적은 최고 수준의 사람을 기르는 것이어야 하고 체계적인 관리 아래서 최고의 사람은 어느 때보다 확실하고 빠르게 정상에 오른다.[3]

뛰어난 역량을 지닌 개인을 찾아 승진시키는 일은 과학적 관리와 상충되지 않는다고 테일러는 계속 주장했지만, 안타깝게도 그 주장은 금방 잊혀졌다. 사실 시간과 동작 연구, 과업 초과 달성 상여금, 특히 기능 감독(오늘날 기능 개발의 선구자)을 통한 생산성 향상은 획기적이어서 이후 세대 경영자들은 그것들을 구현한 사람의 중요성을 놓치고 말았다.

이는 두 가지 문제로 이어졌다. (1) 사업 체계가 지나치게 엄격해져 개별 노동자의 적응성, 창의성, 지혜를 활용하는 데 실패했다. 그리고 (2) 계획, 예방, 절차를 과다 강조했는데 이것들은 대개 정적인 세상에서 조직이 지속적인 결과를 얻게 하는 것이었다. 공장 작업 현장에서 이 문제들을 린 제조 운동으로 맞섰고 그러한 교훈은 많은 현대적인 회사에 전파됐다. 그런데 신제품 개발, 창업가 정신, 일반적인 혁신 작업에서 우리는 오래된 틀을 여전히 사용한다.

내 바람은 린 스타트업 운동이 똑같은 환원주의자의 덫에 빠지지 않는 것이다. 우리는 창업가 정신을 결정하는 규칙, 스타트업 성공 가능성을 개선하는 방법론, 혁신적인 제품을 개발하는 체계적 접근 방법을 막 발굴하기 시작했다. 그렇다고 해서 전통적인 창업가의 미덕, 즉 탁월한 비전, 위험을 무릅쓰는 의지, 압도적인 차이에 직면할 때 필요한 용기가 필요없는 것은 아니다. 우리 사회는 어느 때보다 더 창의성과 창업가의 비전을 필요로 한다. 사실 정확히는 이것들이 우리가 낭비해서는 안 될 매우 귀중한 자원이기 때문이다.

제품 개발 사이비 과학

테일러가 오늘날 살아 있다면 창업가와 혁신가가 경영하는 모습을 보고 반드시 웃었을 거라 생각한다. 20세기 초 사람을 기술적 마법이라는 위업으로 압도하는 과학자와 공학자의 노고를 활용하지만 우리가 조직하는 데 쓰는 경영 실천은 대개 과학적 엄격함이 결여되어 있다. 사실 나는 사이비 과학이라고 부르기까지 한다.

우리는 관례대로 사실보다는 직감에 바탕을 두고 새 프로젝트를 승인한다. 이 책 전체에 걸쳐 살펴봤듯이 그것은 문제의 근본 원인이 아니다. 모든 혁신은 비전으로 시작한다. 앞으로 무슨 일이 일어날지가 정말 중요한 것이다. 살펴봤듯이 너무 많은 혁신 팀이 성공 극장에 관여해 비전 요소를 진정한 실험에 노출시키기보다 자기 비전을 지원할 데이터를 선택적으로 고르거나 심지어는 몰래 무제한 '실험'을 위한 무데이터 구역을 만들어 고객 피드백이나 설명이 결여된다. 언제든 팀이 총 지표 그래프에서 특정 부분을 강조해 인과 관계를 증명하려고 한다면 사이비 과학이 관여하게 된다. 제안된 인과 관계가 사실인지 어떻게 알 수 있을까? 언제든 팀이 학습 성과가 있었다는 변명을 내세워 실패를 정당화하려고 한다면 역시 사이비 과학이 관여한다.

학습이 한 이터레이션 주기에 일어나면 그것을 다음 주기에 유효한 학습으로 바꿔 증명해 보자. 고객 행동 모델을 만든 후 우리 제품이나 서비스로 고객 행동 모델이 바뀌는 것을 보여주면 비전의 유효성을 사실로 입증할 수 있다.

린 스타트업 운동의 성공을 축하하면서 꼭 경계할 것이 있다. 성공 때문에 린 스타트업 운동 주변에 새로운 사이비 과학이 생겨나서는 안 된다. 사이비 과학은 과학적 관리가 맞이한 불운이었고 결국 과학적 관리의 이상을 수십 년 지연시켰다고 생각한다. 과학은 창의적 일에 대한 반복 업무, 인간성에 대한 기계화, 기민함에 대한 계획의 승리를 상징하게 되었다. 이후 운동은 그러한 결함을 고치기 위해 태어났다.

테일러는 그가 과학적이라 부른 많은 것을 믿었지만 우리의 현대적인 눈에는 단지 편견으로 인식되는 것도 있다. 그는 노동자 계급보다 귀족이 지능과 특성 모두 내재적으로 우수하고, 여자보다 남자가 뛰어나다고 믿었다. 신분이 낮은 사람을 더 나은 사람이 엄격하게 감독해야 한다고도 생각했다. 이러한 믿음은 테일러 시대의 불완전함의 일부분이고 그것들에 무지했던 그를 용서하려고 하기도 한다.

우리 시대를 미래의 관습이라는 렌즈로 보면 어떤 편견이 드러날까? 과도한 신념을 강요하지 않았을까? 운동 초기 성공으로 우리가 무엇을 놓쳤을까?

반드시 답하고 싶은 질문들이다. 린 스타트업 운동이 명성을 얻고, 사람들이 알아주기 시작하는 것은 기쁜 일이지만 더 중요한 것은 우리 역시 우리가 알려준 대로 잘 하고 있는가 하는 것이다. 지금까지 알려진 것은 빙산의 일각에 불과하다. 필요한 것은 현대 노동자에게 숨겨진 거대한 잠재력을 드러내는 방법을 발견할 거대한 프로젝트다. 우리가 사람들의 시간 낭비를 멈춘다면 사람들은 그걸로 무엇을 할까? 무엇이 가능한지에 관한 제대로 된 개념은 없다.

1880년대 후반부터 테일러는 철을 절단하는 최적의 방법을 발견하려는 실험 프로그램을 시작했다. 25년 넘게 계속된 그 실험 과정에서 그와 그의 동료는 2만 가지 개별 실험을 수행했다. 이 프로젝트에서 주목할 만한 것은 어떤 학술 지원도, 정부 연구 개발 예산도 없었다는 점이다. 전체 비용은 실험 덕에 생긴 더 높은 생산성에서 나온 이익으로 지불했다. 이것은 숨겨진 생산성을 발굴한 유일한 실험 프로그램이었다. 그 외에도 과학적 경영 기법을 신봉하는 사람들은 벽돌 쌓기, 농사 심지어는 삽질 연구에까지 몇 년을 쏟아 부었다. 그들은 진리 탐구에 깊이 빠져 있어서, 민간에서 전해 오는 장인의 지혜나 전문가의 이야기만으로는 만족할 수 없었다.

직원이 사용하는 방법론에 같은 수준으로 관심이 있는 현대적인 지식 노동 경영자를 상상할 수 있을까? 현재 혁신 작업 중 과학적 토대가 부족한 구호에 의해 이끌어지는 것은 얼마나 될까?

새로운 연구 프로그램
더 효과적으로 일하는 방법을 발견할 동등한 연구 프로그램은 무엇일까?

우리에게는 극도로 불확실한 환경에서 무엇이 생산성을 자극할 수 있는지에 대한 이해가 거의 없다. 다행히도 어디에서나 주기가 짧아짐에 따라 새로운 접근 방식을 테스트할 기회가 많다. 따라서 나는 스타트업 테스트 연구소를 만들어 온갖 종류의 제품 개발 방법론을 테스트해 보기를 제안한다.

그러한 테스트는 어떻게 운영할 수 있을까? 작은 전문 분야 협업 팀을 꾸려 아마도 제품과 엔지니어링으로 시작해 서로 다른 제품 개발 방법론으로 문제를 풀어보게 할 수 있을 것이다. 답이 명확한 문제로 시작할 수 있는데, 명확한 해답이 있는 잘 정의된 문제 데이터베이스를 개발한 국제 프로그래밍 경진 대회에서 문제를 가져올 수도 있다. 이러한 경진 대회는 다양한 문제를 푸는 데 얼마나 걸려야 하는지 명확한 기준을 제공하므로 실험 주제에 관한 개인 문제 해결 역량을 명쾌하게 확립할 수 있다.

이런 측정을 이용해 실험 조건을 다변화할 수 있다. 정답이 무엇인지에 대한 불확실성 수준을 높이면서 결과의 질을 객관적으로 측정할 수 있다. 실제 세계 고객 문제를 이용해서 실제 소비자에게 팀 작업의 결과를 테스트해 보게 할 수도 있다. 아니면 같은 문제를 푸는 MVP를 반복해 만들어 어느 것이 최고의 고객 전환율을 내는지 정량화할 수 있다.

또 다소 복잡한 개발 플랫폼과 배포 채널을 골라 모든 중요한 주기를 다변화해 팀의 진정한 생산성에 그러한 요소가 미치는 영향을 테스트할 수도 있다.

무엇보다도 유효한 학습을 위해 팀이 책임을 유지할 수 있는 분명한 방법론을 개발해야 한다. 나는 이 책에서 한 가지 방법을 제안했다. 바로 잘 정의된 재정 모델과 성장 엔진을 사용하는 혁신 회계이다. 그런데 이것이 가장 좋은 방법이라고 하면 순진한 것이다. 점점 더 많은 회사에서 받아들여질수록 의심할 여지없이 새 기법이 제안될 것이고 새로운 아이디어는 되도록 엄격하게 평가할 수 있어야 한다.

이 모든 질문은 연구 대학과 육성 대상인 창업 커뮤니티 간 공적·사적 협력의 가능성을 제기한다. 또 대학은 현재 추세인 단순히 자금 투자자나 스타트업 육성 기관이 되는 것 이상의 방식으로 가치를 더할 수 있다. 이 연구가 어딘가에서 수행되는 새로운 창업 실천의 진원지가 될 것이고 이 연구를 수행하는 대학은 훨씬 더 높은 기본 연구 활동의 상용화를 성취할 수 있으리라 예측한다.[4]

장기 주식 거래

단순한 연구를 넘어서 우리의 목표는 창업가 전체 생태계를 바꾸는 것이라고 믿는다. 스타트업 산업의 너무 많은 부분이 대형 언론사와 투자 은행의 공급 체계에 의존해 왔다. 안정된 기업이 혁신에 지속적으로 투자하려고 애쓰는 이유는 부분적으론 단기 수익성과 성장 목표를 맞추라는 일반 시장의 극심한 압박 때문이다. 이것은 대부분 경영자를 평가하려고 개발한 회계 방법론의 결과로 이 방법론은 7장에서 다룬 총 허무 지표에 중점을 둔다. 새로운 형태의 주식 거래가 필요한데 장기적 사고를 지속할 수 있게 조직된 회사 주식을 거래하도록 설계되어야 한다. 나는 LTSE long-term stock exchange를 만들 것을 제안한다.

이익과 이윤에 관해 분기 보고를 하는 것 외에 LTSE의 회사는 혁신 회계로 내부적 창업 노력을 보고해야 한다. 인튜이트처럼 몇 해 전에는 없던 제품에서 거둔 수익을 보고할 수도 있다. LTSE 회사의 경영자 보상은 회사의 장기 성과와 연계하면 될 것이다. LTSE에서 거래에는 거래 비용과 거래 수수료를 더 높게 매겨 당일치기 매매와 대규모 주가 등락을 최소회한다. 거래소에서 LTSE 회사는 장기 투자를 추구하도록 더 나은 경영 자유를 촉진하는 방향으로 회사 관리를 조직화할 수 있다. 장기적 사고를 지원하는 것 외에도 LTSE의 투명성은 실제 세계에서 혁신을 육성하는 방법에 대한 귀중한 데이터를 제공할 것이다. LTSE 같은 것들은 다음 세대의 훌륭한 회사를 더 빨리 만들 수 있도록 해 줄 것이다.

마무리하며

운동으로서 린 스타트업은 교리와 엄격한 이념을 피해야 한다. 우리는 과학은 공식이나 일터에서 인간성 부족을 의미한다는 풍자를 피해야 한다. 사실 과학은 인간성의 가장 창조적인 추구다. 과학을 창업가 정신에 적용하는 것이 인간 잠재력의 거대한 보고를 열 것이라 믿는다.

모든 직원이 린 스타트업 조직의 강력함으로 무장하면 조직은 어떤 모습일까?

모두가 가정은 명확하게 진술하고 엄격하게 테스트해야 한다고 주장할 것이다. 지연 전술이나 불필요한 작업으로서가 아니라 모든 프로젝트 비전에 자리한 진리를 발견하려는 진정한 바람으로 말이다.

우리는 품질 옹호자와 무모하게 전진하려는 카우보이 사이에서 벌어지는 끊임없는 논쟁에 시간을 낭비하지 않을 것이다. 대신 고객에게 장기적인 가치를 제공하기 위해서는 속도와 품질이 모두 중요함을 인식하게 될 것이다. 비전을 테스트하느라 질주하지만 포기하지는 않을 것이다. 천국에 품질의 성을 짓기 위해서가 아니라 기민한 서비스와 사업 결과의 돌파구를 위해 낭비를 제거할 것이다.

우리는 실패와 좌절에 맞고소와 비난이 아니라 정직과 학습으로 대응할 것이다. 그뿐 아니라 속도를 늦추거나 일괄 작업 크기를 늘리려는 충동을 억제해야 한다. 대신 학습으로 이끌지 않는 초과 작업을 우회해 속도를 높일 것이다. 지속 가능한 가치를 만들고 세상을 더 낫게 바꾸려는 장기 임무를 지닌 새로운 조직을 만드는 데 헌신할 것이다.

무엇보다도 우리는 사람들의 시간이 낭비되는 것을 막을 것이다.

14
운동에 참여하기

지난 2년간 린 스타트업 운동은 세계적이 됐다. 장차 창업가가 되려는 사람들을 위한 참고 자료 수는 믿어지지 않을 정도다. 좀 더 읽어보고 연습해 보는 데 도움이 될 최고의 행사, 책, 블로그 몇 개를 최선을 다해 여기에 열거했다. 나머지는 독자들 몫이다. 읽는 것에서 그치지 말고 실천해야 한다.

가장 중요한 참고 자료는 지역에 있다. 실리콘밸리에 가서 다른 사업가들을 찾아 아이디어를 공유하고 악전고투해야 하는 날은 지나갔다. 그런데 스타트업 생태계에 깊숙이 들어가는 것은 창업가 정신에서 여전히 중요한 부분이다. 바뀐 것은 이 생태계가 전 세계의 점점 더 많은 스타트업 허브에서 생겨나고 있다는 점이다.

『린 스타트업』 공식 웹 사이트 http://theleanstartup.com 에서 사례 연구와 읽을거리 링크를 비롯한 추가 참고 자료를 찾을 수 있다. 공식 웹 사이트에서 내 블로그인 「Startup Lessons Learned」로 가는 링크뿐 아니라 과거 내가 한 발표의 영상, 슬라이드, 녹음을 찾을 수 있다.

린 스타트업 모임
가까이에 있는 린 스타트업 모임에 나갈 수 있다. 이 글을 쓸 때 100개가 넘었고 큰 모임은 샌프란시스코, 보스턴, 뉴욕, 시카고, 로스앤젤레스에 있다. 모임을 표시하는 실시간 지도는 http://lean-startup.meetup.com에 있다. 새 모임을 시작하는 데 관심 있는 사람들이 사는 도시 목록과 직접 모임을 만드는 도구도 찾을 수 있다.

린 스타트업 위키

모든 린 스타트업 모임이 meetup.com으로 조직되지는 않는다. 행사와 여타 참고 자료에 관한 종합적인 목록은 자원봉사자들이 린 스타트업 위키 http://leanstartup.pbworks.com에 운영하고 있다.

린 스타트업 서클

린 스타트업에 관한 다양한 실천이 린 스타트업 서클Lean Startup Circle 메일링 리스트에서 일어난다. 리치 콜린스Rich Collins가 설립한 이 메일링 리스트에는 수많은 창업가들이 팁, 참고 자료, 이야기를 날마다 공유한다. 린 스타트업을 자기 사업이나 산업에 어떻게 적용할지 질문이 있다면 http://leanstartupcircle.com이 시작하기에 매우 좋은 곳이다.

Startup Lessons Learned 컨퍼런스

지난 2년간 나는 Startup Lessons Learned라는 컨퍼런스를 운영했다. 좀 더 자세한 내용은 http://sllconf.com에 있다.

필독 자료

스티브 블랭크의 책 『The Four Steps to the Epiphany』는 고객 개발에 대한 첫 책이다. IMVU를 만들 때 책장 모서리가 잔뜩 접힌 이 책을 어디에나 가지고 다녔다. 필수불가결한 안내서다. http://ericri.es/FourSteps에서 사거나 내가 쓴 서평을 http://www.startuplessonslearned.com/2008/11/what-is-customer-development.html에서 볼 수 있다. 스티브도 블로그http://steveblank.com를 적극적으로 잘 운영하고 있다.

브랜트 쿠퍼Brant Cooper와 패트릭 블라스코비츠Patrick Vlaskovits는 『The Entrepreneur's Guide to Customer Development』라는 짧지만 탁월한 책에서 해당 주제를 친절하게 소개했다. http://custdev.com에서 사거나 http://www.startuplessonslearned.com/2010/07/entrepreneurs-guide-to-customer.html에서 내가 쓴 서평을 볼 수 있다.

창업가 정신에 관해 블로그를 처음 쓰기 시작했을 때 창업가란 일은 지금처럼 일반적이지 않았다. 극소수의 블로거가 창업가 정신에 대한 새 아이디어에 관해 적극적으로 작업했고, 우리는 함께 이 아이디어를 온라인에서 토론하고 다듬었다.

500 스타트업이라는 벤처 회사 창업자인 데이브 맥클루어는 http://500hats.typepad.com에서 블로그를 쓰고 있다. 500 스타트업은 훌륭한 블로그http://blog.500startups.com가 있다. 데이브의 「Startup Metrics for Pirates」 발표는 성장 엔진 개념에 크게 영향을 미친 사고와 온라인 서비스 측정에 대한 틀을 제시한다. 원래 발표는 http://500hats.typepad.com/500blogs/2008/09/startup-metri-2.html에서 볼 수 있고, 내 반응은 http://www.startuplessonslearned.com/2008/09/three-drivers-of-growth-for-your.html에서 볼 수 있다.

숀 엘리스Sean Ellis는 Startup Marketing Bloghttp://startup-marketing.com를 쓰고 있는데 마케팅을 스타트업에 통합하는 방법에 대한 내 생각에 영향을 미친 블로그다.

앤드류 천Andrew Chen의 블로그 Futuristic Playhttp://andrewchenblog.com는 마케팅, 스타트업 지표, 설계에 관한 생각을 다룬 최고의 출처다.

배백 니비Babak Nivi는 Venture Hackshttp://venturehacks.com라는 훌륭한

블로그를 쓰고 있고 린 스타트업 초기 전도사였다. 그는 이후 에인절 리스트Angel List, http://angel.co를 만들어 스타트업과 투자자를 연결해 주고 있다.

그 외 아주 멋진 린 스타트업 블로그는 다음과 같다.

- 애시 모리아Ash Maurya는 자립적인 온라인 사업에 린 스타트업 아이디어를 적용하는 것을 돕는 리더로 떠올랐다. 그의 블로그는 Running Lean이라고 하며 같은 제목의 전자책으로도 출간됐다. 둘 다 http://www.runningleanhq.com에서 찾을 수 있다.
- 숀 머피Sean Murphy는 http://www.skmurphy.com/blog에서 소프트웨어 스타트업의 초기 단계를 다룬다.
- 브랜트 쿠퍼의 Market by Numbers: http://market-by-numbers.com
- 패트릭 블라스코비츠는 http://vlaskovits.com에서 기술, 고객 개발, 가격을 다룬다.
- 키스메트릭스KISSmetrics 마케팅 블로그http://blog.kissmetrics.com와 히텐 샤Hiten Shah의 http://hitenism.com

더 읽을 것

- 클레이튼 크리스튼슨이 쓴 『The Innovator's Dilemma』와 『The Innovator's Solution』은 고전이다. 그 외에 『The Innovator's Prescription』(파괴적 의료 혁신을 다룬다)과 『Disrupting Class』(교육을 다룬다)을 비롯한 최근작도 파괴적 혁신 이론이 어떻게 실행되는지 보는 데 매우 도움이 된다. http://ericri.es/ClaytonChristensen을 보라.

- 제프리 무어의 초기 저작은 모든 사업가들 사이에서 유명한데 특히 『Crossing the Chasm』과 『Inside the Tornado』가 있다. 그는 자기 생각을 계속 다듬었고 『Dealing with Darwin: How Great Companies Innovate at Every Phase of Their Evolution』 같은 최근 저작이 특히 유익하다. http://ericri.es/DealingWithDarwin을 보라.
- 도널드 레이너슨Donald G. Reinertsen의 『The Principles of Product Development Flow: Second Generation Lean Product Development』, http://ericri.es/pdflow
- 제프리 라이커의 『The Toyota Way』, http://ericri.es/thetoyotaway
- 제임스 워맥James P. Womack과 대니얼 존스Daniel T. Jones의 『Lean Thinking: Banish Waste and Create Wealth in Your Corporation, Revised and Updated』, http://ericri.es/LeanThinking
- 스티븐 와츠Steven Watts의 『The People's Tycoon: Henry Ford and the American Century』, http://ericri.es/ThePeoplesTycoon
- 로버트 캐니절Robert Kanigel의 『The One Best Way: Frederick Winslow Taylor and the Enigma of Efficiency』, http://ericri.es/OneBestWay
- 프레더릭 테일러의 『The Principles of Scientific Management』, http://ericri.es/ScientificManagement
- 켄트 벡Kent Beck과 신시아 안드레Cynthia Andres의 『Extreme Programming Explained: Embrace Change』(『익스트림 프로그래밍』, 김창준·정지호 옮김, 인사이트 펴냄), http://ericri.es/EmbraceChange
- 오노 다이이치의 『Toyota Production System: Beyond Large-Scale Production』, http://ericri.es/TaiichiOhno

- 만들기-학습-측정 피드백 순환 아이디어는 기동전機動戰 아이디어, 특히 존 보이드의 OODA(Observe-Orient-Decide-Act) 순환에 많이 힘입었다. 보이드의 아이디어에 대한 가장 구하기 쉬운 소개는 쳇 리처드의 『Certain to Win: The Strategy of John Boyd, Applied to Business』다. http://ericri.es/CertainToWin을 보라.
- 윌리엄 데밍의 『Out of the Crisis』, http://ericri.es/OutOfTheCrisis
- 알프레드 슬론Alfred Sloan의 『My Years with General Motors』, http://ericri.es/MyYears
- 윌리엄 펠프리William Pelfrey의 『Billy, Alfred, and General Motors: The Story of Two Unique Men, a Legendary Company, and a Remarkable Time in American』, http://ericri.es/BillyAlfred
- 피터 드러커의 『The Practice of Management』, http://ericri.es/PracticeOfManagement
- 존 멀린스John Mullins와 랜디 코미사Randy Komisar의 『Getting to Plan B: Breaking Through to a Better Business Model』, http://ericri.es/GettingToPlanB

후주

들어가는 글

1. 린 스타트업 모임의 최신 목록이나 가까운 모임을 찾으려면 http://lean-startup.meetup.com이나 린 스타트업 위키(http://leanstartup.pbworks.com/Meetups)를 보라. 「14장 운동에 참여하기」도 참고하라.

1. 시작

1. 제조업 통계와 분석은 Five Thirty Eight에서 가져왔다. http://www.fivethirtyeight.com/2010/02/us-manufacturing-is-not-dead.html

2. 정의

1. 『The Innovator's Dilemma』(『혁신기업의 딜레마』, 이진원 옮김, 세종서적 펴냄)는 Clayton Christensen이 안정된 회사가 파괴적 혁신으로 인해 겪는 어려움에 대해 쓴 고전 텍스트다. 후속작 『The Innovator's Solution』에서는 안정된 회사가 스타트업 같은 혁신을 추구하는 자율적 부서를 만드는 방법에 관해 구체적인 제안을 펼친다. 이처럼 특정한 구조적 전제 조건은 12장에서 더 자세히 다룬다.
2. 스냅택스에 대한 더 자세한 내용은 http://blog.turbotax.intuit.com/turbotax-press-releases/taxes-on-your-mobile-phone-it%E2%80%99s-a-snap/01142011-4865와 http://mobilized.allthingsd.com/20110204/exclusive-intuit-sees-more-than-350000-downloads-for-snaptax-its-smartphone-tax-filing-app을 보라.
3. 인튜이트와 스냅택스와 관련된 정보는 대부분 인튜이트 경영진 및 직원들과 한 비공개 취재에서 나왔다. 인튜이트 설립에 대한 정보는 『Inside Intuit:

How the Makers of Quicken Beat Microsoft and Revolutionized an Entire Industry』(Suzanne Taylor·Kathy Schroeder·John Doerr 지음, Harvard Business Press 펴냄, 2003년)에서 가져왔다.

3. 학습

1. IMVU의 원 창업자 다섯 명은 Will Harvey, Marcus Gosling, Matt Danzig, Mel Guymon, 나다.
2. 미국의 경우 IM 사용자들이 한두 제품에 몰려 있다. http://www.businessweek.com/technology/tech_stats/im050307.htm을 보라.
3. 부가 기능 전략으로부터 방향 전환으로 이끈 IMVU 초창기 고객과 대화를 좀 더 들으려면 http://mixergy.com/ries-lean/을 보라.
4. 주의: 유효한 학습을 보여주는 데는 실행 지표라 부르는 정확한 지표가 필요하다. 7장에서 다룬다.
5. 이 사례는 Andy Rachleff 교수의 지도 아래 Bethany Coates가 작성했다. http://hbr.org/product/imvu/an/E254-PDF-ENG에서 사본을 구할 수 있다.

4. 실험

1. 어떤 사업가들은 이 표어를 JFDI라는 약어를 이용해 자기 스타트업 철학으로 받아들였다. 최근 예는 http://www.cloudave.com/1171/what-makes-an-entrepreneur-four-letters-jfdi/에서 볼 수 있다.
2. http://techcrunch.com/2009/11/02/amazon-closes-zappos-deal-ends-up-paying-1-2-billion/
3. 이 새 프로젝트의 실험 분석을 허락해 준 Caroline Barlerin과 HP에 감사한다.
4. 코닥 갤러리에 대한 정보는 Sara Leslie가 한 인터뷰에서 가져왔다.
5. VLS 이야기는 전 이노사이트 벤처의 Elnor Rozenrot이 이야기해 주었다. 추가적인 세부 사항은 Akshay Mehra가 제공했다. VLS에 관한 더 자세한 정보는 『Harvard Business Review』의 기사(http://hbr.org/2011/01/new-business-models-in-emerging-markets/ar/1)나 언론 보도(http://economictimes.

indiatimes.com/news/news-by-company/corporate-trends/village-laundry-services-takes-on-the-dhobi/articleshow/5325032.cms)를 보라.

6. 소비자금융보호국의 초기 노력에 대한 더 자세한 내용은 『Wall Street Journal』 2011년 4월 13일 기사 「For Complaints, Don't Call Consumer Bureau Yet」(http://online.wsj.com/article/SB10001424052748703551304576260772357440148.html)을 보라. 많은 전담 공무원이 오바마 대통령의 리더십하에 이 실험적 접근 방식을 공공 부문에 통합하려고 현재 열심히 일하고 있다. 내게 이 획기적인 노력을 소개해준 Aneesh Chopra, Chris Vein, Todd Park, David Forrest에게 감사한다.

5. 가정

1. 예를 들어 CU 커뮤니티CU Community는 컬럼비아 대학교에서 시작했고 초기에는 유리하게 출발했다. http://www.slate.com/id/2269131/을 보라. 페이스북 창립에 관한 설명은 『The Facebook Effect』(David Kirkpatrick 지음, Simon & Schuster 펴냄, 2011년)에서 가져왔다.
2. 2004년부터 정확한 수치는 찾기 어렵지만 이 패턴은 페이스북 공식 발표에서 일관적이었다. Chris Hughes는 2005년 "60%가 매일, 약 85%가 최소 일주일에 한 번, 93%가 최소 한 달에 한 번 로그인한다"라고 보고했다(http://techcrunch.com/2005/09/07/85-of-college-students-use-facebook/).
3. 전 동료이자 현재 벤처 투자사 Kleiner Perkins Caufield & Byers의 파트너인 Randy Komisar가 스타트업 가정에 '가장 위험한 가정leap of faith'이라는 용어를 적용하는 것을 처음 들었다. Randy는 이 개념을 John Mullins와 함께 쓴 책 『Getting to Plan B』에서 확장했다.
4. http://www.forbes.com/2009/09/17/venture-capital-ipod-intelligent-technology-komisar.html
5. "자동차 제조 선구자인 Charles Duryea가 『Motor』 잡지에 편집한 주의 깊은 연구 표에 따르면 1900년부터 1908년까지 미국에서 자동차 제조를 목적으로 501개 회사가 설립됐다. 그중 60%는 몇 년 안에 사업을 완전히 중단했고, 6%는 다

른 제조 분야로 옮겼다." 이 인용구는 포드 전기 『The People's Tycoon: Henry Ford and the American Century』(Steven Watts 지음, Vintage 펴냄, 2006년)에서 가져온 것이다.

6. Jeffrey Liker 지음, 『The Toyota Way』, McGraw-Hill 펴냄, 2003년, 223쪽
7. http://www.autofieldguide.com/articles/030302.html
8. 고객 개발 모델에서 이를 고객 탐색이라 부른다.
9. 인튜이트 창립에 관한 더 자세한 내용은 Suzanne Taylor와 Kathy Schroeder가 쓴 『Inside Intuit』를 보라.
10. 린 UX 개발에 관한 더 자세한 내용은 http://www.cooper.com/journal/2011/02/lean_ux_product_stewardship_an.html과 http://www.slideshare.net/jgothelf/lean-ux-getting-out-of-the-deliverables-business를 보라.

6. 테스트

1. http://www.pluggd.in/groupon-story-297
2. 『Wall Street Journal』에 실린 「Groupon's $6 Billion Gambler」기사: http://online.wsj.com/article_email/SB10001424052748704828104576021481410635432-IMyQjAxMTAwMDEwODExNDgyWj.html
3. MVP라는 용어는 2000년 이후로 제품 개발에 대한 다양한 접근법의 일부로 쓰여 왔다. 학문적인 예로는 http://www2.cs.uidaho.edu/~billjunk/Publications/DynamicBalance.pdf를 보라. PMDI(Product & Market Development, Inc.)의 Frank Robinson은 잠재 고객에게 파는 데 필요한 가장 작은 제품 버전이라고 언급했다(http://productdevelopment.com/howitworks/mvp.html). 이는 Steve Blank의 고객 개발에서 '최소 기능 집합minimum feature set' 개념(http://steveblank.com/2010/03/04/perfection-by-subtraction-the-minimum-feature-set/)과 비슷하다. 나는 이 용어를 만들기-측정-학습 피드백 순환을 이용해 학습 과정을 시작할 수 있는 제품 버전을 일반적으로 가리키는 데 사용했다. 좀 더 자세한 내용은 http://www.startuplessonslearned.com/2009/08/minimum-viable-product-guide.html을 보라.

4. 많은 사람이 다양한 용어로 이 현상에 대해 썼다. 아마도 가장 널리 읽힌 것은 Geoffrey Moore의 『Crossing the Chasm』일 것이다. 그 외에 Eric Von Hippel의 연구에서는 '선도 사용자lead user'라 명명했다. 그의 책 『The Sources of Innovation』이 시작하기에 좋다. Steve Blank는 'earlyvangelist(early evangelist)'라는 용어를 써서 초기 고객의 전파력을 강조한다.

5. "평범한 관찰자에게 드롭박스 시연 영상은 보통 제품 시연처럼 보입니다." Drew가 말했다. "그러나 딕Digg 독자를 대상으로 십여 가지 이스터 에그easter egg를 넣었습니다. 가수 Tay Zonday와 그가 만든 영상 「Chocolate Rain」을 참고했고, 영화 「Office Space」와 만화 「XKCD」를 암시했습니다. 대중에게 들려주는 농담이었고 연쇄 반응을 일으켰습니다. 24시간 만에 영상의 딕 수가 1만 회가 넘었습니다."(http://answers.oreilly.com/topic/1372-marketing-lessons-from-dropbox-a-qa-with-ceo-drew-houston/) 원본 영상과 딕 커뮤니티의 반응은 http://digg.com/software/Google_Drive_killer_coming_from_MIT_Startup에서 볼 수 있다. 드롭박스 성공에 관한 더 자세한 내용은 「The Hottest Startup You've Never Heard Of」(http://tech.fortune.cnn.com/2011/03/16/cloud-computing-for-the-rest-of-us/)를 보라.

6. 라이프해커Lifehacker의 설명: http://lifehacker.com/5586203/food-on-the-table-builds-menus-and-grocery-lists-based-on-your-familys-preferences

7. 이 리스트는 동료인 하버드 경영대학원 Tom Eisenmen 교수가 새 수업 「Launching Technology Ventures」에 쓰려고 Aardvark에 관해 저술한 사례 연구에서 편집한 것이다. 더 자세한 내용은 http://platformsandnetworks.blogspot.com/2011/01/launching-tech-ventures-part-i-course.html을 보라.

8. http://robgo.org/2010/05/03/product-leadership-series-user-driven-design-at-aardvark/

9. http://venturebeat.com/2010/02/11/confirmed-google-buys-social-search-engine-aardvark-for-50-million/

10. 이것이 Clayton Christensen이 쓴 『Innovator's Dilemma』의 핵심이다.

11. 더 자세한 내용은 http://bit.ly/DontLaunch를 보라.

7. 측정

1. 반면 구글의 주 경쟁자인 오버추어(결국 야후에 인수됐다)는 최소 계정이 50달러였고 우리는 너무 비싸서 가입을 단념했다.
2. Farb의 사업 여정에 대한 더 자세한 내용은 인터뷰 기사(http://mixergy.com/farbood-nivi-grockit-interview/)를 보라.

8. 방향 전환(또는 고수)

1. http://www.slideshare.net/dbinetti/lean-startup-at-sxsw-votizen-pivot-case-study
2. 패스에 관한 더 자세한 내용은 http://techcrunch.com/2011/02/02/google-tried-to-buy-path-for-100-million-path-said-no/와 http://techcrunch.com/2011/02/01/kleiner-perkins-leads-8-5-million-round-for-path/를 보라.
3. 2011년 4월 1일 현재 관리 자산 약 3000만 달러, 운영 자산 약 1억 5000만 달러다.
4. 웰스프런트에 대해서는 Sarah Milstein이 쓴 사례 연구(http://www.startuplessonslearned.com/2010/07/case-study-kaching-anatomy-of-pivot.html)를 보라. 웰스프런트의 최근 성공에 대한 더 자세한 내용은 http://bits.blogs.nytimes.com/2010/10/19/wealthfront-loses-the-sound-effects/를 보라.
5. IMVU의 결과는 몇몇 경우 공개적으로 공유됐다. 2008년은 http://www.worldsinmotion.biz/2008/06/imvu_reaches_20_million_regist.php를, 2009년은 http://www.imvu.com/about/press_releases/press_release_20091005_1.php를, 2010년은 http://techcrunch.com/2010/04/24/imvu-revenue/를 보라.
6. 사업 구조는 Moore의 『Dealing with Darwin』에서 자세히 다뤄진 개념이다. "조직 구조는 두 사업 모델 중 하나에 우선순위를 주는 데 기반을 뒀다(복잡계 모델과 볼륨 오퍼레이션 모델). 혁신 유형은 사업에서 어느 모델을 받아들이느냐에 따라 완전히 다르게 이해되고 실행된다." 더 자세한 내용은 http://www.dealingwithdarwin.com/theBook/darwinDictionary.php를 보라.

9. 일괄 작업

1. http://lssacademy.com/2008/03/24/a-response-to-the-video-skeptics/
2. 이 사실을 받아들이기 곤란하다면 영상을 보면 정말 도움이 될 것이다. 극도로 세부적인 것을 중시하는 한 블로거가 영상을 초 단위로 나눠 시간이 어디로 사라지는지 봤다. "단계 사이에 봉투 더미를 옮길 때마다 2~5초를 잃는다. 또 작업하는 동안 봉투 더미를 여러 번 관리해야 하는데 [single-piece flow]에서는 거의 할 필요가 없는 일들이다. 미완성 재고의 보관·이동·회수·조사는 공장에서 필연적인 일이기도 하다." 나머지 해설은 http://lssacademy.com/2008/03/24/a-response-to-the-video-skeptics/를 보라.
3. 초창기 IMVU 엔지니어 Timothy Fitz는 지속적 배포라는 용어를 고안한 공로를 인정받아야 한다(http://timothyfitz.wordpress.com/2009/02/10/continuous-deployment-at-imvu-doing-the-impossible-fifty-times-a-day/). 지속적 배포 시스템의 실제 개발은 IMVU의 많은 엔지니어의 작업으로 여기에서 그 기여를 충분히 밝히고자 한다. 지속적 배포를 어떻게 시작했는지에 대한 자세한 내용은 http://radar.oreilly.com/2009/03/continuous-deployment-5-eas.html을 보라.
4. 웰스프런트의 지속적 배포 구성에 대한 기술적 세부 사항은 http://eng.wealthfront.com/2010/05/deployment-infrastructure-for.html과 http://eng.wealthfront.com/2011/03/lean-startup-stage-at-sxsw.html을 보라.
5. School of One에 관한 설명은 NewSchools Venture Fund의 Jennifer Carolan이 제공했다.
6. 대규모 일괄 작업이 야기하는 죽음의 소용돌이에 대한 더 자세한 내용은 Donald Reinertsen이 쓴 『The Principles of Product Development Flow: Second Generation Lean Product Development』(http://bit.ly/pdflow)를 보라.
7. 린 의료 사례는 『Lean Hospitals』(Productivity Press 펴냄, 2008년)의 지은이 Mark Graban의 도움을 받았다.
8. 당김에 대한 자세한 이야기는 『Lean Production Simplified』(Pascal Dennis 지음, Productivity Press 펴냄, 2007년)에서 가져왔다.

9. 이러한 오해에 관한 예는 http://www.oreillygmt.eu/interview/fatboy-in-a-lean-world/를 보라.
10. 알파벳 에너지에 관한 정보는 Sara Leslie가 행한 인터뷰에서 가져왔다.
11. 도요타의 학습 조직에 관한 더 자세한 정보는 Jeffrey Liker가 쓴 『The Toyota Way』를 보라.

10. 성장

1. 핫메일 이야기는 많은 기타 예와 함께 Adam Penenberg가 쓴 『Viral Loop』에 설명되어 있다. 핫메일에 관한 더 자세한 정보는 http://www.fastcompany.com/magazine/27/neteffects.html을 보라.
2. 시간, 돈, 기술, 열정에 대한 더 자세한 내용은 http://www.startuplessonslearned.com/2009/12/business-ecology-and-four-customer.html을 보라.
3. http://pmarca-archive.posterous.com/the-pmarca-guide-to-startups-part-4-the-only
4. 이것이 Geoffrey Moore의 베스트셀러 『Crossing the Chasm』의 교훈이다 (Harper Paperbacks 펴냄, 2002년).

11. 적응

1. 『Toyota Production System: Beyond Large-Scale Production』(Taiichi Ohno 지음, Productivity Press 펴냄, 1988년)
2. 넷 프로머터 스코어에 관한 더 자세한 내용은 http://www.startuplessonslearned.com/2008/11/net-promoter-score-operational-tool-to.html과 『The Ultimate Question』(Fred Reichheld 지음, Harvard Business Press 펴냄, 2006년)을 보라.
3. 퀵북에 관한 정보는 Marisa Porzig이 행한 인터뷰에서 가져왔다.

12. 혁신

1. 『Engineered in Japan: Japanese Technology-Management Practices』(Jeffrey

Liker·John Ettlie·John Creighton Campbell 지음, Oxford University Press 펴냄, 1995년), 196쪽

2. Michael Miller가 『PC Magazine』에 쓴 「Looking Back: 15 Years of PC Magazine」(http://www.pcmag.com/article2/0,2817,35549,00.asp)을 보라.

3. 다음에 나오는 논의는 Geoffrey Moore의 『Dealing with Darwin』(Portfolio Trade 펴냄, 2008년)에 크게 빚졌다. 나는 크기가 다른 많은 회사에서 이 틀을 실현하는 데 성공했다.

13. 맺는 글: 낭비하지 말라

1. http://www.ibiblio.org/eldritch/fwt/ti.html
2. http://www.goodreads.com/author/quotes/66490.Peter_Drucker
3. http://www.ibiblio.org/eldritch/fwt/ti.html
4. 사실 몇몇 연구는 이미 시작됐다. 린 스타트업 연구 프로그램에 관한 더 자세한 정보는 Nathan Furr가 BYU에서 하는 린 스타트업 리서치 프로젝트(http://nathanfurr.com/2010/09/15/the-lean-startup-research-project/)와 Tom Eisenmann의 하버드 경영대학원 Launching Technology Ventures 프로젝트(http://platformsandnetworks.blogspot.com/2011/01/launching-tech-ventures-part-iv.html)를 보라.

알리는 내용

나는 이 책에 이름이 언급된 다음 회사에서 컨설턴트, 고문, 투자자로 일했다. 각 회사와 관계가 있거나 지분이 있다.

Aardvark	IMVU
Dropbox	Intuit
Food on the Table	Votizen
Grockit	Wealthfront

벤처 투자사와 제휴를 거쳐 다음 회사에 이해관계가 있다. 다음 회사에 투자하거나 컨설턴트나 유한 책임 사원으로 일했다. 이 회사들을 통해 다음에 열거된 것 외에 더 많은 회사에 주식과 이해관계가 있다.

500 Startups	Kleiner Perkins Caufield & Byers
Floodgate	Seraph Group
Greylock Partners	

감사의 글

『린 스타트업』이 현실이 되는 데 도움을 준 많은 사람에게 정말 감사한다. 무엇보다도 전 세계 수많은 창업가들이 이 아이디어를 테스트하고 다듬고 개선했다. 그들의 치열한 작업이 없었다면 아무것도 가능하지 않았을 것이다. 감사한다.

진짜 스타트업은 실패, 부끄러운 실수, 끊임없는 혼란을 수반한다. 이 책을 위한 조사에서 나는 창업가와 경영자 대부분이 그들의 일상 업무의 실제 이야기를 공개하지 않는 것을 더 좋아함을 발견했다. 그래서 자기 이야기를 들려주는 데 동의한 용기 있는 창업가들에게 빚을 진 셈이다. 그들은 지루한 취재와 사실 확인을 몇 시간이나 견뎌주었다. 감사한다.

내 경력을 통틀어 멘토와 협력자들이 내 능력 이상으로 성취할 수 있게 밀어준 것을 감사한다. Will Harvey는 실리콘밸리에서 처음으로 나를 채용했고 나를 믿고 IMVU에서 먼저 이 아이디어를 시도할 수 있도록 기회를 주었다. IMVU 공동 창업자 Marcus Gosling, Matt Danzig, Mel Guymon뿐 아니라 내가 이 책에서 언급한 일을 한 IMVU 직원들에게도 감사한다. 물론 수년간 수많은 IMVU 고객의 지원이 없었다면 아무것도 가능하지 않았을 것이다. David Millstone, Ken Duda, Fernando Paiz, Steve Weinstein, Owen Mahoney, Ray Ocampo, Jason Altieri의 도움에도 감사하고 싶다.

스타트업과 벤처 투자계에서 이단으로 여겨지던 때 고객 개발 이론을 개발한 스티브 블랭크의 작업에 우리 모두 빚을 지고 있다. 「들어가는 글」에서 언급했듯이 스티브 블랭크는 IMVU의 초기 투자자이 자 고문이었다. 지난 7년간 그는 내게 고문, 멘토, 협력자였다. 그의 격려, 지원, 우정에 고맙다는 말을 하고 싶다.

린 스타트업 운동은 나 외에도 수많은 사상가, 실천가, 작가로 구성되어 있다. Dave McClure, Ash Maurya, Brant Cooper, Patrick Vlaskovits, Sean Ellis, Andrew Chen, Sean Murphy, Trevor Owens, Hiten Shah, Kent Beck의 아이디어와 지원, 전파 활동에 감사를 표한다. 몇몇 투자자와 벤처 투자사가 초기 지원자이자 수용자였다. Mike Maples, Ann Miura-Ko(Floodgate), Steve Anderson(Baseline), Josh Kopelman(First Round Capital), Ron Conway(SV Angel), Jeff Clavier(SoftTech VC)에 감사한다.

예상할 수 있듯이 이 책에는 엄청난 양의 피드백, 이터레이션, 테스트가 들어갔다. Laura Crescimano, Lee Hoffman, Tom Eisenmann 교수, Sacha Judd로부터 가치를 헤아릴 수 없이 깊이 있는 초기 피드백을 받았다. Mitch Kapor, Scott Cook, Shawn Fanning, Mark Graban, Jennifer Carolan, Manuel Rosso, Tim O'Reilly, Reid Hoffman의 제안, 피드백, 지원에도 감사한다. Ruth Kaplan과 Ira Fay의 지혜와 우정에도 특별한 감사의 마음을 전한다.

이 책을 쓰는 과정에서 맞춤 제작 테스트 플랫폼 덕분에 표지 디자인부터 부제까지 책의 모든 것에 관해 스플릿 테스트를 수행할 수 있었다(이 실험 결과는 http://lean.st에서 볼 수 있다). 피보털 랩에서 나를 위해 이 소프트웨어를 만들었는데 그들은 애자일 개발의 최고 실천가다. 나와 함께 쉬지 않고 일하며 만들고 실험하고 공부한 Rob Mee, Ian McFarland, Parker Thompson에게 특히 감사한다.

IMVU 공동 창업자인 Marcus Gosling에게도 감사한다. 내가 아는 매우 재능 있는 디자이너로 셀 수 없는 이터레이션 후 이 책 표지를 디자인했다.

매우 뛰어난 웹·사용자 경험 디자인 회사인 디지털 텔레파시Digital Telepathy가 독특한 이터레이티브 퍼포먼스 디자인Iterative Performance Design 프로세스로 http://theleanstartup.com 웹 사이트를 디자인하고 구축했다. 경탄할 만하다. http://www.dtelpathy.com에서 더 많은 내용을 볼 수 있다.

내 여정의 여러 지점에서 전설적인 조직 세 군데에서 지원을 받아서 정말 운이 좋았다. 이 책에 들어간 많은 연구는 카우프만 재단Kauffman Foundation에서 관대하게 동의해 준 것이다. 특히 Bo Fishback과 Nick Seguin의 지원에 감사한다. 나는 몇 년간 하버드 경영대학원에서 예비 창업가로 보내면서 매우 뛰어난 사업 세계에서 매우 뛰어난 지성을 지닌 사람들을 대상으로 내 아이디어를 테스트하는 기회를 즐겼다. 후원과 지원을 해준 Tom Eisenmann과 Mike Roberts뿐 아니라 HBS 스타트업 트라이브HBS Startup Tribe 학생들에게도 특히 감사한다. 실리콘밸리 정상급 벤처 투자사인 KPCB 사무실에서 짧게 시간을 보낼 기회도 있었는데 창업가 정신이 가장 높은 수준으로 육성되는 방법에 관해 깊은 교육을 받았다. Chi-Hua Chien, Randy Komisar, Matt Murphy, Bing Gordon, Aileen Lee, Ellen Pao, 사무실 동료이자 예비 창업가인 Cyriac Roeding에게 감사한다.

내 연구 팀이 사례 연구를 문서로 쓰고 수백 개 스타트업을 취재하고, 수많은 이야기를 거르는 데 도움을 주었다. 긴 시간 문서 작업, 상호 참조, 조사를 기록한 Maria Porzig에게 고맙다는 말을 전한다. 추가 사례 연구는 Sara Gaviser Leslie와 Sarah Milstein이 개발했다.

전통적인 출판은 복잡하고 배타적인 사업이다. 많은 사람의 충고와 인맥에서 혜택을 받았다. Tim Ferriss와 Ramit Sethi가 초기에 내게 정확한 정보를 주었다. Peter Sims, Paul Michelman, Mary Treseler, Joshua-Michéle Rubin, Kate Lee, Hollis Heimbouch, Bob Sutton, Frankie Jones, Randy Komisar, Jeff Rosentha에게도 감사한다.

크라운Crown에서 이 아이디어를 독자들이 읽고 있는 책으로 바꾼 초인적인 작업에 수많은 사람을 투입했다. 내 편집자인 Roger Scholl은 맨 처음부터 이 책의 비전을 봤고 전체 과정을 주의 깊게 안내했다. 이 책을 현실로 만드는 일을 한 Tina Constable, Tara Gillbride, Meredith McGinnis와 모두에게도 감사하고 싶다.

불행하게 이 책 초고를 읽은 사람들은 믿을 수 없을 정도로 빡빡한 일정에 꼭 필요한 편집 도움을 준 Laureen Rowland에게 내가 많은 신세를 졌음을 알 것이다. 독자들이 이 책의 어떤 부분을 흥미롭게 읽었다면 그녀가 감사받을 만하다.

발행 과정에서 내 조언자이자 동료이자 상담자는 비범한 대리인 Christy Fletcher였다. 그녀는 앞일을 예측하는 신비로운 능력으로 일을 진행했고 모든 이해 당사자를 언제나 기쁘게 했다. 현대 매체 지형을 제대로 이해해서 내가 모든 경우에 거센 물살을 헤쳐가는 데 도움을 주었다. 플레처 앤드 컴퍼니Fletcher and Company의 Alyssa Wolff와 Melissa Chinchillo에게도 감사하고 싶다. Alyssa는 지칠 줄 모르는 지지자이자 정보 누설 방지자였고 Melissa는 이 책을 여러 말로 여러 지역에 소개했다.

"사랑하는 가족의 지속적인 지원이 없었으면 이 일은 불가능했을 것이다"라고 말하면 진부한 표현이라는 것을 안다. 그러나 이 경우에는 사실이다. 부모님은 내가 기술을 좋아하는 것을 늘 지지해 주시면서도 교양 교육의 중요성을 강조하셨다. 부모님의 끊임없는 사랑과 지원이 없었다면 텅 빈 창업가 세계에 들어서거나 저자로서 내 목소리를 낼 용기를 갖지 못했을 것이다. 조부모님이 이 여정의 걸음마다 함께 하셨음을 안다. 조부모님은 글쓰기의 힘을 아시고 내 모든 성취를 가장 기뻐하셨다. Nicole Ries와 Amanda Ries, 그 남편 Dov에게도 그동안 도와주어서 고맙다는 말을 전한다.

아내 Tara Sophia Mohr는 내 즐거움의 근원이고 늘 위로를 주었다. 이 긴 과정 동안 아내는 모든 스트레스와 즐거움, 우울함을 경험했다. Tara는 놀랍도록 멋지고 강인하며 인정 많은 여성이다. 아내의 확고한 지원과 강한 사랑, 삶을 함께 하며 겪은 모험에 대해 어떻게 감사해야 할지 말로 표현할 수 없다. Tara, 고마워요.

찾아보기

ㄱ

가입 해지율 217-218
가장 위험한 가정
   카칭 168
   페이스북 75-76
   @2gov 157
   MVP 92
가치 가설
   가장 위험한 가정 72
   무료 시험 서비스 92-93
   자발적 가치 교환 221
   정의 56
   페이스북 75
가치 대 낭비 41-43
가치 획득 전환 177-178
개발 자율성 262
개인적 탁월함 286
겐치겐부쓰 82-84
결함 107, 192, 234
경영 포트폴리오 272-279
경영자 보상 292
경쟁과 고객 확보 225
계획 67
고객 개발 304
고객 생애 가치 223
고객 원형 85-86, 174
고객 필요 전환 176
고객 확보 225
고객군 전환 159-160, 173, 176
고수 151
공급 측 증가 수익 116
공적·사적 협력 291
과학적 관리 281, 286-288
과학적 방법론 151

교육에서 작은 일괄 작업 크기 200-202
구글 91, 100
구글 애드워즈 121, 160, 222
국립 로렌스 버클리 연구소 208
균형 잡힌 투자 239-240
그레그 라이트 251-258
그로킷
   나중에 등록하기 142-143
   칸반 프로세스 138-141
   코호트·스플릿 테스트 137-138
   허무 지표 136
그루폰 89-90, 105
근본 원인 분석 241-243
금융 개혁 법안 63
기술 전환 179

ㄴ

나중에 등록하기 142-143
낭비
   제품 출시 185
   회의 시간 265
   MVP 93
내부 스타트업
   결과에 대한 개인 보상 체계 263-264
   경영 포트폴리오 272-279
   실험 264-272
   정상적인 두려움 267-268
   파괴적 혁신 261-264
   혁신 샌드박스 269-272, 274-276
   현 상태 276-279
내부 창업가 17
냅스터 80
네트워크 효과 31
넷 프로모터 스코어 253

뉴스 코퍼레이션 246
닉 스윈먼 52
닌자파 101

ㄷ

다섯 번 비난 241-243
다섯 번 '왜' 접근 방식
    간단한 규칙 244-246
    달인 246
    사례 249-251
대니얼 존스
    『Lean Thinking』 189
대량 생산 206
댄 캐럴 167
더 웹 101
더 포인트 89
더스틴 모스코비츠 75
더스틴 미로 164
데이먼 호로비츠 100-103
데이브 모린 164
데이비드 비네티 152-162
데이비드 포레스트 66
데이터베이스 기술 217
도요타 부품 유통 센터 206
도요타 생산 시스템 82-84
독립된 개발 권한 262-263
돌풍 180
드레이퍼 피셔 저베슨 219
드롭박스 94-96, 305
드루 휴스턴 94-96
디자인 사고 86, 104

ㄹ

랜디 코미자르
    『Getting to Plan B』 79
레거시 서비스 161
레킷 101
로빈 던바 165
로터스 227
리더십 26
리치 콜린스 296

린 사고 42
린 사용자 경험 86
린 스타트업 모델
    과학적 방법론 50
    방법론 51
    스플릿 테스트 137-138
    일괄 작업 크기 193-198
    정부 63-67
    조직적인 강력함 285-286
    지속적 배포 196-198
    커뮤니티 참여 279
    코호트 분석 122-125
    환원주의자의 덫 287
    WIP(work-in-progress) 207
린 스타트업 모임 301
린 스타트업 문화 276
린 스타트업 서클 메일링 리스트 296
린 스타트업 운동 6, 295-300
린 스타트업 웹 사이트 295
린 스타트업 위키 296
린 제조 104, 191, 234

ㅁ

마이크로소프트 22, 179, 220
마크 앤드리슨 226-227
마크 저커버그 75
마크 쿡 59-61
만들기-측정-학습 피드백 순환 10
    전문 분야 협업 팀 278
    존 보이드 300
    MVP 90
매뉴얼 로소 96-99
매튜 스킬린 209
맥스 벤틸라 100-103
메칼프의 법칙 31
모네타이제이션 177
몸에 익히기 254-255

ㅂ

바이럴 계수 220-221, 227
바이럴 성장 엔진 219-222, 228

찾아보기   **317**

바이럴 순환 220
반복 구입과 성장 215
방해 268, 271
방향 전환
   만들기-측정-학습 순환 73
   용기 163-166
   전략적 가설 179-180
   정의 151
   종류 175-179
   혁신 회계 152-162
방향 전환 실패 172-175
배백 니비 297
   방향 전환 또는 고수 회의 166-172
법적 위험 108
변화(방향 전환 참고)
병원 실험실의 혈액 수집 205
병원 약사 204-205
보티즌 152-162
복합 비율 217
볼링 앨리 180
부정 오류 109
부족하지만 안정된 자원 262
분석 마비 86-87
브라이트소스 209
브래드 스미스 23, 25
브랜트 쿠퍼 298
블랙박스 16
비용이 들어가는 광고와 성장 215
비전가 134
빠른 변화 197
빠른 시제품화 197-198
빠른 이터레이션 271

ㅅ
사비어 바티아 219
사업 계획 가정 77
사업 구조 306
사업 구조 전환 177
사용자 스토리 132, 139
사우스웨스트 179
사출 성형 197

상여금 263
상호 작용 디자인 86
서던 리빙 220
서비스 면역 시스템 195
서비스 사업 235
성공 극장 81, 288
성장 가설 56, 72, 76, 81
성장 모델 116
성장 엔진 8
   단일 엔진 전략 226
   세 가지 유형 216-225
   정의 214
   제품/시장 적합성 226-229
성장 엔진 전환 178
세금 환급 혁신 19-22
세탁 서비스 62-63
소니 워크맨 79-80
소비자금융보호국 63
소셜 네트워크 219
소셜 로비 플랫폼 157
소셜 학습 모델 131
소프트웨어 장인 운동 104
속도 조정 234-236, 240-241
숀 머피 298
숀 엘리스 297
숀 캐롤런 216
숀 패닝 164
수요 측 증가 수익 116
슈사(主査, 수석 엔지니어) 263
스냅택스 19-22
스모크 테스트 92, 118
스콧 쿡 22, 84-85
스쿨 오브 원 201-202
스타벅스 179
스타트업 덫 172
스타트업 생산성 46
스타트업 정의 17-19
스타트업 추진에 필요한 힘 275
스타트업 테스트 연구소 290
스타트업 팀 261-264
스티브 블랭크 82, 84

스티브 샌더슨 97
스티브 잡스 79-80
스프린트 132
스플릿 테스트 실험 137-138, 154
시간에 따른 용도 변경 191
시스템 이론 135
시에나 미니밴 82-83
식스 시그마 104
신고 시게오 6, 191
실행 지표
   가설 테스트 142-144
   그로킷 130-136
   보티즌 156
   측정 단계 73
   코호트·스플릿 테스트 137-138
   3A 144-149
실험
   그로킷 141-142
   리더십 26-27
   스타트업 테스트 연구소 290
   인튜이트 24
   초기 수용자 56-58
   혁신 샌드박스 269-272
실험을 위한 기반 264-272
심즈 105
싱글 피스 플로 189-190, 206

ㅇ

아날로그와 안티로그 79-80
아드바크 100-103
아마존 81
아이디어/코드/해법 잼 255
안돈 코드 192, 234
알파벳 에너지 208-211
알프레드 슬론 114
애니시 초프라 64
애자일 개발 40-42, 132-135
애플 아이팟 79-80, 91
앤드루 메이슨 89-90
앤디 래치레프 167
에인절 리스트 298

엔진 튜닝 9
예산 262
옛 고객, 지속 가능한 성장 214
오노 다이이치 6, 191, 237
오즈의 마법사 테스트 103
요코야 유지 83
월간 지출 속도 162
월마트 179
웰스프런트 167-172
웹 매크로 101
웹엑스 원격 회의 도구 131
윌리엄 데밍 104, 284
유료 성장 엔진 222-225
유효한 학습 6
   그로킷 139
   생산성 277-278
   @2gov 158
   IMVU 31-41
이터레이션 주기 155
익스트림 프로그래밍 104
인스턴트 메시징 시장
   고객 반응 34-40
   진입 장벽 32
   챗나우 기능 38
   초창기 31
   IMVU 전략 31-33
인터넷 버튼 컴퍼니 101
인튜이트 20, 20-27, 84-85
일괄 작업 크기 189-193
'일단 해보자' 창업 학파 51, 86
일본 자동차 제조 191
입소문 214-215

ㅈ

자동차 제조 192, 303
자연 감소율 217
자유의 섬 264
자포스 52-53
재고 206
재고 부족 206
재방문에 의한 성장 158

재방문에 의한 성장 엔진 216-219, 228
잭 스미스 219
적기 생산 206
정량적인 테스트 53
정부 내의 린 스타트업 63-67
정상적인 두려움 267-268
정성적인 학습 53
정착 276
제임스 워맥
　『Lean Thinking』 189
제품 18
제품 개발 사이비 과학 287-290
제품 디자인과 일괄 작업 크기 193-196
제품 사용과 성장 215
제품 최적화 125-128
제품/시장 적합성 226-229
제프리 라이커 82
제프리 무어 177, 180
조직의 적응력 높이기 233-236
조직적인 강력함 285-286
존 도어 22
존 보이드 300
좀비의 땅 155
줌아웃 전환 176
줌인 전환 157-158, 175
지분 소유 263
지속 가능한 성장 214-215
지속적 배포 196-198, 307
지속적 혁신 21, 84

ㅊ
창업 투자 이민 법안 162
창업가적 경영 3-6, 26
채널 전환 178
챗나우 38
체계적 실천 286
초기 수용자 56-58, 91-92, 173
최소 요건 제품(MVP)
　개념 소개 304
　경쟁에 대한 두려움 108
　낭비 92-93

드롭박스 비디오 95
법적 위험 108
보티즌 152
브랜드 위험 109
아드바크 100-103
아바타 순간 이동 105-106
오즈의 마법사 테스트 103
컨시어지 모델 96-99
특허 위험 108
품질과 디자인 103-107
학습 과정 90
혁신 회계 110-111
@2gov 157
최적화 대 학습 125-128
'출시하고 어떻게 되는지 보는' 접근
　방식 164
측정 단계 73
친환경 산업의 가설 208-211
친환경 스타트업 208-211

ㅋ
카칭 167-170
칸반 프로세스 138-142
캐롤린 발러린 53
캐즘 180
컨시어지 MVP 기법 57, 96-99
코닥 갤러리 59-61
코호트 기반 보고서 146
코호트 분석 122-125, 137-138
퀵북 251-258
크레이그 뉴마크 105
크리스 휴즈 75
큰 일괄 작업 크기의 함정 202-205
클레이튼 크리스튼슨 180
　『The Innovator's Dilemma』 21
키스메트릭스 마케팅 블로그 298
키스인사이트 61

ㅌ
타파웨어 219-221
타협 232

터보택스 23
테이스트폴리 심플 220
토니 포드 248-249
톰 프록스 22
투자 신탁 업계 167
특허 보호 107

ㅍ

파괴적 혁신 21, 168, 261-264
파브 니비 130-136
파일 동기화 94-96
패스 164-166
패트릭 블라스코비츠 298
팸퍼드 셰프 220
페이스북 75-76, 222, 227, 303
포드 모델 T 227
포인트캐스트 218
포트폴리오 사고 259
폭포수 개발 모델 253
폭포수 모델 110
풋벨리 샌드위치 숍 176
푸드온더테이블 96-99
품질 원칙 104
프레더릭 테일러 281-282, 286-289
  『The Principles of Scientific Management』 281, 286
프렌드스터 효과 232
프로젝트 타임라인 200
프리미엄(freemium) 전략 168
플랫폼 전환 160-161, 177
피드백 순환 8
피터 드러커 283
피터 시엘 161
필독 자료 296-298

ㅎ

학습
  가치 대 낭비 41-43
  구글 애드워즈 121
  유효한 학습 30-31
학습 마일스톤 7, 73, 127

한계 수익과 성장 215
핫메일 219-220, 220
허무 지표
  그로킷 136
  잘못된 결론 163
헨리 포드 8, 80
혁신
  비전 287
  시장 지도력 25
혁신 샌드박스 269-272, 274-276
혁신 회계
  더 빠른 방향 전환 152-162
  최적화 대 학습 125-128
  측정 단계 73
  학습 마일스톤 116-120
  허무 지표 128-130
  IMVU 120-125
  LTSE(Long-Term Stock Exchange) 291-292
  MVP 110-111
현 상태 276-279
현실 왜곡장 109
훈련 프로그램 233, 236
히만슈 백시 255

A-Z

A/B 테스트 137
CNC(computer numerical control) 199
CU 커뮤니티 303
HP 자원봉사 프로그램 53-58
IBM 268-269
IGN 엔터테인먼트 246-251
IMVU
  고객 확보 225
  고객군 전환 173
  교훈 49-50
  방향 전환 실패 172-175
  방향 전환 또는 고수 회의 167
  스플릿 테스트 141
  안돈 코드 195
  일괄 작업 크기 193-196

지속적 배포 196
창업자 302
코호트 분석 122, 146
투자자의 확신 47
허무 지표 128-130
혁신 회계 120-125
훈련 프로그램 233
3D 아바타와 MVP 105
IM 부가 기능 전략 125, 223, 46
KPCB(Kleiner Perkins Caufield & Byers) 166
LTSE(Long-Term Stock Exchange) 291-292
MVP의 품질과 디자인 103-107
OODA (Observe-Orient-Decide-Act) 순환 300
P&G 싱가포르 62
SGW 디자인웍스 198-200
SMED (Single-Minute Exchange of Die) 192
Startup Lessons Learned 블로그 295
Startup Lessons Learned 컨퍼런스 296
VLS(Village Laundry Service) 62-63
WIP(work-in-progress) 207

기타

3A 지표 144-149
3D 아바타 105
3D 프린팅과 시제품화 도구 197-198